古典文獻研究輯刊

二七編

潘美月・杜潔祥 主編

第 19 冊

陶詩彙評箋釋

〔清〕溫汝能 纂訂

高建新 箋釋

國家圖書館出版品預行編目資料

陶詩彙評箋釋／〔清〕溫汝能纂訂 高建新箋釋 —— 初版 —— 新
北市：花木蘭文化事業有限公司，2018〔民 107〕
目 4+218 面：19×26 公分
（古典文獻研究輯刊 二七編：第 19 冊）
ISBN 978-986-485-577-3（精裝）
1.（南北朝）陶潛 2. 中國詩 3. 詩評
011.08 107012296

古典文獻研究輯刊
二七編　第十九冊　　　　　　　ISBN：978-986-485-577-3

陶詩彙評箋釋

箋　　　釋	高建新
主　　　編	潘美月　杜潔祥
總 編 輯	杜潔祥
副總編輯	楊嘉樂
編　　　輯	許郁翎、王筑　美術編輯　陳逸婷
出　　　版	花木蘭文化事業有限公司
發 行 人	高小娟
聯絡地址	235 新北市中和區中安街七二號十三樓
	電話：02-2923-1455／傳眞：02-2923-1452
網　　　址	http://www.huamulan.tw 信箱 hml810518@gmail.com
印　　　刷	普羅文化出版廣告事業
初　　　版	2018 年 9 月
全書字數	149871 字
定　　　價	二七編 24 冊（精裝）新台幣 46,000 元

陶詩彙評箋釋

〔清〕溫汝能　纂訂

高建新　箋釋

作者簡介

高建新，1959 年 11 月生。內蒙古大學人文科學學部委員，文學與新聞傳播學院教授，中國陶淵明研究會副會長，中國唐代文學學會理事、王維學會理事、柳宗元學會理事，長期從事魏晉南北朝隋唐五代文學教學與研究。主要著作有《自然之子：陶淵明》（內蒙古大學出版社 2007 年增訂版）、《詩心妙悟自然——中國山水文學研究》（內蒙古大學出版社 2008 年版）、《山水風景審美》（內蒙古大學出版社 2011 年第三版）、《中華生活經典·酒經》（中華書局 2011 年版）、《酒入詩腸句不寒：古代文人生活與酒》（內蒙古大學出版社 2016 年第二版）等。在《文學遺產》《文史知識》等刊物發表學術論文 130 餘篇；在《光明日報》《人民日報》《文匯報》等報刊發表散文、遊記、山水美學隨筆 200 餘篇。2009 年以來，應邀先後赴馬來西亞大學、香港大學、泰國清萊皇家大學、日本福岡國際大學、臺灣雲林科技大學參加學術會議和學術交流活動。

提　　要

　　《陶詩彙評》是清乾、嘉年間廣東的著名詩人、學者溫汝能（1748 ～ 1811），於嘉慶十一年（1806）纂集而成的。全書彙集了前代諸家對陶詩的大量評論，溫汝能自己的觀點均以「愚按」出之，無論評說還是考辨，皆警拔精煉、深刻獨到，讓人嘆服。溫汝能是懷著熱愛和崇敬之情品評陶詩的，因此能夠深入揣摩陶詩，以心會心，從一般人容易忽略的文字中讀出陶淵明寂寞詩心之所在。

　　本書使用的底本爲嘉慶十二年（1807）丁卯聽松閣刊本，現藏於國家圖書館北海分館。諸家詩評後的「箋釋」爲整理者所加，以補充溫本陶詩原注及評中的缺漏或意思不明之處，並儘量搜求後人詩文中對陶詩、陶事的採寫，以見陶淵明對後世的深遠影響。

目

次

前　言

　　王國維先生說：「三代以下之詩人，無過於屈子、淵明、子美、子瞻者。此四子者，若無文學之天才，其人格亦自足千古。故無高尚偉大之人格，而有高尚偉大文章者，殆未之有也」；「天才者，或數十年而一出，或數百年而一出，而又須濟之以學問，師之以德性，始能產生眞正之大文學，此屈子、淵明、子美、子瞻等所以曠世而不一遇也」；「屈子之後，文學上之雄者，淵明其尤也。韋、柳之視淵明，其如劉（向）、賈（誼）之視屈子乎」（《文學小言》，見《王國維美論文選》，劉剛強編選，湖南人民出版社 1987 年版，第 105 頁、106 頁）。在王國維先生眼裏，陶淵明是與屈原、杜甫、蘇軾相并列的中國古代最偉大的詩人，他們高尚偉大的人格與其高尚偉大的文章，相映成輝，彪炳千秋。正因爲如此，陶淵明受到了後代無數詩人的追慕和詩論家的高度關注。

　　清代學術在中國學術史上帶有總結性的意味。清代是陶淵明研究的又一高峰，僅是坊間印行的《陶淵明集》就有三、四十種，近人鄭振鐸先生曾收藏有清刻《陶淵明集》二十餘種，有關陶淵明的著作多達百種以上，較爲著名的如：蔣薰評《陶淵明詩集》（同文山房刊本）、方熊評《陶靖節集》（侑靜齋刊本）、邱嘉穗《東山草堂陶詩箋》（康熙甲午刻本）、詹夔錫《陶詩集注》（康熙三十三年詹氏寶墨堂刻本）、吳瞻泰輯《陶詩彙注》（康熙四十四年程鋆刻本）、馬墣輯注《陶詩本義》（乾隆三十五年吳肇元與善堂刻本）、孫人龍撰《陶公詩評注初學讀本》（汲古閣本）、鍾秀撰《陶靖節紀事詩品》（清刻本）、方宗誠撰《陶詩眞詮》（柏堂遺書本）、陶澍注《陶靖節集》（商務印書館 1924 年版），等等。清人對陶淵明作了全面、深入的研究，包括詩

人生平、思想、詩歌藝術特徵及其價值，展現了陶淵明研究的空前繁榮。清代樸學風氣空前盛行，學術界普遍重視文獻資料的考訂、彙編與系統整理，因此陶集版本、校勘、輯佚、訓詁、箋釋以及陶淵明年譜等各個方面在清代都取得了較高的成就。清人系統總結了前代陶淵明研究的豐碩成果，爲陶淵明研究走向近現代奠定了堅實的基礎。這其中，溫汝能纂集的《陶詩彙評》是較有特色的一種。

溫汝能（1748～1811），字希禹，一字熙堂，晚號謙山，廣東順德龍山人，是清乾、嘉年間廣東的著名詩人、學者，著述眾多，爲人豪邁，重義氣。乾隆五十三年（1788）戊申舉人，官內閣中書，未幾告歸。嘗搜陳恭尹父輩文及至孫輩爲《陳氏五代集》。中歲告歸，築室蓮溪上，藏書數萬卷，專心從事著述，耗資巨萬刻書。著有《謙山詩鈔》《謙山文鈔》《龍山鄉志》（江蘇古籍出版社 1992 年版）、《畫說》等，爲人稱道。黃培芳說：「順德溫謙山舍人汝能著有《謙山詩文鈔》，洪稚存撰序稱其『一見如舊相識，每劇談終日，脫略形骸，論古今天下事，娓娓不倦，予并奇其人』」（《香石詩話》卷二）。溫汝能嘗全力搜輯粵東詩文，纂爲《粵東文海》六十六卷，《粵東詩海》一百卷、補遺六卷。《粵東詩海》（中山大學出版社 1999 年版）收錄自唐迄清嘉慶間已歿作者一千餘家，是嶺南最大型的歷代詩歌總集。二書卷帙浩繁、取材洽博，體例精當，一向爲學術界所重視，是研究嶺南文學最重要的文獻。《龍山鄉志》是中國鄉志中的傑作，今天學者研究清代珠江三角洲的經濟文化，依舊可以從中採擷豐富的資料。此外，溫汝能還從事《孝經》研究，有《孝經約解》（二卷）、《孝經古今文考》（一卷）等數種專門著作。溫汝能亦能詩，其詩「亦原本性情」（《嶺南群雅集》），無論寫景還是抒情，都顯示了鮮明的個人風格，譚光祜贈詩稱其「性閒如野鶴，詩淡似寒梅」（黃培芳《香石詩話》引）。「板橋留淡月，疏柳帶寒星」、「秋風吹馬背，人影落河干」、「瀑從雙壁合，客擁一橋寒」、「寺藏修竹裏，客望佛燈來」等，是人所共賞的名句。溫汝能與當時的著名詩人洪亮吉、張問陶等有詩文唱酬，洪亮吉稱溫汝能「高出流品，凡貴遊之習，聲氣之場，概不能染」（《國朝嶺南詩鈔》引），高度贊揚了溫汝能的人品操守。溫汝能兼擅書畫，有較高的藝術修養和審美鑒賞力，所著《畫說》深得畫中三昧，論說精當，如：「山石必欲效其奇峭，竹樹必欲畫其鬱蒼，人物必欲效其嚴整，點綴渲擦必欲其鮮妍」；「詩無句外之神，句雖工而不仙；書無筆外之神，筆雖工而未化。繪事

何獨不然？」詩、書、畫雖然屬於不同的藝術門類，但對生動鮮活、象外之神以及「化境」的追求則是一致的。順德博物館藏其《臨米芾行書橫幅》，歷來爲欣賞者珍視。溫汝能生平事蹟見《國朝耆獻類徵》卷一四七補錄，《國朝先正事略》卷四九。

溫汝能心無旁騖，手不離卷，一生致力於學術研究和詩文創作，於陶淵明情有獨鍾，自言「少嗜陶詩」（《陶詩彙評序》），「生平喜讀陶詩」，「齋中所藏陶集數家，時加檢閱」（《陶詩彙評跋》）。溫汝能諳熟陶淵明作品及其研究歷史，廣泛搜求陶詩版本，詳加比勘，花數年功夫輯評陶詩，終成《陶詩彙評》一書。由於與陶淵明一生相伴，溫汝能能夠悉心體味陶淵明，深刻感知陶淵明，故評陶每多勝義，啓人思索。

《陶詩彙評》彙集了前代諸家對陶詩的大量評論，計有駱庭芝、楊誠齋（楊萬里）、湯東澗（湯漢）、葛常之（葛立方）、劉後村（劉克莊）、譚友夏（譚元春）、鍾伯敬、陳倩父（陳祚明）、蔣丹厓（蔣薰）、何義門（何焯）、沈確士（沈德潛）、查初白（查慎行）、鶴林、張爾公、聞人訥甫（聞人倓）、周青輪、韓子蒼、孫月峰等二十餘家，足見其涉獵之廣博、視野之開闊。其中又以引湯漢評注《陶靖節先生詩》、譚元春、鍾伯敬《古詩歸》、陳祚明《采菽堂古詩選》、蔣薰評選《陶淵明詩集》、何焯《義門讀書記》、沈德潛《古詩源》，查慎行輯《初白庵詩評》爲最多。溫本陶詩中的夾注，則引宋末元初李公煥《箋注陶淵明集》最多。在引述諸家評論之後，溫汝能自己對陶淵明及其詩作的評論則以「愚按」出之。溫汝能的按語無論評說還是考辨，皆警拔精練、深刻獨到，讓人嘆服，可見出作者用心之專、用力之勤。

關於《陶詩彙評》的撰寫宗旨，溫汝能自己說：「重在評，非論其人也。於每句下略加諸家箋釋，而不及列其姓氏，亦以所重在評，不重乎箋也，故名之曰『彙評』。最末則時綴以鄙見，非敢自言評也，所冀因是尋求，庶幾神與古會，而淵明之詩也、心也、人也」（《陶詩彙評序》）。溫汝能要通過對陶詩的評論，彰顯陶淵明高尚的人格操守與人生理想，發掘陶詩獨特的藝術和美學價值，努力尋求評者與被評者千古之下的心靈契合，所謂「倘無真評，則古人之心不出」。真評既出，「兩心相契於千載者，則又在乎詩之外」（《陶詩彙評序》）。溫汝能是懷著熱愛和崇敬之情品評陶詩的，因此能夠深入揣摩陶詩，以心會心，從一般人容易忽略的文字中讀出陶淵明寂寞詩心之所在，如評《時運并序》溫汝能如是說：

序語「偶影獨遊」，末章結語「慨獨在余」，二「獨」字有無限深意在。當是時，天下早已忘晉，淵明遊影安得不獨？因遊而「欣慨交心」，然則遊爲淵明所獨，慨亦爲淵明所獨。其『欣』處，人知之；其『慨』處，人未必知之；其「欣慨」交迫之際，則人尤未易知之也。一時遊興，寓意深遠乃爾。淵明之心，亦良苦矣哉！

詩評緊扣「欣」「慨」二字說陶詩、說詩人，體察深微，發人之未發，自然高出常人。在評《飲酒》其五（結廬在人境）時溫汝能說：「淵明詩類多高曠，此首尤爲興會獨絕，境在寰中，神遊象外，遠矣。得力在起四句，奇絕，妙絕。以下便可一直寫去，有神無跡，都於此處領取。俗人先賞其『採菊』數語，何也？至結二句，則愈眞愈遠，語有盡而意無窮，所以爲佳」。溫汝能認爲，全詩表現出的心物的交融、悠然的興會、忘機的天眞，其神妙處自不待言。但結尾「此中有眞意，欲辨已忘言」二句卻不能忽略，因爲這兩句更有無盡的含蘊，不僅將有限擴展爲無限，把濃郁的詩情化作了悠遠的哲思，而且把詩境推向了美的極致。雖然在此前已多有論者評價此詩，如宋人陳岩肖的「寄心於遠，則雖在人境，而車馬亦不能喧之；心有蒂芥，則雖擅一壑，而逢車馬，亦不免驚猜也」（《庚溪詩話》）、明人陳祚明的「採菊見山，此有眞境，非言可宣，即所爲桃源者是耶」（《采菽堂古詩選》卷十三）、清人蔣薰的「此心高曠，興會自眞。詩到佳處，只是語盡意不盡」（《陶淵明詩集》卷三），但溫評顯然高出一籌。在評《讀山海經十三首》其一（孟夏草木長）時溫汝能說：「此篇是淵明偶有所得，自然流出，所謂不見斧鑿痕也。大約詩之妙，以自然爲造極。陶詩率近自然，而此首更令人不可思議，神妙極矣」。作爲一種審美標準，「自然」要求作品描寫人生至眞之境、抒發眞情實感；在藝術手法上不雕琢刻繪；在藝術風格上樸素純淨，渾如天成。溫汝能高度讚賞陶詩的「自然」，從中可見出溫汝能對陶詩及其「自然」風格在理論上的深入認知。

溫汝能說：「夫評古人之詩，貴因詩而尚論其人，如身居其世，覩其事，然後古人之情見乎詞者，可以吾之精心遇之，而古人之心始出」（《陶詩彙評序》），溫汝能正是結合陶淵明的人品來評價其詩的，在溫汝能眼裏，陶淵明「履潔懷清，識高趣逸」，「不卑不屈」，「抱節如一」（《陶靖節先生像贊》），人格超群，「卓越千古」（評《癸卯歲十二月中作與從弟敬遠》）。溫汝能認爲，做人之「眞」是「眞」詩必不可缺少的前提，詩之「眞」與人之「眞」合二

為一、絕不背離，陶詩在詩歌史上的典範性意義正是由此凸顯的。溫汝能說：
「淵明出處俱在，蓋始終不以榮辱得喪撓敗其天眞者也。其心蓋眞且淡，故
其詩亦眞且淡也。惟其眞且淡，是以評之也難」（《陶詩彙評序》）。「眞」「淡」
使陶詩獲得了一種難以完全逼近的天然之美。溫汝能認爲：「陶詩寫景最眞，
寫情最活」（《停雲四章》評）；「陶詩自有樸實眞際，不可企及」（《問來使》
評）；「嗣宗《詠懷》言遜而意深，不無所感，然白眼壘塊，跡近於狂。淵明
則詩眞懷淡，超越古今，其所形諸詠歌，并無幾微不平之見」（《陶詩彙評
序》）。陶淵明的「眞」，是生活之眞、生命之眞，而不像阮籍「白眼壘塊」，
體現的僅是行爲之眞。如果不以整個身心貼近，是不能眞正感知陶淵明的「詩
眞懷淡」的，因而「評之也難」。這個「難」，就是如何以獨具的慧心慧眼發
掘隱含在「淡」背後的眞情、眞境及其咀嚼不盡的人生與藝術的韻致。陶詩
的高妙處就在於陶詩表現的原本是生活自身，表現的是心靈的高妙，淡而
眞，眞而厚，厚而彌深，深而益遠。如評《乞食》：「因飢求食，是貧士所有
之事，特淵明胸懷，視之曠如，固不必諱言之耳。起二句諧甚，趣甚。以下
求食得食，因飲而欣，因欣而生感，因感而思謝，俱是實情實境」，分析層
層深入，直指本眞。陶詩不在於寫什麼，重要的是如何寫，如何在尋常的題
材中透現人生妙致與至性眞情，即便是常人回避、難於啓齒的乞食。縱觀陶
淵明的創作，雖然多寫生活細事，但抵達的卻是人性的深度，呈現的是人性
的光澤。又如評《和劉柴桑》時說：「陶詩眞曠，其品格固高出於晉人，亦
唐人所未能及也」，「眞曠」讓陶淵明超古越今、直指未來。再如評《雜詩十
二首》其二（白日淪西阿）：「予謂淵明懷抱獨有千古，即此可見」，溫汝能
意在指出，陶詩境界是與陶淵明的人格境界融爲一體、不可分離的。作爲一
位思想者，「白日淪西阿，素月出東嶺。遙遙萬里輝，蕩蕩空中景。風來入
房戶，夜中枕席冷。氣變悟時易，不眠知夕永。欲言無予和，揮杯勸孤影。
日月擲人去，有志不獲騁。念此懷悲凄，終曉不能靜」，體現出的是陶淵明
精神深處懷有的大寂寞、大孤獨，亦即「懷抱獨有千古」。清涼乾淨的景物
與詩人高爽的人格世界高度協調、水乳相融，而蘊含在其中的痛切亦逼人思
索，給人以深深的震撼。作爲個體的人，該如何度過有限的一生，才能不心
懷「悲凄」。溫評勝見紛呈，難以一一例舉，讀者自可通過《陶詩彙評》一
書徑直體會。

　　本書所用底本爲清嘉慶丁卯（1807）刊本，現藏國家圖書館古籍部（北

海館)。原書封面題有「嘉慶丁卯孟春新鑴」、「聽松閣藏版」字樣,卷首蓋有「孫潤宇」、「紅絲硯館藏書」印章。每頁 8 行 17 字,小字雙行,同白口四周雙邊。全書四冊四卷:卷一為四言詩,卷二、卷三、卷四均為五言詩。卷一前依次是《陶詩彙評序》、陶淵明畫像、《陶靖節先生像讚》及蕭統的《陶淵明傳》、顏延之的《陶徵士誄》。卷四之後另有「附錄」一卷,收錄《歸去來兮辭》《五柳先生傳并贊》《讀史述九章》。每一卷頁首均有「德順溫汝能謙山纂訂」、「男若譏、衡端、若瑊、佩良校梓」字樣。為方便讀者全面瞭解陶淵明的生平、創作,書末附有整理者在寫作《自然之子──陶淵明》(內蒙古大學出版社 2007 年新一版)一書時所編撰的《陶淵明年譜》。另外,《陶詩彙評》原刊本中《陶靖節先生像讚》的位置在《陶徵士誄》之後,現將其移至《陶詩彙評序》之前,陶淵明像一併移至前面,特此說明。

溫本中明顯的脫字,增補於圓括號中,如「漢(書)」。諸家詩評後的「箋釋」為整理者所加,以補充溫本陶詩原注及評中的缺漏或意思不明之處,并儘量搜求後人詩文中對陶詩、陶事的採寫,以見陶淵明對後世的深遠影響。當然,部分箋釋也融入了整理者自己對陶淵明及其詩文的思考。「箋釋」中的「謹案」字樣為整理者所加,用以闡釋陶詩、指出或改正溫本中的錯訛,且獨立成行。「箋釋」而外,其他則一仍其舊,悉照溫本編排,包括溫本陶詩原文中的夾注。溫本目錄中的部分陶詩題目與正文略有不同,如:目錄作《停雲并序》,文中作《停雲四章并序》;目錄作《時運并序》,文中作《時運四章并序》;目錄作《飲酒二十首》,文中作《飲酒二十首并序》;整理者以正文題目為準,予以統一。溫汝能本人關於陶淵明詩歌的評論,部分散見於《陶淵明研究資料彙編》(北京大學、北京師範大學師生編,中華書 1962年版),這次彙為一冊,讀者藉此可以瞭解《陶詩彙評》一書的全貌。書後所列「參考書目」,均是《陶詩彙評》原刊本以及整理者在箋釋時所涉及到的典籍,共有一百餘種。

關於《陶詩彙評》的成書時間,溫汝能序作標記為「嘉慶丙寅」,即嘉慶十一年丙寅,也就是 1806 年,而跋語標記的時間則是「嘉慶九年甲子」,即 1804 年。由此可知,溫汝能是先跋後序,《陶詩彙評》一書最後完成於 1806年,刊行最早應該在嘉慶十二年丁卯,即 1807 年,距今已經二百餘年。

在本書的整理過程中,得到了文學院老師和同學們的許多幫助。部分書稿的電腦錄入及全部引文的核對,是我的研究生崔筠、楊旭珍、劉園、魏娜、

劉偉等五位同學協助完成的。本書的出版，得到了教育部古籍整理委員會內蒙古分委會及內蒙古大學文學與新聞傳播學院的資助，在此一併感謝。

在完成了《自然之子──陶淵明》一書的寫作與修訂之後，再開始《陶詩彙評》一書的整理與箋釋，我的心是充滿了欣喜與溫暖的。這兩本書從搜集材料到最後出版，前後差不多經歷了二十年的時間，我自己也由壯年漸漸步入老境，可以較爲從容地回首自己的學問與人生之路了。追求該追求的，捨棄該捨棄的；雖有忤於物，但不違逆於心。這是從陶淵明那裏獲得的啓悟，同時也可以藉此慰藉自己由躁動漸趨平靜的心靈。陶淵明說：「稱心而言，人亦易足。揮茲一觴，陶然自樂」（《時運并序》），溫汝能稱讚陶淵明「始終不以榮辱得喪撓敗其天眞」，看來依舊是今天的人們該認眞記取和用心領受的。

限於整理者水平，書中的錯訛之處懇請方家批評指正。

2017 年 2 月 3 日於內蒙古大學「愛吾廬居」

陶靖節先生像讚

　　嗚呼！此非六朝第一人物也耶？觀世當晉、宋之間，詠詩冠顏、謝之匹。當夫履潔懷清，識高趣逸，寄閒情於三經，蘊雄才於一室，不爲祿戀而官可辭，不受人憐而食可乞，〔一〕蓋志已結於虞、夏。非友非臣，運適紀乎衰微；不卑不屈，謂爲孔門弟子。樂道何殊，指作西山餓夫，〔二〕抱節如一。

後學溫汝能敬題

【箋釋】

〔一〕食可乞：陶淵明有《乞食》詩。

〔二〕西山餓夫：指伯夷、叔齊。事蹟見《史記・伯夷列傳》。

陶詩彙評序

　　詩品至陶尙矣，評詩至陶亦難矣。孟子曰：「誦其詩，讀其書，不知其人，可乎？是以論其世也。」夫晉、宋之間何世也？淵明之詩何詩也？淵明之爲人何人也？淵明出處具在，蓋始終不以榮辱得喪撓敗其天眞者也。其心蓋眞且淡，故其詩亦眞且淡也；惟其眞且淡，是以評之也難。鍾嶸謂：「其源出應璩」，說固無據而近於陋，即謂爲「古今隱逸詩人之宗」，〔一〕亦未盡陶之旨趣。陽休之謂：「其辭雖未優，而棲託仍高」；〔二〕《詩譜》謂：「其情意幾於《十九首》，惟氣差緩」；〔三〕黃山谷謂：「當血氣方剛，讀陶詩如嚼枯木，及綿歷世事，知決定無所用智」；〔四〕又云：「陶詩不煩繩削而自合，然巧於斧斤者，多疑其拙；窘於檢括者，輒病其放」。〔五〕此皆知陶而未深知者也，蓋徒論其詩之跡而未及其人之心也。即或有謂陶淵明爲晉忠臣，志願莫伸，憤悶時見於詩。〔六〕要之，淵明胸次悠然，雖寄懷沈湎，而德輝彌上。每當興會所到，意不在詩，亦如琴不必絃，〔七〕書不甚解焉爾，〔八〕亦何嘗必於字字句句皆關君父耶？此評陶者深求而泥其跡，則又與陶隔也。不獨此也，杜少陵云：「陶潛避俗翁，未必能知道。觀其著詩集，頗亦恨枯槁」；〔九〕韓昌黎云：「讀阮籍、陶潛詩，知彼雖淹蹇不欲與世接，然未能平其心，或爲事物相感發，於是有託而逃」。〔十〕是二說也，

余尤疑焉。

夫評古人之詩，貴因詩而尙論其人，如身居其世，覩其事，然後古人之情見乎詞者，可以吾之精心遇之，而古人之心始出。嗣宗《詠懷》，言遜而意深，不無所感，然白眼壘塊，跡近於狂。淵明則詩眞懷淡，超越古今，其所形諸詠歌，并無幾微不平之見。而安貧樂道，即置之孔門，直可與顏、曾諸賢同一懷抱。論者謂《風》《騷》以後，陶詩其近道者，〔十一〕此語良然。而後之人，往往疑其篇中多言飲酒，而竟夷之於醉鄉之儔。以杜、韓之學識，尙知之而有所未盡，而遑問其他哉！則甚矣，評陶之難也。

余少嗜陶詩，每念紫陽朱氏所云「作詩須從陶、柳門中來乃佳」；〔十二〕陸象山亦云「李白、杜甫、陶淵明，皆有志於吾道」。〔十三〕朱、陸二氏咸以陶詩沖淡，出於性眞，蓋與眾殊趣而獨成一派者，更爲上觀。東坡之論，謂「外枯而中膄，似澹而實美」，〔十四〕其知陶也最深，而其兩心相契於千載者，則又在乎詩之外，恍如身居其世，目覩其事，循是而尙論古人，蓋庶乎其得之矣。

近居林下，飽食捫腹，一無所事，雅與東坡同好。然自愧欲和弗能，復苦無善本，惟於家藏諸刻，綴拾評箋，鈔寫成帙，細思陶詩眞淡，即不事詳箋，而大旨了然。倘無眞評，則古人之心不出，故於每篇末標明姓氏，詳摘其評語錄之。至其評之之人，則未暇審其世次先後，以所重在評，非論其人也。於每句下略加諸家箋釋，而不及列其姓氏，亦以所重在評，不重乎箋也，故名之曰彙評。最末則時綴以鄙見，非敢自言評也，所冀因是尋求，庶幾神與古會，而淵明之詩也、心也、人也，或將旦暮遇之，是亦論世之一證也，豈非余之厚幸也歟？

嘉慶丙寅重陽謙山溫汝能謹撰

【箋釋】

〔一〕鍾嶸《詩品》卷中：其源出於應璩，又協左思風力。文體省淨，殆無長語。篤意眞古，辭興婉愜。每觀其文，想其人德。世歎其質直。至如「歡言醉春酒」、「日暮天無雲」，風華清靡，豈直爲田家語邪？古今隱逸詩人之宗也。

〔二〕陽休之《陶潛集序錄》：余覽陶潛之文，辭采雖未優，而往往有氣絕異語，放逸之致，棲託仍高。其集先有兩本行於世，一本八卷無序，一本六卷幷序目，編比顚亂，兼復闕少。蕭統所撰八卷，合序目傳誄，而少《五孝傳》及《四八目》，然編錄有體，次第可尋。余頗賞潛文，以爲三本不同，恐終致亡失。今錄統所闕幷序目等，合爲一帙，十卷，以遺好事君子。

〔三〕陳繹曾《詩譜》：陶淵明：心存忠義，心處閒逸，情眞，景眞，事眞，意眞，幾於《十九首》矣，但氣差緩耳。至其工夫精密，天然無斧鑿痕跡，又有出於《十九首》之表者。盛唐諸家風韻皆出此。

〔四〕《豫章黃先生文集》卷一：血氣方剛時，讀此詩如嚼枯木。及綿歷世事，知決定無所用智，每觀此篇，如渴而飲泉，如欲寐得啜茗，如飢啖湯餅。今人亦能同味者乎？但恐嚼不破耳。

〔五〕《豫章黃先生文集》卷四：至於淵明，則所謂不煩繩削而自合者。雖然，巧於斧斤者，多疑其拙；窘於檢括者，輒病其放。孔子曰：「甯武子其智可及也，其愚不可及也。」淵明之拙與放，豈可爲不知者道哉！

〔六〕吳瞻泰《陶詩彙注》引吳菘語：淵明非隱逸流也，其忠君愛國，憂愁感奮，不能自已，間發於詩，而詞句溫厚和平，不激不隨，深得《三百篇》遺意。

又，沈德潛《說詩晬語》卷上：陶公以名臣之後，際易代之時，欲言難言，時時寄託，不獨《詠荊軻》一章也，六朝第一流人物。

〔七〕蕭統《陶淵明傳》：淵明不解音律，而蓄無絃琴一張，每酒適，輒撫弄，以寄其意。

〔八〕陶淵明《五柳先生傳》：閒靜少言，不慕榮利。好讀書，不求甚解，每有會意，欣然忘食。

又，陳模《懷古錄》：蓋淵明人品素高，胸次灑落，信筆而成，不過寫胸中之妙爾。未嘗以爲詩，亦未嘗求人稱其好，故其好者皆出於自然，此其所以不可及。

又，《譚詩管見》：陶彭澤人品最高，超然物外，無所拘攣。故其吐屬
蕭疏淡遠，盡從性情中流出。若無意於爲詩，而自成章理，穆然可誦，誠
雅致中之派也。後人唯韋蘇州、柳柳州得其旨趣，恍惚似之。（見《清詩話
三編》第三冊）

〔九〕杜甫《遣興五首》其三：陶潛避俗翁，未必能達道。觀其著詩集，頗亦恨
枯槁。達生豈是足，默識蓋不早。有子賢與愚，何其掛懷抱。

〔十〕韓愈《送王秀才序》：吾少時讀《醉鄉記》，私怪隱居者無所累於世，而
猶有是言，豈誠旨於味耶？及讀阮籍、陶潛詩，乃知彼雖偃蹇不欲與世
接，然猶未能平其心，或爲事物是非相感發，於是有託而逃焉者也。（《全
唐文》卷五百五十五）

〔十一〕眞德秀曰：淵明之作，宜自爲一編，以附於《三百篇》、楚辭之後，爲詩
之根本準則。（引自李公煥《箋注陶淵明集》卷首《總論》）

〔十二〕朱熹曰：作詩須從陶、柳門中來乃佳。不如是，無以發蕭散沖淡之趣，
不免於局促塵埃，無由到古人佳處。（見陶澍注《陶靖節集·諸家評陶彙
集》）

〔十三〕見《陸九淵集》卷三十四《語錄上》。

〔十四〕《蘇軾文集》卷六十七《評韓柳詩》：柳子厚詩在陶淵明下，韋蘇州上。
退之豪放奇險則過之，而溫麗靖深不及也。所貴乎枯澹者，謂其外枯
而中膏，似澹而實美，淵明、子厚之流是也。若中邊皆枯澹，亦何足
道！

陶淵明傳

〔梁〕蕭昭明太子統撰

　　陶淵明字元亮，或云潛，字淵明，潯陽柴桑人也。曾祖侃，晉大司馬。淵明少有高趣，博學善屬文，穎脫不群，任眞自得。嘗著《五柳先生傳》以自況，曰：

> 先生不知何許人也，亦不詳姓字。宅邊有五柳樹，因以爲號焉。閒靜少言，不慕榮利。好讀書，不求甚解，每有會意，欣然忘食。性嗜酒，而家貧不能恒得。親舊知其如此，或置酒招之。造飲輒盡，期在必醉。既醉而退，曾不吝情去留。環堵蕭然，不蔽風日，短褐穿結，簞瓢屢空，晏如也。嘗著文章自娛，頗示己志，忘懷得失，以此自終。

時人謂之實錄。

　　親老家貧，起爲州祭酒，不堪吏職，少日自解歸。州召主簿，不就。躬耕自資，遂抱羸疾。江州刺史檀道濟往候之，偃臥瘠餒有日矣。道濟謂曰：「賢者處世，天下無道則隱，有道則至。今子生文明之世，奈何自苦如此？」對曰：「潛也何敢望賢，志不及也。」道濟饋以粱肉，麾而去之。

　　後爲鎭軍、建威參軍，謂親朋曰：「聊欲絃歌，以爲三徑之資，可乎？」執事者聞之，以爲彭澤令。不以家累自隨，送一力給其

子，書曰：「汝旦夕之費，自給爲難。今遣此力，助汝薪水之勞。此亦人子也，可善遇之。」公田悉令吏種秫，曰：「吾常得醉於酒，足矣。」妻子固請種粳，乃使二頃五十畝種秫，五十畝粳。〔一〕歲終，會郡遣督郵至縣，吏請曰：「應束帶見之。」淵明歎曰：「我豈能爲五斗米折腰向鄉里小兒！」即日解綬去職，賦《歸去來》。〔二〕

徵著作郎，不就。江州刺史王宏欲識之，不能致也。淵明嘗往廬山，弘命淵明故人龐通之齎酒具，於半道栗里之間邀之。淵明有腳疾，使一門生、二兒舁籃輿。既至，欣然便共飲酌。俄頃宏至，亦無迕也。先是，顏延之爲劉柳後軍功曹，在潯陽與淵明情款。後爲始安郡，經過潯陽，日造淵明飲焉。每往必酣飲致醉。宏欲邀延之坐，彌日不得。延之臨去，留二萬錢與淵明，淵明悉遣送酒家，稍就取酒。嘗九月九日，出宅邊菊叢中坐，久之，滿手把菊。忽值宏送酒至，即便就酌，醉而歸。〔三〕

淵明不解音律，而蓄無絃琴一張。每酒適，輒撫弄，以寄其意。〔四〕貴賤造之者，有酒輒設。淵明若先醉，便語客：「我醉欲眠，卿可去。」〔五〕其眞率如此。郡將嘗候之，值其釀熟，取頭上葛巾漉酒。漉畢，還復著之。〔六〕

時周續之入廬山，事釋慧遠，彭城劉遺民亦遁跡匡山，淵明又不應徵命，謂之「潯陽三隱」。後刺史檀韶苦請續之出州，與學士祖企、謝景夷三人，共在城北講《禮》，加以讎校。所住公廨，近於馬隊。是故淵明示其詩云：「周生述孔業，祖謝響然臻。馬隊非講肆，校書亦已勤。」

其妻翟氏，亦能安勤苦，與其同志。自以曾祖晉世宰輔，恥復屈身後代，自宋高祖王業漸隆，不復肯仕。元嘉四年，將復徵命，會卒，時年六十三。世號靖節先生。

【箋釋】

〔一〕《天工開物‧乃粒》：凡稻種最多。不黏者，禾曰秔，米曰粳；黏者，禾曰
秫，米曰糯（南方無黏黍，酒皆糯米所爲）。質本粳而晚收帶黏（俗名「婺
源光」之類），不可爲酒，只可爲粥者，又一種性也。

〔二〕《晉書‧隱逸傳》：復爲鎮軍、建威參軍，謂親朋曰：「聊欲絃歌，以爲三
徑之資可乎？」執事者聞之，以爲彭澤令。在縣，公田悉令種秫穀，曰：
「令吾常醉於酒足矣。」妻子固請種秔。乃使一頃五十畝種秫，五十畝種
秔。素簡貴，不私事上官。郡遣督郵至縣，吏白：「應束帶見之。」潛歎
曰：「吾不能爲五斗米折腰，拳拳事鄉里小人邪！」義熙二年，解印去縣，
乃賦《歸去來》。

又，《容齋隨筆（五筆）‧陶潛去彭澤》：《晉書》及《南史‧陶潛傳》
皆云：「潛爲彭澤令，素簡貴，不私事上官。郡遣督郵至，縣吏白：『應束
帶見之。』潛歎曰：『吾不能爲五斗米折腰，拳拳事鄉里小人。』即日解印
綬去，賦《歸去來》以遂其志。」案陶集載此辭，自有序，曰：「余家貧，
耕植不足以自給。彭澤去家百里，故便求之。及少日，眷然有歸與之情。
何則？質性自然，非矯厲所得。飢凍雖切，違己交病。悵然慷慨，深愧平
生之志。猶望一稔，當斂裳宵逝。尋程氏妹喪於武昌，情在駿奔，自免去
職，在官八十餘日。」觀其語意，乃以妹喪而去，不緣督郵。所謂矯厲違
己之說，疑必有所屬，不欲盡言之耳！詞中正喜還家之樂，略不及武昌，
自可見也。

後人激賞陶淵明彭澤辭官這一不同尋常的舉動，以至於在記載時不
斷還原場景，加強詩人當時的語氣：「我豈能爲五斗米折腰向鄉里小兒」，
《晉書‧隱逸傳》作「吾不能爲五斗米折腰，拳拳事鄉里小人邪！」《宋
書‧隱逸傳》作「我不能爲五斗米折腰向鄉里小人」，「豈能」「拳拳」「小
兒」「小人邪」等詞的使用，更見出了陶淵明對官場和上司的輕蔑和不屑。
唐人於陶淵明別有懷抱，大量使用此典故，表達更爲豐富複雜的情感：

張循之《送王汶宰江陰》：讓酒非關病，援琴不在聲。應緣五斗米，
數日滯淵明。

岑參《衙郡守還》：頭白翻折腰，還家私自笑；《送許拾遺恩歸江寧拜
親》：看君五斗米，不謝萬戶侯；《初授官題高冠草堂》：只緣五斗米，辜負
一漁竿。

李白《夢遊天姥吟留別》：安能摧眉折腰事權貴，使我不得開心顏；《經亂後將避地剡中，留贈崔宣城》：華髮長折腰，將貽陶公誚。

杜甫《官定後戲贈》（時免河西尉，為右衛率府兵曹）：不作河西尉，凄涼為折腰。

劉長卿《硤石遇雨，宴前主簿從兄子英宅》：折腰五斗間，黽勉隨塵埃。

韋應物《任洛陽丞請告一首》：折腰非吾事，飲水非吾貧。

錢起《過沈氏山居》：始願今不從，區區折腰祿；《送孫十尉溫縣》：雲衢有志終驤首，吏道無媒且折腰。

司空曙《逢江客問南中故人因以詩寄》：南客何時去，相逢問故人。望鄉空淚落，嗜酒轉家貧。疏懶辭微祿，東西任老身。上樓多看月，臨水共傷春。五柳終期隱，雙鷗自可親。應憐折腰吏，冉冉在風塵。

劉禹錫《寓興二首》其二：世途多禮數，鵬鷃各逍遙。何事陶彭澤，拋官為折腰。

白居易《寄題鼇屋廳前雙松》：憶昨為吏日，折腰多苦辛。歸家不自適，無計慰心神。

胡曾《詠史詩·彭澤》：英傑那堪屈下僚，便栽門柳事蕭條。鳳凰不共雞爭食，莫怪先生懶折腰。

黃滔《贈鄭明府》：莫起陶潛折腰歎，才高位下始稱賢。

廖凝《彭澤解印》：五斗徒勞謾折腰，三年兩鬢為誰焦。今朝官滿重歸去，還挈來時舊酒瓢。

李商隱《自貺》：陶令棄官後，仰眠書屋中。誰將五斗米，擬換北窗風。又，《上張雜端狀》：況不羞小官，無辭委吏，一枝桂既經在手，五斗米安可折腰？

又，倪偁《蝶戀花·肖韓見和，復次韻酬之，四首》：紫翠空濛庵畔路。滿室松聲，錯認潺湲注。蕭灑萍汀清立鷺。溪山真我歸休處。　老子平生無妄語。梅竹陰成，肯舍斯亭去。種秫會須盈百畝。非君誰識淵明趣。

辛棄疾《水龍吟》：老來曾識淵明，夢中一見參差是。覺來幽恨，停

觴不御，欲歌還止。白髮西風，折腰五斗，不應堪此。問北窗高臥，東籬自醉，應別有、歸來意。　須信此翁未死。到如今、凜然生氣。吾儕心事，古今長在，高山流水。富貴他年，直饒未免，也應無味。甚東山何事，當時也道，爲蒼生起。

方岳《賀新涼・己酉生日，用戊申韻。詩自康廬歸，猶在道也》：春猿秋鶴皆依舊。怪吾今，鬢已成絲，膽還如斗。誰與廬山麾之去，爾輩何留之有。黯離緒、暮江搔首。非我督郵猶束帶，這一歸、更落淵明後。君試問，長亭柳。

黃昇《賀新郎・菊》：莫恨黃花瘦。正千林、風霜搖落，暮秋時候。晚節相看元不惡，采采東籬獨秀。試攬結、幽香盈手。幾劫修來方得到，與淵明、千載爲知舊。同冷淡，比蘭友。　柴桑心事君知否。把人間、功名富貴，付之塵垢。不肯折腰營口腹，一笑歸與五柳。恨此意、而今安有。若得風流如此老，也何妨、相對無杯酒。詩自可，了重九。

〔三〕王勃《九日》：九日重陽節，開門有菊花。不知來送酒，若個是陶家。

又，李嘉祐《答泉州薛播使君重陽日贈酒》：欲強登高無力去，籬邊黃菊爲誰開。共知不是潯陽郡，那得王弘送酒來。

皇甫冉《重陽日酬李觀》：不見白衣來送酒，但令黃菊自開花。愁看日晚良辰過，步步行尋陶令家。

陸龜蒙《襲美醉中寄一壺並一絕走筆次韻奉酬》：酒痕衣上雜莓苔，猶憶紅螺一兩杯。正被繞籬荒菊笑，日斜還有白衣來。

歐陽澈《重九前一日對菊戲書》：菊吐金英已滿籬，持杯指準賞芳菲。有巾可漉還無釀，載酒何人是白衣。

梅堯臣《答仲源太傅八日遺酒》：陶潛九月九，無酒望白衣。何言先一日，雙榼忽我歸。借問遺酒誰，天宗分日暉。明當酌大斗，黃菊羔醅肥。李賀諸王孫，作詩字欲飛。聞多錦囊句，將報慚才微。

韓琦《即席再賦》：蕪音逢節佐賓罍，屬和當筵盡雅才。銅鉢一聲詩已就，金鈴千朵菊爭開。月明正有抽毫樂，夜永何妨秉燭回。無酒可嗤彭澤令，東籬空望白衣來。

韓琦《次韻答滑守梅龍圖重陽惠酒二闋》其一：芳醇盈榼副風騷，慰

我漳濱病擁旄。把菊不同陶令喜，白衣人只送香醪。

樓鑰《永嘉試院謝曾使君送酒》其一：一簾疏雨洗塵埃，滿架酴醾自在開。正恨烹茶殺風景，忽驚門外白衣來。

蒲壽宬《近重陽作》：滿城風雨近重陽，梧竹蕭蕭欲斷腸。敢望白衣來送酒，擬將黃菊去為糧。繫萸安得山堪避，落帽豈無人在旁。千載風流心獨會，飲泉亦足慰

虞儔《宿臨安童縣尉庵童尉送酒（重陽日）》：深深松竹隱禪房，更渡溪橋暫解裝。但喜還家無數日，不知行路過重陽。白衣送酒勞相問，黃菊依人未肯芳。珍重山僧能會意，殷勤掃榻為燒香。

滕岑《和陶淵明飲酒詩》其一十四：佳辰菊始華，白衣適爾至。開樽且復坐，徑向叢邊醉。陶死向千載，風流孰其次。達人豈在酒，寓意乃為貴。吾知元亮賢，嗜酒不嗜味。

〔四〕張隨《無絃琴賦》（以「舜歌南風，待絃後發」為韻）：陶先生解印彭澤，抗跡廬阜，不矯性於人代，笑遺名於身後。適性者以琴，怡神者以酒，酒兮無量，琴也無絃。粲星徽於日下，陳鳳喙於風前，振素手以揮拍，循良質而周旋。幽蘭無聲，媚庭際之芬馥；綠水不奏，流舍後之潺湲。以為心和即樂暢，性靜則音全，和由中出，靜非外傳。若窮樂以求和，即樂流而和喪；扣音以徵靜，則音溺而靜捐。是以撫空器而意得，遺繁絃而道宣。豈必誘元鵠以率舞，驚赤龍而躍泉者哉！於是載指載撫，以逸以和，因向風以舒嘯，聊據梧以按歌。曰：「樂無聲兮情逾倍，琴無絃兮意彌在。天地同和有真宰，形聲何為迭相待？」客有聞而駭之曰：「樂之優者惟琴，君之聖者惟舜。稽八音而見重，彈五絃以流韻。故長養之風薰，而敦和之德順，無為而天下自理，垂拱而海外求覲。伊德音之所感，與神化而相參，固以極天而蟠地，豈惟自北而徂南？然則琴備五音，不可以闕。絃為音而方用，音待絃而後發，苟在意而遺聲，則器空而樂歇。先生特執由心之理，而昧感人之功，俾清濁不聞於大小，宮商莫辨夫始終。攫之深，舍之愉，促空軫而奚則？角為民，徵為事，扣無聲而曷通？祇反古以自異，實詭代而違同，孰若動精華以發外，合恬和而積中。傳雅操於心手，播德音乎絲桐，俾其審音者悟專一之節奏，知變者美更張之道崇。」先生曰：「吾野人也，所貴在晦而黜聰。若夫廣樂以成教，安敢與夔而同風？」（《全唐文》

卷九百一）

又，李白《贈臨洺縣令皓弟》：陶令去彭澤，茫然太古心。大音自成曲，但奏無絃琴。釣水路非遠，連鰲意何深。終期龍伯國，與爾相招尋。

愛新覺羅・弘曆《陶琴》：伯牙彈不得，穎師奏難成。人皆指上覓，我獨虛中聽。有絃絃有止，無絃絃外鳴。

《詩話總龜・前集》卷六《評論門二》：舊說陶淵明不知音，畜無絃琴以寄意，曰：「但得琴中趣，何勞絃上聲！」東坡嘗言：劉伯伶以鍤自隨曰「死便埋我」。予以謂伯伶非達者，棺槨衣衾不害爲達；苟爲不然，死則已矣，何必更埋？至於淵明，亦非忘琴者也。五音六律不害爲忘琴；苟爲不然，無琴可也，何獨絃乎？以是知舊說之妄也。淵明自云「和以七絃」，豈得爲不知音？當是有琴而絃弊壞，不復更張，但撫弄以寄意。如此爲得其眞。《自祭文》出妙語於纊息之餘，豈死生之流哉！但恨其猶以生爲寓以死爲眞耳。嗟夫，先生豈非眞死，得非寓乎？

〔五〕李白《山中與幽人對酌》：兩人對酌山花開，一杯一杯復一杯。我醉欲眠卿可去，明朝有意抱琴來。

又，蘇軾《和蔡準郎中見邀遊西湖三首》其二：君不見拋官彭澤令，琴無絃，巾有酒，醉欲眠時遣客休。

李綱《水調歌頭・與李致遠、似之、張柔直會飲》：如意始身退，此事古難諧。中年醉飲，多病閒去正當才。長愛蘭亭公子，弋釣溪山娛適，甘旨及朋儕。衰疾臥江海，鷗鳥莫驚猜。　　酒初熟，招我友，共一杯。碧天雲卷，高掛明月照人懷。我醉欲眠君去，醉醒君如有意，依舊抱琴來。尚有一壺酒，當復爲君開。

趙以夫《虞美人》：天涼來傍荷花飲。攜手看雲錦。城頭玉漏已三更。耳畔微聞新雁、幾聲聲。　　蘭膏影裏春山秀。久立還成皺。酒闌天外月華流。我醉欲眠卿且、去來休。

〔六〕白居易《效陶潛體》其十二：口吟歸去來，頭戴漉酒巾。人吏留不得，直入故山雲。歸來五柳下，還以酒養眞。人間榮與利，擺落如泥塵。

又，雍陶《寄永樂殷堯藩明府》：古縣蕭條秋景晚，昔年陶令亦如君。頭巾漉酒臨黃菊，手板支頤向白雲。百里豈能容驥足，九霄終自別雞群。相思不恨書來少，佳句多從闕下聞。

陸龜蒙《漉酒巾》：靖節高風不可攀，此巾猶墜凍醪間。偏宜雪夜山中戴，認取時情與醉顏。

汪遵《彭澤》：鶴愛孤松雲愛山，宦情微祿免相關。栽成五柳吟歸去，漉酒巾邊伴菊開。

陶徵士誄并序

〔南朝・宋〕顏延之撰　　〔唐〕李善注

何法盛《晉中興書》說：「延之爲始安郡，道經尋陽，常飲淵明舍，自晨達昏。及淵明卒，延之爲誄，極其思致」。

夫璿玉致美，不爲池隍之寶；《山海經》曰：「升山，黃酸之水出焉，其中多琁玉。」《說文》曰：「琁，亦璿字。」桂椒信芳，而非園林之實。《春秋運斗樞》曰：「桂椒連，名士起。」宋均曰：「桂椒芬香，美物也。」《山海經》曰：「招搖之山多桂。」又曰：「琴鼓之山多椒。」豈其深而好遠哉？蓋云殊性而已。故無足而至者，物之藉也；言物以希爲貴也。藉，資藉也。《韓詩外傳》曰：「晉平公遊於河而樂曰：『安得賢士與之樂此也？』船人蓋胥跪而對曰：『夫珠出於江海，玉出於昆山，無足而至者，由主君之好也。士有足而不至者，蓋君主無好士之意也。何患無士乎！』」隨踵而立者，人之薄也。言人以衆爲賤也。薄，賤薄也。《戰國策》：「齊宣王曰：『百世一聖，若隨踵而生也。』」此亦不以文害意。若乃巢、高之抗行，夷、皓之峻節，皇甫謐《逸士傳》曰：「巢父者，堯時隱人也。」《莊子》曰：「堯治天下，伯成子高立爲諸侯。堯授舜，舜授禹，伯成子高棄爲諸侯而耕。」《史記》曰：「伯夷、叔齊，孤竹君之子也，隱於首陽山。」《三輔三代舊事》曰：「四皓，秦時爲博士，辟於上洛熊耳山西。」彌衡書曰：「訓夷、皓之風。」故已父老堯、禹，錙銖周、漢。范曄《後漢書》曰：「郅惲謂鄭敬曰：『子從我爲伊、呂乎？將爲巢、許乎？而父老堯、舜乎？』」《禮記》：「孔子曰：『儒有上不臣天子，下不事諸侯；雖分國如錙銖，有如此者。』」鄭玄曰：「雖分國以祿之，視之輕如錙銖矣。」而綿世浸遠，光靈不屬，《東觀漢記》曰：「上賜東平王蒼書曰：

『歲月驚過，山陵浸遠。今魯國孔氏尙有仲尼車、輿、冠、履，明德盛者，光靈遠也。』」
至使菁華隱沒，芳流歇絕，不其惜乎！雖今之作者，人自爲量，《論語》，子曰：「作者七人。」而道路同塵，輟塗殊軌者多矣。《老子》曰：「和其光而同其塵。」陸機《狹邪行》曰：「將遂殊塗軌，要子同歸津。」豈所以昭末景，汎餘波！陸機詩曰：「惘悵懷平素，豈樂與茲同！豈宴棲末景，遊豫蹋餘蹤。」《尙書》曰：「餘波入於流沙。」

　　有晉徵士尋陽陶淵明，南嶽之幽居者也。《禮記》曰：「儒有幽居而不淫。」弱不好弄，長實素心。《左氏傳》：「郤芮對秦伯曰：『夷吾弱不好弄，長亦不改。』」《禮記》曰：「有哀素之心。」鄭玄曰：「凡物無飾曰素。」學非稱師，文取指達。在衆不失其寡，處言愈見其默。少而貧病，居無僕妾。范曄《後漢書》曰：「黃香家貧，內無僕妾。」井臼弗任，藜菽不給。《列女傳》曰：「周南大夫之妻謂其夫曰：『親操井臼，不擇妻而娶。』」母老子幼，就養勤匱。《禮記》曰：「事親左右，就養無方。」遠惟田生致親之議，追悟毛子捧檄之懷。《韓詩外傳》曰：「齊宣王謂田過曰：『吾聞儒者親喪三年，君之與父孰重？』田過對曰：『殆不如父重。』王忿曰：『則曷爲去親而事君？』田對曰：『非君之土地，無以處吾親；非君之祿，無以養吾親；非君之爵，無以尊顯吾親；受之於君，致之於親。凡事君者，亦爲親也。』宣王悒然，無以應之。」范曄《後漢書》曰：「廬江毛義，字少卿。家貧，以孝稱。南陽人張奉慕其名，往候之。坐定而府檄適到，以義守令。義捧檄而入，喜動顏色。奉者，志尙之士，心賤之，自恨來，固辭而去。及義母死，去官行服。數辟公府，爲縣令，進退必以禮。後舉賢良，公車徵，遂不至。張奉歎曰：『賢者固不可測，往日之喜，爲親屈也。』」初辭州府三命，後爲彭澤令。道不偶物，棄官從好。孫盛《晉陽秋》曰：「嵇康性不偶俗。」《論語》，子曰：「從吾所好。」遂乃解體世紛，結志區外，《左氏傳》：「季文子曰：『四方諸侯，其誰不解體？』」嵇康《幽憤詩》曰：「世務紛紜。」蔡伯喈《郭林宗碑》曰：「翔區外以舒翼。」定跡深棲，於是乎遠。灌畦鬻蔬，爲供魚菽之祭；（潘安仁）《閒居賦》曰：「灌園鬻蔬，供朝夕之膳。」《公羊傳》：「齊大夫陳乞曰：『常之母有魚菽之祭。』」織絇劬緯蕭，以充糧粒之費。《穀梁傳》曰：「甯喜出奔晉，織絇邯鄲，終身不言衛。」鄭玄《儀禮注》曰：「絇，狀如刀，衣履頭也。」《莊

子》曰：「河上有家貧恃緯蕭而食者。」司馬彪曰：「蕭，蒿也，織蒿爲薄。」心好異書，性樂酒德，《劉劭集》有《酒德頌》。簡棄煩促，就成省曠，張茂先《答何劭詩》曰：「恬曠苦不足，繁促每有餘。」殆所謂國爵屏貴，家人忘貧者歟？《莊子》曰：「夫孝悌仁義，忠信貞廉，此皆自勉以役其德者也，不足多也。故曰：至貴，國爵屏焉；至富，國財屏焉。是以道不渝。」郭象注：「屏者，除棄之謂也。夫貴在其身，猶忘之，況國爵乎？斯貴之至也。」《莊子》曰：「故聖人，其窮也使家人忘貧，其達也使王公忘爵祿而化卑。」郭象曰：「淡然無欲，家人不識貧可苦。」有詔徵爲著作郎，稱疾不到。春秋若干，元嘉四年月日，卒於尋陽縣之某里。近識悲悼，遠士傷情。冥默福應，嗚乎淑貞！張衡《靈憲圖注》曰：「寂寞冥默，不可爲象。」

夫實以誄華，名由諡高，苟允德義，貴賤何筭焉？若其寬樂令終之美，好廉克己之操，有合諡典，無愆前志。故詢諸友好，宜諡曰靖節徵士。《諡法》曰：「寬樂令終曰靖，好廉克己曰節。」其辭曰：

物尙孤生，人固介立。《漢書音義》：「臣瓚曰：『介，特也。』」豈伊時遘，曷云世及？嗟乎若士！望古遙集。韜此洪族，蔑彼名級。葛龔《遂初賦》曰：「承豢龍之洪族，覘高陽之休基。」《史記》曰：「賜爵一級。」《說文》曰：「級，次第也。」睦親之行，至自非敦。《周禮》：「二曰六行：孝、友、睦、姻、任、恤。」鄭玄曰：「睦親於九族。」然諾之信，重於布言。《漢書》曰：「季布，楚人也。諺曰：『得黃金百斤，不如得季布一諾。』」廉深簡絜，貞夷粹溫。和而能峻，博而不繁。《論語》：「子曰：『和而不同。』」《家語》：「子貢曰：『博而不舉，是曾參之行。』」依世尙同，詭時則異。有一於此，兩非默置。豈若夫子，因心違事。言爲人之道，依俗而行，必譏之於尙同；詭違於時，必譏之於好異；有一於身，必被譏論，非爲默置，豈若夫子因心而能違於世事乎！言不同不異也。《莊子》曰：「列士懷植散群，則尙同也。」郭象曰：「所謂和其光，同其塵。」班固《漢書贊》曰：「東方朔戒其子以上容。首陽爲拙，柱下爲工。飽食安步，以仕易農。依隱玩世，詭時不逢。」《毛詩》曰：「因心則友。」畏榮好古，薄身厚志。《論語》：「子曰：『信而好古。』」世霸虛禮，州壤推風。

世霸，謂當世而霸者也。蔡伯喈《郭有道碑》曰：「州郡聞德，虛己備禮。」推風，推挹其風也。**孝惟義養，道必懷邦**。范曄《後漢書》曰：「論言以義養，則仲田之菽，甘於東鄰之牲。」《論語比考讖》曰：「文德以懷邦。」**人之秉彝，不隘不恭**。《毛詩》曰：「民之秉彝，好是懿德。」《孟子》曰：「伯夷隘，柳下惠不恭。隘與不恭，君子不由也。」綦母邃曰：「隘，謂疾惡太甚，無所容也。不恭，謂禽獸畜人，是不敬。然此不為褊隘，不為不恭。」**爵同下士，祿等上農**。《禮記》曰：「諸侯之下士，視上農夫，祿足以代其耕。」**度量難鈞，進退可限**。《孝經》：「容止可觀，進退可度。」**長卿棄官，稚賓自免**。《漢書》曰：「司馬長卿病免，客遊梁，得與諸侯遊士居。」又曰：「清居之士，太原則郇相，字稚賓，舉州郡茂材，數病去官。」**子之悟之，何悟之辯？賦詩歸來，高蹈獨善**。歸來，歸去來也。《左氏傳》：「齊人歌曰：『魯人之皋，使我高蹈。』」《孟子》曰：「窮則獨善其身，達則兼濟天下。」**亦既超曠，無適非心**。《呂氏春秋》曰：「夫樂有道，心亦適。」《莊子》曰：「知忘是非，心之適也。」**汲流舊巘，葺宇家林**。《廣雅》曰：「葺，覆也。」**晨煙暮藹，春煦秋陰。陳書輟卷，置酒絃琴。居備勤儉，躬兼貧病**。《尚書》曰：「克勤於邦，克儉於家。」《史記》：「原憲曰：『若憲，貧也，非病也。』」**人否其憂，子然其命**。《論語》：「子曰：『賢哉！回也，一簞食，一瓢飲，在陋巷，人不堪其憂，回也不改其樂。』」《墨子》曰：「貧富固有天命，不可損益。」**隱約就閒，遷延辭聘**。《周書》曰：「隱約者，觀其不懾懼。」《登徒子好色賦》曰：「因遷延而辭避。」**非直也明，是惟道性**。《毛詩》曰：「匪直也人，秉心塞淵。」高誘《淮南子注》曰：「道性無欲。」**糾纆幹流，冥漠報施**。賈誼《鵩鳥賦》曰：「幹流而遷，或推而還。夫禍之與福，何異糾纆。」（陸機）《弔魏武文》曰：「悼繐帷之冥漠。」《史記》司馬遷曰：「天之報施善人何如哉！」**孰云與仁？實疑明智**。言誰云天道常與仁人，而我聞之實疑於明智。此說明智，謂老子也。《老子》曰：「天道無親，常與善人。」《楚辭》曰：「招賢良與明智。」**謂天蓋高，胡罯斯義**。言天高聽卑，而報施無爽，何故爽於斯義，而無不與仁乎？《毛詩》曰：「謂天蓋高，不敢不跼。」《史記》：「子韋曰：『天高聽卑。』」**履信曷憑？思順何寘？**《周易》曰：「履信思乎順。」毛萇《詩傳》曰：「寘，置也。」**年在中身，疢維痁傷閶疾**，《尚書》曰：「文王受命惟中身。」《左氏

傳》曰：「齊侯疥，遂痁。」杜預曰：「痁，瘧疾也。」**視死如歸，臨凶若吉。**《呂氏春秋》曰：「遺生行義，視死如歸。」**藥劑弗嘗，禱祀非恤。**《魏都賦》曰：「藥劑有司。」《論語》：「子曰：『丘之禱久矣。』」**傃幽告終，懷和長畢。嗚乎哀哉！**傃，向也。《禮記》曰：「幽則有鬼神。」《孫卿子》曰：「死，人之終也。」

敬述靖節，式尊遺占。《漢書》曰：「陳遵口占作書。」占，謂口隱度其事，令人書也。**存不願豐，沒無求贍。省訃卻賻，輕哀薄斂。**《禮記》曰：「凡訃於其君，云某臣死。」鄭玄曰：「訃或作赴，至也。臣死，使人至君所告之也。」《周禮》曰：「喪則令賻補之。」鄭玄曰：「謂賻喪家，補助不足。」**遭壤以穿，旋葬而窆。嗚乎哀哉！**《河圖考鉤》曰：「有壤者可穿。」《禮記》：「孔子曰：『斂手足形，還葬而無槨，稱其財，斯之謂禮。』」《說文》曰：「窆，葬下棺也。」

深心追往，遠情逐化。《莊子》曰：「既化而生，又化而死。」**自爾介居，及我多暇。**《漢書》：「陳餘說武臣曰：將軍獨介居河北。」《孫卿子》曰：「其為人也多暇日者，其出入不遠。」**伊好之洽，接閻鄰舍。宵盤晝憩，非舟非駕。**毛萇《詩傳》曰：「憩，息也。」**念昔宴私，舉觴相誨。**《毛詩》曰：「諸父兄弟，備言燕私。」**獨正者危，至方則礙。**《孫卿子》曰：「方則止，圓則行。」**哲人卷舒，布在前載。**（潘岳）《西征賦》曰：「蓬與國而卷舒。」《西京賦》曰：「多識前世之載。」**取鑒不遠，吾規子佩。**《毛詩》曰：「殷鑒不遠。」**爾實愀然，中言而發。**《禮記》曰：「孔子愀然作色而對。」**違衆速尤，迕風先蹶。**班固《漢書》述曰：「疑殆匪闕，違衆忤世，淺為尤悔，深作敦害。」《韓詩外傳》：「草木根荄淺，未必撅也，飄風與，暴雨隤，則撅必先矣。」**身才非實，榮聲有歇。**言身及才不足為實，榮華聲名，有時而滅。恐己恃才以傲物，憑寵以陵人，故以相誡也。**叡音永矣，誰箴余闕。嗚乎哀哉！**《爾雅》曰：「永，遠也。」《左氏傳》：「魏絳曰：『百官箴王闕。』」**仁焉而終，智焉而斃。**應劭《風俗通》曰：「傳云：『五帝聖焉死，三王仁焉死，五伯智焉死。』」**黔婁既沒，展禽亦逝。**皇甫謐《高士傳》曰：「黔婁先生死，曾參與門人來弔。曾參曰：『先生終，何以為謚？』妻曰：『以康為謚。』曾參曰：『先生存時，食不充虛，衣不蓋形；死則手足不斂，傍

無酒肉。生不得其美，死不得其榮，何樂於此而謚爲康哉？』妻曰：『昔先君嘗欲授之國相，辭而不爲，是所以有餘貴也；君嘗賜之粟三十鍾，先生辭不受，是其有餘富也。彼先生者，甘天下之淡味，安天下之卑位，不戚戚於貧賤，不遑遑於富貴，求仁而得仁，求義而得義，其謚爲康，不亦宜乎也？』」展禽，柳下惠也。《論語》：「柳下惠爲士師。」鄭玄曰：「柳下惠，魯大夫也，謚曰惠。」其在先生，同塵往世。同塵已見上文。旌此「靖節」，加彼康惠。嗚乎哀哉！康，黔婁；惠，柳下惠也。

【箋釋】

溫本所收《陶徵士誄》一文，題作《靖節徵士誄》，署名「宋金紫光祿大夫贈特進顏延年」，無李善注文。整理者據上海古籍出版社 1986 年排印版李善注《文選》卷五十七補入全文。

陶詩彙評卷之一　詩四言

劉後村曰：四言自曹氏父子、王仲宣、陸士衡後，惟陶公最高，其《停雲》《榮木》等篇，殆突過建安矣。

又曰：四言尤難，以《三百五篇》在前故也。

【箋釋】

鍾嶸《詩品序》：夫四言，文約意廣，取效《風》《騷》，便可多得，每苦文繁而意少，故世罕習焉。

陳仁子《文選補遺》卷十四：淵明四言詩所以不可及者，全不犯古詩句；雖間有一二，不多見。他人做未免犯古句，又殊不類。（見《四庫全書》卷一八七《集部・總集類二》）

許學夷《詩源辯體》卷六：陶靖節四言，章法雖本風雅，而語自己出，初不欲範古求工耳，然他人規規摹倣，而性情反窒，靖節無一語盜襲，而性情溢出矣。

何焯《義門讀書記・文選・詩》：四言詩，叔夜、淵明俱爲秀絕。

賀貽孫《詩筏》：五言詩，爲澹穆易，爲奇峭難；四言詩，爲奇峭易，爲澹穆難。陶公四言詩如其五言詩，所以獨妙。

沈德潛《說詩晬語》卷上：四言詩締造良難，於《三百篇》太離不得，太肖不得。太離則失其源，太肖只襲其貌也。韋孟《諷諫》《在鄒》之作，肅肅穆穆，未離雅正。劉琨《答盧諶》篇，拙重之中，感激豪蕩，準之變雅，似離而合。張華、二陸、潘岳輩，懨懨欲息矣。淵明《停雲》《時運》等篇，清腴簡遠，別成一格。

謹案：四言詩之特點「文約意廣」，而研習者容易流於「文繁而意少」。《詩經》四言體在陶淵明前的一千多年已成就輝煌，遠離或太過模仿都不行。陶淵明的四言詩，既是對《詩經》傳統的繼承，又是新變的產物，繼承和創新達到了內在的統一。這主要體現在：一是善於提煉新的語彙，并加以活用，如「山滌餘靄，宇曖微霄。有風自南，翼彼新苗」（《時運并序》其一），描繪暮春和美的景色，指而可想；「滌」字充滿動感，寫出山色的清爽；「翼」字名詞用作動詞，寫南風扇動下的新苗像鳥兒一樣張開翅膀、撲撲欲飛，大自然勃發的生機由此而現，詩人自己的喜悅之情也溢於言表。二是情景眞切、出語自然，如「斯晨斯夕，言息其廬。花藥分列，林竹翳如。清琴橫床，濁酒半壺」（《時運并序》其四），景物描繪中透出的是高爽的人格，是對一種自由純淨生活的由衷讚美和嚮往。三是創造性地使用《詩經》的句法、化用《詩經》的句意，用來表達自己的感情，如「昔我云別，倉庚載鳴。今也遇之，霰雪飄零」（《答龐參軍并序》其五），句法、句意均源於《小雅・采薇》：「昔我往矣，楊柳依依。今我來思，雨雪霏霏。行道遲遲，載渴載飢。我心傷悲，莫知我哀」，詩人以此渲染濃重的離別之情；「倉庚載鳴」則化用《豳風・七月》「春日載陽，有鳴倉庚」句意，寫春天勃發的生機，與「霰雪飄零」表現的冬景形成鮮明對比。陶淵明使古老的四言詩重新煥發出了生機和活力。

停雲四章 并序

停雲，思親友也。**樽湛新醪**，一作「樽酒新湛」；「湛」，讀曰「沈」。**園列初榮，願言不從，歎息彌襟。**一有「云爾」二字。

高元之曰：以「停雲」名篇，乃《周詩》「六義」二曰賦、四曰興之遺義也。

靄靄雲集貌**停雲，濛濛**雨微貌**時雨。八表同昏，**「表」，外也。曰「同昏」，其亦陸沈之歎耶。**平路伊阻。靜寄東軒，春醪獨撫。良朋悠邈，搔首延佇。**

查初白曰：起四句，當平世者，不知此語之悲。

停雲靄靄，時雨濛濛。八表同昏，平陸成江。句即陵谷遷變之意。

〔一〕**有酒有酒，閒飲東窗。願言懷人，舟車靡從。**

【箋釋】

〔一〕李公煥《箋注陶淵明集》卷一：「八表同昏，平陸成江」二句，蓋寓飇回霧
　　塞、陵遷谷變之意。

　　東園之樹，枝條再榮。競朋親好，一作「競用新好」。**以怡**一作「招」**
余情。**〔一〕**人亦有言，日月于征。安得促席，**「促」，近也。**說彼平生。**

　　陳倩父曰：非必所思親友，託感故君。但樹感再榮，招辭新好，違今戀
昔，情見乎詞。

　　查初白曰：「東園之樹」四句，亦是有所譏刺。

【箋釋】

〔一〕李公煥《箋注陶淵明集》卷一：「競朋親好，以怡余情」，謂相招以事新朝
　　也。

　　翩翩飛一作「輕」**鳥，息我庭柯。斂翮閒止，好聲相和。豈無他
人，念子實多。願言不獲，抱恨如何！**

　　查初白曰：末四語，直追古人。

　　蔣丹厓曰：撫醪望友，欲從舟車，促席無由，悵然抱恨。詩分四韻，情
屬一章。龐參軍、劉柴桑而外，不多人也。劉履謂：元熙禪革後，或有親友
仕於宋者，靖節賦此以諷。詩中無其意，惟「競用新好」句，蓋謂他人言耳，
非所指「念子實多」者。

　　愚按：詩中感變懷人，撫今悼昔，一片熱腸流露言外。若僅以閒適賞之，
失之遠矣，讀陶者悉當作如是觀。陶詩寫景最眞，寫情最活。末章「斂翮」
二句，狀鳥聲態，何等天然活妙！

【箋釋】

　　辛棄疾《聲聲慢·隱括淵明〈停雲〉詩》：停雲靄靄，八表同昏，盡日時雨
濛濛。搔首良朋，門前平陸成江。春醪湛湛獨撫，限彌襟，閒飲東窗。空延佇，
恨舟車南北，欲往何從。　　歎息東園佳樹，列初榮枝葉，再競春風。日月于征，

安得促席從容。翩翩何處飛鳥，息庭柯，好語和同。當年事，問幾人，親友似翁。

又，《賀新郎》：邑中園亭，僕皆爲賦此詞。一日，獨坐停雲，水聲山色，競來相娛，意溪山欲援例者，遂作數語，庶幾仿佛淵明思親友之意云：甚矣吾衰矣。恨平生、交遊零落，只今餘幾。白髮空垂三千丈，一笑人間萬事。問何物、能令公喜。我見青山多嫵媚，料青山、見我應如是。情與貌，略相似。　　一尊搔首東窗裏。想淵明、停雲詩就，此時風味。江左沈酣求名者，豈識濁醪妙理。回首叫、雲飛風起。不恨古人吾不見，恨古人、不見吾狂耳。知我者，二三子。

時運四章并序

時運，遊暮春也。春服既成，景物斯和，偶影獨遊，欣慨交心。

鍾伯敬曰：遊覽詩，人只說得「欣」字，說不得「慨」字，合二字，始爲眞曠、眞遠，淺人不知。

邁邁往也時運，穆穆美也良朝。襲我春服，薄言東郊。山滌餘靄，宇曖微霄。一作「餘靄微消」。有風自南，翼彼新苗。「翼」，猶披拂之意，用字生動。沈確士謂「翼」字寫出性情，良然。

何義門曰：「山滌餘靄」二句，含下「風」字。

洋洋平津，乃漱乃濯。邈邈遠也，渺也。《離騷》：神高馳之邈邈。〔一〕遲景，載欣載矚。視之甚曰「矚」。稱心而言，人亦易足。一作「人亦有言，稱心易足」。揮茲一觴，振去餘酒曰「揮」。陶然自樂。

【箋釋】

〔一〕《離騷》：駕八龍之婉婉兮，載雲旗之委蛇。抑志而弭節兮，神高馳之邈邈。

延目中流，悠悠清沂。〔一〕童冠齊業，閒詠以歸。我愛其靜，寤寐交揮。但恨殊世，邈不可追。

湯東澗曰：「閒詠以歸，我愛其靜」之爲言，謂其無外慕也，庶乎知浴沂者之心矣。

查初白曰：目狂者以靜，千古特識。

周青輪曰：動處得靜，全乎天也。

愚按：動靜各有其天，惟於動處得靜，此眞狂者之天，其心胸尤不可及，卻被淵明一語拈出。

【箋釋】

〔一〕李公煥《箋注陶淵明集》卷一：沂，魚衣切，水名，出泰山。

斯晨斯夕，言息其廬。花藥分列，林竹翳如。清琴橫床，一作「膝」。**濁酒半壺。黃唐莫逮，**「黃唐」，謂黃帝、唐堯。**慨獨在余。**

蔣丹厓曰：前二首是「欣」，後二首是「慨」。

又曰：淵明處桓、劉之時，故慨同夷、叔。

陳倩父曰：欣在春華，慨因代變。黃、農之想，旨寄西山。命意獨深，非僅閒適。

沈確士曰：晉人放達，惟陶公有憂勤語，有安分語，有自任語。黃、農之感，寄意西山，此旨時或流露。

愚按：序語「偶影獨遊」，末章結語「慨獨在余」，二「獨」字有無限深意在。當是時，天下早已忘晉，淵明遊影安得不獨？因遊而「欣慨交心」，然則遊爲淵明所獨，慨亦爲淵明所獨。其欣處，人知之；其慨處，人未必知之；其欣慨交迫之際，則人尤未易知之也。一時遊興，寓意深遠乃爾。淵明之心，亦良苦矣哉！

榮木四章并序

榮木，念將老也。日月推遷，已復有一作「九」**夏，總角聞道，白首無成。**

愚按：孔子云：「朝聞道，夕死可矣」。聞道殊非易事，淵明謂「總角聞道」句，宜善解。

蔣丹厓謂：其「聞道」二字，只作志學用，良然。

何義門謂：斯人非頹然自放，觀其歎白首之無成，則其志已可知矣。

采采榮木，結根於茲。晨耀其華，夕已喪之。人生若寄，顦顇與「憔悴」同有時。靜言孔念，中心悵而。

采采榮木，於茲託根。繁華朝起，慨暮不存。貞脆由人，禍福無門。匪道曷依，匪善奚敦。

嗟余小子，稟茲固陋。徂年既流，一作「遂往」。業不增舊。志彼不一作「弗」舍，安此日富。我之懷矣，怛焉內疚。

查初白曰：警策，浮生不特學問。

愚按：此章不過望道心切，歎流年之既往，恐學業之無成，所以嗟固陋而懷內疚，即學如不及之意，或乃謂「『志』當作『忘』，引荀子『功在不舍』、《詩》『一醉日富』，〔一〕淵明蓋自咎其廢學而樂飲云爾」。〔二〕細按詩意，與飲酒無涉。淵明非耽酒而廢業者，至慮其因飲自廢，誠淺之乎視淵明矣。蔣丹厓謂：增業在不舍，不舍故「日富」。「日富」者，《易》所云「富有之謂大業，日新之謂盛德」是也。雖我懷於茲，不無內疚，此所以嗟固陋乎。或引《詩》「一醉日富」，謂靖節自疚其荒學而樂飲，然觀其自挽曰：「但恨在世時，飲酒不得足」，肯自疚耶？此論可謂淵明知己。

【箋釋】

〔一〕《詩經・小雅・小宛》：人之齊聖，飲酒溫克。彼昏不知，壹醉日富。各敬爾儀，天命不又。

〔二〕此段話引自李公煥《箋注陶淵明集》卷一《榮木》注。

先師遺訓，余豈云墜！四十無聞，斯不足畏。脂我名一作「行」車，策我名驥。千里雖遙，孰敢不至！

查初白曰：讀末四語，先生豈忘用世者？

陳倩父曰：較茂先《勵志》，〔一〕言簡情殷。

趙泉山曰：晉元興三年，劉敬宣以破桓、歆功，遷建威將軍，鎮潯陽，即靖節參其軍事時，靖節年四十也。靖節當年抱經濟之志，藩輔交辟，遭時不競，將以振復宗國為己任。回翔十載，卒屈志於戎幕、佐吏，用是志不獲騁，良圖弗集。明年，於是決策歸休矣。

【箋釋】

〔一〕張華（字茂先）《勵志》：大儀斡運，天回地遊。四氣鱗次，寒暑環周。星
　　光既夕，忽焉素秋。涼風振落，熠耀宵流。吉士思秋，實感物化。日與月
　　與，荏苒代謝。逝者如斯，曾無日夜。嗟爾庶士，胡寧自舍。

贈長沙公族祖四章并序

一作「贈長沙公」，無「族祖」二字。

何義門曰：「族祖」二字衍，雖同出大司馬，而已在五服之外，服盡矣。
長沙謂淵明為族祖也，傳寫誤衍二字。

長沙公於余為族，一作「余於長沙公為族」。張縯曰：「族」字斷句，不稱
為祖。〔一〕**祖同出大司馬，**謂漢高時陶舍也。**昭穆既遠，已為路人。經
過潯陽，臨別贈此。**

愚按：大司馬，諸家多指陶舍。考舍以右司馬漢王五年初，從以中尉擊
燕、代。此言大司馬，解者謂「大」字當作「右」，即漢高帝功臣舍也。惟
何義門《讀書記》引閻潛邱云：「按，顏延年《陶徵士誄》『韜此洪族，蔑彼
名級』」，可證此詩。序中大司馬斷指士行，非陶舍，不得謂訛「右」為「大」，
即昭明亦屬誤讀。閻、何二先生討覆精博，必有確據，并存之以備參證。

【箋釋】

〔一〕張縯《吳譜辨證》：先生詩云「伊余云遘，在長忘同。」蓋先生世次為長，
　　視延壽乃諸父行。序云「余於長沙公為族」，或云「長沙公於余為族」，皆
　　以「族」字斷句，不稱為祖。蓋長沙公為大宗之傳，先生不欲以長自居，
　　故詩稱「於穆令族」，序稱「於余為族」，又云「我曰欽哉，實宗之光」，皆
　　敬宗之義也。

**同源分流，人易世疏。慨然寤歎，念茲厥初。禮服遂悠，歲往
月徂。**一作「歲月眇徂」。**感彼行路，眷然躊躇。**

楊誠齋曰：「同源」四句，老泉《族譜》引正此意，而淵明字少意多，尤
可涵泳。

查初白曰：《生民》之詩，追本姜嫄；《思文》之詩，郊祀后稷。參之以《常棣》《伐木》《行葦》《鳧鷖》，方知作者用意深厚。

於穆令族，允構斯一作「新」堂。諧氣多暄，一作「暉」。映懷圭璋。爰采春花，載警一作「驚」秋霜。一作「爰采春苑，載散秋霜」。我曰欽哉，實宗之光。

伊余云遘，在長忘同。言笑未久，逝焉西東。遙遙三湘，按，《寰宇記》：湘潭、湘鄉、湘源為「三湘」。〔一〕滔滔九江。山川阻遠，行李時通。

【箋釋】

〔一〕《太平寰宇記・江南西道十四・全州》「清湘縣」條：湘潭、湘鄉、湘源，是謂三湘。陶澍注《陶靖節集》卷一：「湘水發源會瀟水，謂之瀟湘；及至洞庭陵子口，會濱江謂之濱湘；又北與沅水會於湖中，謂之沅湘。三湘之目當以此。若湘潭、湘鄉、湘源皆縣名，非水也，且建置在後，古無此稱。」

謹案：古人詩文中的三湘，多泛指湘江流域及洞庭湖地區。李白《江夏使君叔席上贈史郎中》詩：「昔放三湘去，今還萬死餘」。

何以寫心，貽此話言。進簣雖微，終焉為山。敬哉離人，臨路淒然。款襟或遼，音問其先。

陳倩父曰：敦厚之旨。〔一〕

西蜀張縯《辯證》曰：〔二〕《年譜》以此詩為元嘉乙丑作。按，《晉書》載，長沙公侃卒，長子夏以罪廢，次子瞻之子宏襲爵。宏卒，子綽之嗣。綽之卒，子延壽嗣。宋受晉禪，延壽降為吳昌侯。若謂詩作於元嘉間，則延壽已改封吳昌，非長沙矣。先生詩云：「伊余云遘，在長忘同」，蓋先生世次為長，視延壽乃諸父行。序云「余於長沙公為族」，或云「長沙公於余為族」，皆以「族」字斷句，不稱為祖。蓋長沙公為大宗之傳，先生不欲以長自居，故詩稱「於穆令族」，序稱「於余為族」。又云：「我曰欽哉，實宗之光」，皆敬宗之義也。如《年譜》以族祖、族孫為稱，乃是延壽之子。延壽已為吳昌侯，其子又安得稱長沙公哉？要是，此詩作於延壽未改封之前。

【箋釋】

〔一〕《采菽堂古詩選》卷十三：「敦厚之旨」作「敦厚之音」。

〔二〕《辯證》，指張縯《吳譜辯證》，見許逸民校輯《陶淵明年譜》。

酬丁柴桑二章

按，柴桑，潯陽故里。

有客有客，爰來爰一作「宦」止。秉直司聰，于惠一作「惠于」百里。餐勝如歸，聆一作「矜」善一作「音」若始。

陳倩父曰：「餐勝」八字，佳。「聆善若始」，言若始聞者，然不有其善也。

沈確士曰：末二語，可作箴規。

匪惟諧也，一作「也諧」。屢有良由。一作「遊」。載言載眺，一作「載馳載驅」。以寫我憂。放歡一遇，既醉還休。實欣心期，方從我遊。

查初白曰：此二首，東坡缺和詩。

愚按：淵明詩，體質句逸，情眞意婉。即偶然酬答，而神味淵永，可規可誦。姜白石謂其「天資既高，趣詣又遠，故其詩散而莊，澹而腴」。旨哉斯言也！

答龐參軍六章并序

龐爲衛軍參軍，從江陵使上都，過潯陽見贈。

衡門之下，有琴有書。載彈載詠，爰得我娛。豈無他好？樂是幽居。朝爲灌園，夕偃蓬廬。

人之所寶，尚或未珍。不有同好，一作「愛」。云胡以親！我求良友，實覯懷人。歡心孔洽，棟宇惟一作「爲」鄰。「鄰」，新居鄰也，時淵明新居南里之南村，即栗里也。〔一〕

愚按：首章自敍，以下方敍相見之樂。

【箋釋】

〔一〕見李公煥《箋注陶淵明集》卷一。

《箋注陶淵明集》卷二，《移居二首》其一：「昔欲居南村，非爲卜其宅。」李公煥注：「南村，即栗里也」。《南史・隱逸・陶潛傳》：義熙末，徵爲著作佐郎，不就。江州刺史王弘欲識之，不能致也。潛嘗往廬山，弘令潛故人龐通之齎酒具於半道栗里要之。潛有腳疾，使一門生二兒舉籃轝。及至，欣然便共飲酌，俄頃弘至，亦無忤也。

又，李白《戲贈鄭溧陽》：陶令日日醉，不知五柳春。素琴本無絃，漉酒用葛巾。清風北窗下，自謂羲皇人。何時到栗里，一見平生親。

白居易《訪陶公舊宅并序》：予夙慕陶淵明爲人，往歲渭川閒居，嘗有《效陶體詩十六首》。今遊廬山，經柴桑，過栗里，思其人，訪其宅。不能默默，又題此詩云：……我生君之後，相去五百年。每讀五柳傳，目想心拳拳。昔常詠遺風，著爲十六篇。今來訪故宅，森若君在前。不慕尊有酒，不慕琴無絃。慕君遺榮利，老死此丘園。柴桑古村落，栗里舊山川。不見籬下菊，但餘墟中煙。子孫雖無聞，族氏猶未遷。每逢姓陶人，使我心依然。

吳兢《昭文不鼓琴賦》：栗里無絃，淵明則矯；王門碎質，安道更慚。是以飾外者貴其體備，厚內者尚其包含。（《全唐文》卷九百四十六）

范成大《思歸再用枕上韻》：五柳栗里宅，百花錦城莊。何時去檢校，一棹水雲鄉。

惲敬《大雲山房文稿》（二集）卷二《靖節集書後》：敬嘗遊廬山，求所謂栗里者，得之。其地西南距柴桑，東北望上京，廬山之陽谷谷也。先生始居上京，後遷柴桑，暫居栗里，後復還柴桑。

周景式《廬山記》：遠法師居廬山阜三十餘年，影不出山，跡不入俗。送客過虎溪，虎則鳴號。昔陶元亮居栗里，山南陸修靜亦有道之士。遠師送此二人，與語道合，不覺過之，因相與大笑，今傳三笑圖。（《廬山慧遠法師文鈔》，江西廬山東林寺1989年印）

又，李咸用《廬山》：月好虎溪路，煙深栗里源。（《全唐詩》卷六百四十五）

伊余懷人，欣德孜孜。我有旨酒，與汝樂之。乃陳好言，乃著新詩。一日不見，如何不思！

嘉遊未斁，誓將離分。送爾於路，銜觴無欣。依依舊楚，邈邈西雲。之子之遠，良話曷聞。

愚按：以下惜別之速。「銜觴無欣」四字，別意逼眞。古賦所云「黯然銷魂」，同一景況。

昔我云別，倉庚載鳴。今也遇之，霰雪飄零。大藩有命，作使上京。豈忘宴安？王事靡寧。

慘慘寒日，蕭蕭其風。翩彼方舟，容裔—作「與」江中。一作「衝衝」。勖哉征人，在始思終。敬茲良辰，以保爾躬。

陳倩父曰：「方舟」「容裔」，語生動。

又曰：通體雋逸輕清。〔一〕

蔣丹厓曰：相見恨晚，相別恨遠。眷戀依依，情溢乎詞，視長沙公詩，直天淵矣。

又曰：詞直意婉，以其出於自然也，杜甫云「陶詩不枝梧」，〔二〕從此看來。

愚按：末數語，勖勉情深，足見古誼。泛作贈答者，安得此眞摯之言？

【箋釋】

〔一〕《采菽堂古詩選》卷十三：「通體」作「通首」。

〔二〕杜甫《夜聽許十損誦詩愛而有作》：陶謝不枝梧，風騷共推激。

　　謹案：「陶詩」應爲「陶謝」。

勸農六章

悠悠上古，厥初生民。傲然自足，抱樸含眞。智巧既萌，資待靡因。誰其贍之，實賴哲人。

哲人伊何？時惟后稷。贍之伊何？實曰播植。舜既躬耕，禹亦

稼穡。遠若周典，八政始食。

　　愚按：首章推原上古，言農之所自始。此章以莊語勸之，見農宜勤於耕也。

　　熙熙令音，一作「德」。猗猗原陸。卉木繁榮，和風清穆。紛紛士女，趨時競逐。桑婦宵征，農夫野宿。

　　氣節易過，和澤難久。冀缺攜儷，《左傳》：冀缺耨，其妻饁之，相待如賓。〔一〕沮溺結耦。相彼賢達，猶勤隴畝。矧伊眾庶，曳裾拱手！

　　愚按：此二章以諧語惕之，「曳裾」句繪出惰農，尤覺有致。

【箋釋】

〔一〕《左傳・僖公三十三年》：初，臼季使過冀，見冀缺耨，其妻饁之。敬，相待如賓。與之歸，言諸文公曰：「敬，德之聚也。能敬必有德，德以治民，君請用之。臣聞之，出門如賓，承事如祭，仁之則也。」

　　民生在勤，勤則不匱。宴安自逸，歲暮奚冀！儋石不儲，按，揚子《方言》：齊之東北海岱之間，「甔」謂之「儋」。〔一〕《史記・貨殖傳》：漿千儋。〔二〕注：一儋，兩甔也。《揚雄傳》：家無儋石之儲。〔三〕《通雅》云：《漢書》：一石為石，再石為儋，言人儋之也，平聲，通作「擔」。飢寒交至。顧爾儔列，能不懷愧！

　　周青輪曰：「愧」字有不負心、不苟食二義。

　　愚按：此章以危語怵之，見農不勤耕，則害立致矣。末「愧」字下得愈莊愈竦。

【箋釋】

〔一〕揚雄《方言》卷五：甊，陳魏宋楚之間曰甀，或曰瓵；燕之東北朝鮮洌水之間謂之瓺；齊之東北海岱之間謂之「儋」。

〔二〕《史記・貨殖列傳》：通邑大都，酤一歲千釀，醯醬千瓨，漿千甔，屠牛、羊、彘千皮，販穀糶千鍾。

　　謹案：「漿千甔」，《漢書・貨殖傳》作「漿千儋」。

〔三〕《漢書・揚雄傳》：雄少而好學，不爲章句，訓詁通而已，博覽無所不見。為人簡易佚蕩，口吃不能劇談，默而好深湛之思，清靜亡為，少耆欲，不汲汲於富貴，不戚戚於貧賤，不修廉隅以徼名當世。家產不過十金，乏無儋石之儲，晏如也。自有下度：非聖哲之書不好也；非其意，雖富貴不事也。顧嘗好辭賦。

孔耽道德，樊須是鄙。董樂琴書，田園不履。若一作「苟」**能超然，接跡高軌。敢不斂衽，敬贊**一作「歎」**德美。**

鍾伯敬曰：此首倒插，有力趣。

陳倩父曰：反復辨證，〔一〕故以作趣。有此一結，詩便超絕。

沈確士曰：末章之意，言人能如孔子、董相，庶可不務隴畝耳。勉人意在言外領取。

蔣丹厓曰：勸人讀書，亦是苦事，不若就農言農。刪此末章八句，尤爲高老。鍾評所云，誠恐不然。

愚按：末章反言相勸，見非樂詩、書，則須務稼穡。激之正，所以勸之也。具見古人用筆超妙，迥異常溪。丹厓深於說陶，此論轉恐未當。

【箋釋】

〔一〕《采菽堂古詩選》卷十三：「反復辨證」作「反復證辨」。

命子十章

悠悠我祖，爰自陶唐。邈爲虞賓，歷世重光。陶世之先曰伊祈氏，升唐侯爲天子，後遜於虞作遊陶邱，故號曰陶唐氏，而諡曰堯，取散宜氏之女曰女皇，生丹朱，復有庶子九人。及舜初郊於唐，以丹朱爲尸，因封於唐。**御龍勤夏，**時董父好龍，舜命豢龍於陶邱，而堯之庶子奉堯之祀於陶邱者，或世業豢龍。逮夏帝孔甲時，天降雌雄龍二於庭，有劉累者，實堯之裔，累以擾音「柔」龍事孔甲，賜之姓御龍氏。龍一雌死，帝既饗，復求，御龍氏懼，遷魯山。〔一〕**豕韋翼商。**祝融之後封於豕韋，商武丁滅之，以封劉累之胄。**穆穆司徒，厥族以昌。**《左傳》載：商民七族，陶氏其一也。陶氏授民，是爲司徒。蓋豕韋之後，陶姓始經見於此。〔二〕

【箋釋】

〔一〕《左傳‧昭公二十九年》：秋，龍見於絳郊。魏獻子問於蔡墨曰：「吾聞之，蟲莫知於龍，以其不生得也。謂之知，信乎？」對曰：「人實不知，非龍實知。古者畜龍，故國有豢龍氏，有御龍氏。」獻子曰：「是二氏者，吾亦聞之，而不知其故，是何謂也？」對曰：「昔有飂叔安，有裔子曰董父，實甚好龍，能求其耆欲以飲食之，龍多歸之。乃擾畜龍，以服事帝舜。帝賜之姓曰董，氏曰豢龍。封諸鬷川，鬷夷氏其後也。故帝舜氏世有畜龍。及有夏孔甲，擾於有帝，帝賜之乘龍，河、漢各二，各有雌雄，孔甲不能食，而未獲豢龍氏。有陶唐氏既衰，其後有劉累，學擾龍於豢龍氏，以事孔甲，能飲食之。夏后嘉之，賜氏曰御龍，以更豕韋之後。龍一雌死，潛醢以食夏后。夏后饗之，既而使求之。懼而遷於魯縣，范氏其後也。」

〔二〕《左傳‧定公四年》：因商奄之民，命以伯禽，而封於少皞之虛。分康叔以大路、少帛、綪茷、旃旌、大呂，殷民七族，陶氏、施氏、繁氏、錡氏、樊氏、饑氏、終葵氏，封畛土略，自武父以南，及圃田之北竟，取於有閻之土，以共王職。取於相土之東都，以會王之東蒐。聃季授土，陶叔授民，命以《康誥》，而封於殷虛。

　　紛紛戰國，漠漠衰周。鳳隱於林，幽人在丘。逸虬繞一作「撓」雲，按，「虬」，奇摎切，無角龍也。俗作「蛇」，非。奔鯨駭流。二句喻狂暴縱橫之亂。天集有漢，眷予愍侯。按，「愍侯」謂陶舍。

　　於赫愍侯，運當攀龍。撫劍夙邁，顯茲武功。書誓山河，漢高帝與功臣盟云：黃河如帶，泰山若礪，國以永存，爰及苗裔。〔一〕句即指此。啓土開封。亹亹丞相，謂陶青也。按，孝景二年，陶青爲丞相。〔二〕允迪前蹤。

【箋釋】

〔一〕《史記‧高祖功臣侯者年表》：太史公曰：古者人臣功有五品，以德立宗廟定社稷曰勳，以言曰勞，用力曰功，明其等曰伐，積日曰閱。封爵之誓曰：「使河如帶，泰山若厲。國以永寧，爰及苗裔。」始未嘗不欲固其根本，而枝葉稍陵夷衰微也。

　　又，《漢書‧高惠高后文功臣表》：自古帝王之興，曷嘗不建輔弼之

臣所與共成天功者乎！漢興自秦二世元年之秋，楚陳之歲，初以沛公總帥雄俊，三年然後西滅秦，立漢王之號，五年東克項羽，即皇帝位。八載而天下乃平，始論功而定封。訖十二年，侯者百四十有三人。時大城名都民人散亡，戶口可得而數裁什二三，是以大侯不過萬家，小者五六百戶。封爵之誓曰：「使黃河如帶，泰山若厲，國以永存，爰及苗裔。」於是申以丹書之信，重以白馬之盟，又作十八侯之位次。高后二年，復詔丞相陳平盡差列侯之功，錄弟下竟，臧諸宗廟，副在有司。始未嘗不欲固根本，而枝葉稍落也。

〔二〕《史記・孝景本紀》：（二年）八月，以御史大夫開封侯陶青爲丞相。彗星出東北。秋，衡山雨雹，大者五寸，深者二尺。

渾渾長源，蔚蔚洪柯。群川載導，眾條載羅。二句喻枝派之分散。**時有語默，運因隆窊。**「窊」，鳥瓜切，「下」也。**在我中晉，業融長沙。**「長沙」，謂陶侃。

按，陶侃，字士行，仕中晉，在軍四十一載，位至八州都督，封長沙郡公。〔一〕薨於成帝咸和九年，追贈大司馬，諡曰「桓」。

何義門曰：漢季稱東漢爲中漢，此中晉所本也。

【箋釋】

〔一〕《晉書・陶侃傳》：侃在軍四十一載，雄毅有權，明悟善決斷。自南陵迄於白帝數千里中，路不拾遺。

桓桓武貌。《書》：武成尙桓桓。〔一〕**長沙，伊勳伊德。天子疇我，**「疇」，等也。功臣、子孫襲封與先人等，曰「疇」。**專征南國。功遂辭歸，臨寵不忒。孰謂斯心，**一作「遠」。**而近可得。**〔二〕言長沙心期高遠。

蔣丹厓曰：長沙公侃，前史多議其非純臣，而此心有不可問者，陶翁蓋爲祖諱也。

愚按：晉成帝時，蘇峻反逆，宮闕爲墟。侃身爲督將，手握強兵，即當涕泣誓師，畢力討賊。乃始，以不與顧命爲辭，繼遷羃登，復欲追兵，還鎭於君臣。大節有所未盡，君子惜之。幸而溫嶠再三邀說，卒能感悟。戎服登

舟，誅峻成功，以補其過。論者謂長沙之心不無可議，長沙之績實不可沒。心跡固不相掩，讀者其權衡於輕重之間，可乎？

【箋釋】

〔一〕《詩經・周頌・桓》：綏萬邦，屢豐年。天命匪解，桓桓武王。保有厥士，于以四方，克定厥家。於昭于天，皇以間之。

　　　又，《尚書・周書・牧誓第四》：今日之事，不愆於六步、七步，乃止齊焉。勖哉夫子！不愆於四伐、五伐、六伐、七伐，乃止齊焉。夫子勖哉！尚桓桓如虎、如貔、如熊、如羆，於商郊弗迓克奔，以役西土，勖哉夫子！爾所弗勖，其於爾躬有戮！

　　　《爾雅・釋訓》：桓桓、烈烈，威也。

〔二〕《采菽堂古詩選》卷十三：末二句遂有寄慨，宋公便不如此。

肅矣我祖，慎終如始。直方二臺，惠和千里。按，陶茂鄰《譜》以岱為祖，惟此詩云「惠和千里」，當從《晉史》以茂為祖，陶茂為武昌太守。〔一〕**於皇仁考，淡焉虛止。寄跡風雲，冥**一作「寘」**茲慍喜。**按，靖節父為姿城太守，生五子，史失載。

趙泉山曰：靖節之父史逸其名，惟載於陶茂鄰《家譜》，而其行事亦無從考見，然觀《命子》詩曰：「於皇仁考，淡焉虛止。寄跡風雲，冥茲慍喜」，其父子封規，蓋相類也。

愚按：靖節曾祖，諸家多援本傳為據，以陶侃實之。惟閻潛邱云：自昭明誤讀陶《命子》詩，以祖與考繫於陶侃之下，及作《淵明傳》，遂謂侃乃淵明曾祖，其實不然。細按詩內，并無明文，似難指實。潛邱識卓，亟登之，以備參證。

【箋釋】

〔一〕《晉書・隱逸》：陶潛，字元亮，大司馬侃之曾孫也。祖茂，武昌太守。

嗟余寡陋，瞻望弗及。顧慚華鬢，負影隻立。三千之罪，無後為急。一作「無復其急」。**我誠念哉，呱聞爾泣。**〔一〕

【箋釋】

〔一〕《采菽堂古詩選》卷十三：語生動。

卜云嘉日，占亦良時。名汝曰儼，字汝求思。溫恭朝夕，念茲在茲。尚想孔伋，庶其企而！

韋元成詩：「誰謂華高，企其齊而。誰謂德難，厲其庶而」，末二語同此意。

何義門曰：字之求思，企孔思也。

厲夜生子，遽而求火。「厲」，醜惡也。《莊子・天地篇》：厲之人夜半生子，遽取火視之，惟恐其似己。〔一〕凡百有心，奚特於我。既見其生，實欲其可。人亦有言，斯情無假。〔二〕「假」字叶古。望子情殷，實欲其勝父爾。

【箋釋】

〔一〕《莊子・天地》：厲之人夜半生其子，遽取火而視之，汲汲然唯恐其似己也。

〔二〕《采菽堂古詩選》卷十三：淋漓高老。

日居月諸，漸免於孩。福不虛至，禍亦易來。夙興夜寐，願爾斯才。爾之不才，亦已焉哉！

張縜曰：先生高蹈獨善，宅志超曠，視世事無一可芥其中者。獨於諸子，拳拳訓誨，有《命子》詩，有《責子》詩，有《告儼等疏》。先生既厚積於躬，薄取於世，其後宜有興者，而六代之際，迄無所聞，此亦先生所謂「天道幽且遠，鬼神茫昧然」者也。靖節之後裔不見於傳，獨袁郊《甘澤謠》云：陶峴，彭澤之後，開元中家於昆山。

又曰：杜子美嘲先生云：「有子賢與愚，何其掛懷抱」，〔一〕此固以文為戲耳。「驥子好男兒」〔二〕以是嘲子美，譽兒亦豈不可哉！

陳倩父曰：前半序述安雅，後半抒寫淋漓，安雅為四言常格，〔三〕其淋漓處筆騰墨飛，非漢魏以來所能擬似。作四言者好為莊，不知《三百篇》乃最刻畫新警，未嘗癡重。讀末二章，極似變《小雅》《正月》《雨無正》之流。

蔣丹厓曰：初讀之敘次雅穆，嫌其結語不稱前幅，以少渾厚也，雖然儼既「漸免於孩」，不好紙筆，已見無成矣。陶翁有激而言，蓋不得已哉，故

杜子美譏之云：「陶翁避俗人，未必能達道。有子賢與愚，何其掛懷抱。」然如杜稱「驥子好男兒」，不既以賢掛懷耶？觀靖節《命子》《責子》二作，子俱不才，委之天運，可謂善自遣矣。

　　愚按：陳評得之。何義門亦云：末二語警儆，亦自悼也。蔣丹厓反謂其結語少渾厚，不稱前幅，論何苛耶？

　　又按：此詩自首章追溯唐、虞、夏、商，蓋原陶姓氏族之所自來也。次章「眷予湣侯」，言陶舍從漢破代封侯，因亂而獲武功也。三章「亹亹丞相」，謂陶青爲丞相，能迪前蹤也。四章言「運當隆汙」，謂陶青以後未有顯者，迨至中晉而業融長沙也。五章言長沙公勳德，并及其心期之高遠也。六章敘祖若父，風規已見。七章以下方說生子、命子之意。然觀其自嗟寡陋，自慚影隻，諄諄誠勉，其切望於諸子深矣。乃子俱不才，委之天運，究何嘗有所牽滯於其間哉！

【箋釋】

〔一〕杜甫《遣興五首》其三：陶潛避俗翁，未必能達道。觀其著詩集，頗亦恨枯槁。達生豈是足，默識蓋不早。有子賢與愚，何其掛懷抱。

〔二〕杜甫《遣興》：驥子好男兒，前年學語時。問知人客姓，誦得老夫詩。世亂憐渠小，家貧仰母慈。鹿門攜不遂，雁足繫難期。天地軍麾滿，山河戰角悲。儻歸免相失，見日敢辭遲。

〔三〕《采菽堂古詩選》卷十三：「四言常格」作「四古常格」。

歸鳥四章

　　翼翼垂翅貌歸鳥，晨去於林。遠之八表，近憩雲岑。和風不洽，翻翩求心。〔一〕託言歸而不忘，與下文「豈思天路」意同。〔二〕顧儔相鳴，景庇清陰。

【箋釋】

〔一〕《逸樓論詩》：「和風不洽，翻翩求心。」「求心」二字有性情，有身份。洽則伊、呂，不洽則夷、叔，亦曰「求心」而已矣。（見《清詩話三編》第二冊）

〔二〕語見李公煥《箋注陶淵明集》卷二《歸鳥四章》注。

翼翼歸鳥，載翔載飛。雖不懷遊，見林情依。遇雲頡頏，相鳴而歸。遐路誠悠，性愛無遺。

陳倩父曰：倦飛知還之意，〔一〕言之悠然。

【箋釋】

〔一〕陶淵明《歸去來兮辭》：雲無心以出岫，鳥倦飛而知還。

翼翼歸鳥，馴宋本作「相」**林徘徊。豈思天路，欣及舊棲。雖無昔侶，衆聲每諧。日夕氣清，悠然其懷。**

蔣丹厓曰：《歸鳥》詩似爲得新知而作。初云「翻翮求心」，繼云「雖無昔侶」，於此可見。

陳倩父曰：不能不諧衆聲，顧自有悠然之懷。

沈確士曰：亦諧衆聲，自有曠懷，此是何等品格！

何義門曰：鄰曲、妻孥，雖不如中朝舊侶爲多才，然眞趣則相入也。

翼翼歸鳥，戢羽寒條。遊不曠林，宿則森標。晨風清興，好音時交。矰繳奚施，「矰」，矢射也；〔一〕「繳」，之若切，生絲縷也。〔二〕**已卷**一作「卷已」。「卷」，與「倦」同。**安勞。**一作「且莫逍遙」。

陳倩父曰：比意清切，眞素較然。

何義門曰：不曠林而森標，則深潛山澤，物色不至，已起末二句。

鍾伯敬曰：全篇語言之妙，往往累言說不出處，數字回翔略盡，有一種清和婉約之氣在筆墨外，使人心平累消。

沈確士曰：他人學《三百篇》癡而重，與《風》《雅》日遠；此不學《三百篇》，清而腴，與《風》《雅》日近。

愚按：淵明在當時實罕儔侶，託興《歸鳥》，寓意微矣。沃氏謂四章憑空起義，如海市蜃樓，以比體爲賦體，無非見當世無可託足，不如鳥之倦飛知還，其計爲甚得也，末句心事畢見。

【箋釋】

〔一〕《說文・矢部》：矰，雉躲矢也。

又，《大廣益會玉篇》：矰，子登切，結繳於矢也。

〔二〕《說文・糸部》「繳」作「繁」。

又，《大廣益會玉篇》：繁，之若切。矰矢射也，生絲縷也。

陶詩彙評卷之二　詩五言

　　陳倩父曰：千秋以陶詩爲閒適，乃不知其用意處。朱子亦僅謂《詠荊軻》一篇露本旨。自今觀之，《飲酒》《擬古》《貧士》《讀山海經》，何非此旨？但稍隱耳。往味其聲調，以爲法漢人而體稍近。然揆意所存，宛轉深曲，何嘗不厚？語之暫率易者，時代爲之。至於情旨，則眞《十九首》之遺也。駕晉、宋而獨遁，何王、韋之可擬。抑文生於志，志幽故言遠，惟其有之，非同泛作。豈不以其人哉？千秋之詩，謂惟陶與杜可也。

　　又曰：陶靖節詩如巫峽高秋，白雲舒卷，木落水清，日寒山皎之中，長空曳練，縈鬱紆迴。望者但見素色澄明，一目可了。不知封巖蔽壑，參差斷續，中多靈境。又如終南山色，遠覯蒼蒼，若尋幽探密，則分野殊峰，陰晴異望，往輒無盡。

　　沈確士曰：淵明以名臣之後，際易代之時，欲言難言，時時寄託，不獨《詠荊軻》一章也。六朝第一流人物，其詩有不獨步千古者耶？鍾嶸謂「其原出於應璩」，成何議論？

　　又曰：清遠閒放，是其本色，而其中自有一段淵深樸茂、不可幾及處。唐人王、儲、韋、柳諸公學焉，而得其性之所近者。

形影神三首 并序

　　貴賤賢愚，莫不營營以惜生，斯甚惑焉。故極陳形影之苦，言神辨自然以釋之。好事君子，共取其心焉。

形贈影

　　天地長不滅，山川無改時。一作「如故時」。草木得常理，霜露榮悴之。謂人最靈智，獨復不如茲。適見在世中，奄去靡歸期。顏延之詩：死爲長不歸，〔一〕即此意。奚覺無一人，親識豈相思！一作「相追思」。但餘平生物，舉目情淒洏。「洏」，涕流貌。王粲詩：涕流漣洏。〔二〕我無騰化術，必爾不復疑。願君取吾言，得酒莫苟辭。「苟辭」二字，新妙。

　　陳倩父曰：先作放達語，語皆生動。

　　查初白曰：「爾」字指適見以下六句，而言「必爾」者，謂必然而無疑。注云頌影，非是。

　　何義門曰：此篇言百年忽過，形與草木同腐。此形必不可恃，當及時行樂。下篇反其意，言不如立善也。

　　愚按：起勢警闢，以下一直接寫，機趣洋溢，絕不著力。楊龜山謂：「淵明詩所不可及者，沖澹深粹，出於自然」，良不虛也。

【箋釋】

〔一〕顏延之《秋胡行》：驅車出郊郭，行路正威遲。存爲久離別，沒爲長不歸。嗟余怨行役，三陟窮晨暮。嚴駕越風寒，解鞍犯霜露。原隰多悲涼，回飆卷高樹。離獸起荒蹊，驚鳥縱橫去。悲哉遊宦子，勞此山川路。

〔二〕王粲《贈蔡子篤》：烈烈冬日，肅肅淒風。潛鱗在淵，歸雁載軒。苟非鴻雕，孰能飛翻。雖則追慕，予思罔宣。瞻望東路，慘愴增歎。率彼江流，爰逝靡期。君子信誓，不遷於時。及子同寮，生死固之。何以贈行？言授斯詩。中心孔悼，涕淚漣洏。嗟爾君子，如何勿思？

影答形

　　存生不可言，衛生每苦拙。誠願遊崑華，「崑華」，謂崑崙、華嶽也。邈然茲道絕。與子是說形相遇來，未嘗異悲悅。憩蔭若暫乖，止日終不別。此同有形則有影，故曰「同」。既難常，黯爾俱時滅。「黯爾」，失色貌。身沒名亦盡，念之五情熱。立善有遺愛，胡爲不自竭？酒云

能消憂，方此詎—作「誠」不劣！鄙也。

陳倩父曰：以正論相格，「與子」四句，寫形、影相依，有致。

查初白曰：明於死生之故，能言其所以然。

愚按：上篇長不滅、無改時，即所謂存生也。遊昆、華，答「騰化」句。立善，即立德、立功、立言，聖賢實際在此。故以之責形也，末二語答「得酒」句。

神釋

大鈞無私力，「大鈞」，猶言造化。萬形自森著。「森著」，謂形、影也。人爲三才中，豈不以我故。「我」，神自謂。與君雖異物，「君」，指形、影。生而相依附。結託善惡—作「既喜」同，安得不相與！三皇大聖人，按，三皇說各不同，《春秋運斗樞》謂伏羲、女媧、神農；《禮・號謚記》謂伏羲、祝融、神農；《含文嘉記》謂處戲、燧人、神農。今復在何處？彭祖愛—作「壽」永年，按，彭祖，姓籛名鏗，顓頊元孫，堯封於彭城，歷夏經殷至周，年八百歲。〔一〕欲留不得住。老少同一死，賢愚無復數。日醉或能忘，將非促齡具！立善常所欣，誰當爲汝譽？甚念傷吾生，正宜委運去。縱浪猶言放浪也大化中，不喜亦不懼。應盡便須盡，無復獨多慮。形、影有盡時，惟神則不滅。〔二〕

鶴林曰：「縱浪大化中」四句，是不以死生禍福動其心，泰然委順，養神之道也。淵明可謂知道之士矣。

張爾公曰：淵明悲世人擾擾，畢世不事德業，故託《神釋》以警之。「委運」「縱浪」二語，謂順天達理，無忝所生，非縱誕頹惰，如所云「人生適意耳」、〔三〕「須富貴何時」〔四〕也。

陳倩父曰：末乃歸之冥無，漸引而深，章法條次。

又曰：此三詩甚率，然固不恒，其智有足多者。

又曰：如此理語，矯健不同宋人，公固從漢調中脫化而出。作理語，必健琢，〔五〕乃不卑。

蔣丹厓曰：影隨形，形依人，形影腐幻，神爲最靈。物得其理，人立其善。三皇、彭祖壽不常在，能忘喜懼，乃反自然。應盡須盡，故是無盡。

查初白曰：王摩詰「忽呼吾將行，寧俟歲云暮」，〔六〕正得先生結語「應盡便須盡」之意。

何義門曰：《神釋》一篇，言縱欲足以伐生，求名猶爲願外。但委運以全吾神，如死而不亡，〔七〕與天地俱永也。

愚按：此篇釋上，「日醉」二句釋前篇，「立善」二句釋後篇。末總言人生天地，順受其正，則超脫形、影，神自不滅。不喜、不懼，應盡須盡，是爲聖、爲賢本領，成仁、成義根源，若徒以曠達語賞之，非深於陶者也。

【箋釋】

〔一〕《太平御覽》三百八十七：《風俗通》曰：彭祖壽年八百歲，猶恨唾遠。

〔二〕王質《栗里譜》：惟患不知，既已洞知，安坐待化，夫復何言？

又，方東樹《昭昧詹言》卷四：人當委運任化，無爲欣戚喜懼於其中，以作庸人無益之擾。即有意於醉酒、立善，皆非達道之自然。

不憂不懼，是今日居身循道大主腦。

〔三〕《晉書·張翰傳》：翰因見秋風起，乃思吳中菰菜、蓴羹、鱸魚膾，曰：「人生貴得適志，何能羈宦數千里以要名爵乎！」遂命駕而歸。

〔四〕楊惲《報孫會宗書》：家本秦也，能爲秦聲。婦，趙女也，雅善鼓瑟。奴婢歌者數人，酒後耳熱，仰天拊缶而呼烏烏，其詩曰：「田彼南山，蕪穢不治。種一頃豆，落而爲萁。人生行樂耳，須富貴何時！」是日也，拂衣而喜，奮袖低印，頓足起舞，誠淫荒無度，不知其不可也。（見《全漢文》卷三十二）

〔五〕《采菽堂古詩選》卷十三：「作理語，必健琢」作「作理語必琢，令健」。

〔六〕王維《偶然作六首》其三：相去詎幾許，故人在中路。愛染日已薄，禪寂日已固。　忽乎吾將行，寧俟歲云暮。

謹案：「忽呼」應爲「忽乎」。

〔七〕《義門讀書記·陶靖節詩》：「如死而不亡」作「則死而不亡」。

〔八〕《柳亭詩話》卷二十六：張遹公刻《陶集》，「遐」字作「促」字，「我」字作「汝」字。《玉潤雜書》曰：「陶淵明作《形影神相贈》與《神釋》之詩，意謂世俗惑於惜生，故極陳形影之苦，而釋以神之自然。」《形贈影》曰：「願君取吾言，得酒莫苟辭。」《形答影》曰：「立善有遺愛，胡

爲不自竭。」形累於養而欲飲，影役於名而求善，皆惜生之弊也，故神釋之曰：「日醉或能忘，將非遐齡具。」所以辨「養」之累。曰：「立善常所忻，誰當爲我譽？」所以解「名」之役。雖得之矣，然所致意者僅在「遐齡」與「無譽」，不知飲酒而壽，爲善而見知，則神亦可汲汲而從之乎？似未能盡了也。是以及其知，不過「縱浪猶大化中，不喜亦不懼。應盡便須盡，無復獨多慮。」謂之神之自然，此釋氏所謂「斷常見」也。此公天資超邁，眞能達生而遺世。使其聞道，更進一關，則其言豈止如斯而已乎！鶴林曰：「『人爲三才中，豈不以我故。』『我』，神自謂也。人與天、地並立爲三，以此心之神也。『縱浪大化中』四句，是不以死生禍福動其心，泰然委順，養神之道也。淵明可謂知道之人矣。」（見《清詩話三編》第一冊）

　　謹案：《形影神并序》由三首詩組成。第一首《形贈影》提出人生共同面臨的困惑：自然恒久與人生暫短所構成的尖銳對立，帶給人心以巨大傷痛。在無奈中，只好及時行樂：「願君取吾言，得酒莫苟辭」。第二首《影答形》指出既然人生難以長久，那就應該「立善」（「立德」「立功」「立言」）以求名。但「立善」求名依然不能善終，因爲形體消滅了，名聲也就隨之而去了。酒是可以消憂，但比起「立善」還是層次太低了。「形」「影」各執一詞，互不相讓，以待第三首《神釋》來闡明。在死亡面前，老少也罷，賢愚也罷，都是平等的。飲酒可以行樂，但又傷身、縮短壽命；立善可以求名，誰又會長久地把你稱頌？「甚念傷吾生，正宜委運去。縱浪大化中，不喜亦不懼。應盡便須盡，無復獨多慮」，這才是人們對生命應採取的態度。陶淵明已經洞悉了生命，所以能安詳自如，坐以待化，仿佛去遠行一樣。《列子・天瑞》說：「人自生至終，大化有四：嬰孩也，少壯也，老耄也，死亡也」，「化」，是每一個正常的個體生命所必須經歷的，沒有誰可以脫離。不貪生、不畏死，讓個體生命融入自然的運化中；不刻意追求什麼，更不逃避什麼，而是坦然受之。生命本來就是自然的一部分，來於自然，仍要歸於自然。了悟於此，人生的澄明之境就自然降臨。宋人羅大經說此中態度「乃是不以死生禍福動其心，泰然委順，養神之道也，淵明可謂知道之士矣」（《鶴林玉露・甲編》卷五）。所以元吳澄湖口縣《靖節先生祠堂記》說陶淵明：「忘言於眞意，委運於大化，則幾於同道矣」（陶澍注《陶靖節集・傳誄雜識》），可謂

知陶。全詩採用設問方式，自己提出問題，而且是人生普遍面臨的共同問題，然後自己再一一解答，並非有論者所稱三首詩表現了陶淵明自己矛盾的內心世界。

九日閒居 并序

余閒居，愛重九之名，秋菊盈園，而持醪靡由，空服九_{一作「其」}華，寄懷於言。〔一〕

世短意常多，斯人樂久生。日月依辰至，按，《古詩解》：日月之會是為辰。〔二〕「依辰至」，謂日與月之數皆九也。舉俗愛其名。按，洪（邁）《容齋五筆》：陽數九為老，以義。〔三〕「愛其名」，言愛其久也。〔四〕露淒暄風息，春風曰「暄風」。氣澈天象明。往燕無遺影，來雁有餘聲。酒能祛陆也，逐也，散也。百慮，菊為制頹齡。按，《荊州記》：菊花水飲之，能療疾延壽。如何蓬廬士，空視時運傾！塵爵恥虛罍，「恥」字妙。按，《埤雅》：一升曰爵。《爾雅》：彝、卣、罍，器也。小罍謂之坎。〔五〕注：罍，形似壺，大者受一斛。寒華徒自榮。斂襟獨閒謠，徒歌曰「謠」。〔六〕緬焉起深情。棲遲遊息也固多娛，淹留豈無成。

思悅曰：古詩云：「人生不滿百，常懷千歲憂」，〔七〕而淵明以五字盡之，曰：「世短意常多」。東坡云：「意長日月促」，〔八〕則倒轉陶句耳。

陳倩父曰：起意閒遠，中寫景寫情，并清出。淹留何所成，人生故有素也。「日月」二句，作意新異，「九」，久也，故愛之。

愚按：起五字包括無限，已領起通篇大意。沈確士謂：比古詩「人生不滿百」二句鍊得更簡、更遒。予謂陶詩不事雕飾，何曾著意研鍊，而自爾淵雅含融，此陶之所以不可及也。末言時運雖傾而遊息多娛，與下「棲遲詎為拙」同意。於閒散無聊之況而反得此逸興，一結寄託遙深，尤為高絕。

【箋釋】

〔一〕趙鼎《滿庭芳·九日用淵明二詩作》：靡靡流光，淒淒風露，小園草木初凋。杳然塵影，爽氣界天高。愛此佳名重九，隨宜對、秋菊持醪。登臨處，哀蟬斷響，燕雁度雲霄。　　閒謠。情緬邈，相尋萬化，人世徒勞。念胸

中百慮，何物能消。欲致頹齡不老，和金莖、一醉陶陶。君休問，千年事往，聊與永今朝。

　　　又，辛棄疾《水調歌頭・九日遊雲洞和韓南澗韻》：今日復何日，黃菊爲誰開。淵明謾愛重九，胸次正崔嵬。酒亦關人何事，政自不能不爾，誰遣白衣來。醉把西風扇，隨處障塵埃。　　爲公飲，須一日，三百杯。此山高處東望，雲氣見蓬萊。翳鳳驂鸞公去，落佩倒冠吾事，抱病且登臺。歸路踏明月，人影共徘徊。

〔二〕《左傳・昭公七年》：十一月，季武子卒。晉侯謂伯瑕曰：「吾所問日食，從之，可常乎？」對曰：「不可。六物不同，民心不壹，事序不類，官職不則，同始異終，胡可常也？《詩》曰：『或燕燕居息，或憔悴事國。』其異終也如是。」公曰：「何謂六物？」對曰：「歲、時、日、月、星、辰，是謂也。」公曰：「多語寡人辰，而莫同。何謂辰？」對曰：「日月之會，是謂辰，故以配日。」

〔三〕《莊子・至樂》：黃軦生乎九猷。陸德明釋文：「李云：九宜爲久。久，老也。猷，蟲名也。」（見《二十二子・莊子》，郭象注、陸德明撰音義）

〔四〕曹丕《與鍾繇書》：歲往月來，忽復九月九日。九爲陽數，而日月并應，俗嘉其名，以爲宜於長久，故以享宴高會。是月律中無射，言群木庶草，無有射而生，至於芳菊，紛然獨榮。非夫含乾坤之純和，體芬芳之淑氣，孰能如此！故屈平悲冉冉之將老，思食秋菊之落英。輔體延年，莫斯之貴。謹奉一束，以助彭祖之術。（見《藝文類聚》卷四《歲時中・九月九日》）

　　　又，《采菽堂古詩選》卷十三：九，久也，故愛之。

〔五〕見《爾雅・釋器》。

〔六〕《爾雅・釋樂》：徒鼓瑟謂之步，徒吹謂之和，徒歌謂之謠，徒擊鼓謂之咢，徒鼓鐘謂之修，徒鼓磬謂之寋。

〔七〕《古詩十九首・生年不滿百》：生年不滿百，常懷千歲憂。晝短苦夜長，何不秉燭遊？爲樂當及時，何能待來茲？愚者愛惜費，但爲後世嗤。仙人王子喬，難可與等期。

〔八〕蘇軾《遊東西岩》：謝公含雅量，世運屬艱難。況復情所鍾，感慨萃中年。正賴絲與竹，陶寫有餘歡。嘗恐兒輩覺，坐令高趣闌。獨攜縹緲人，來上東西山。放懷事物外，徙倚弄雲泉。一旦功業成，管蔡復流言。慷慨桓野

王，哀歌和清彈。挽須起流涕，始知使君賢。意長日月促，臥病已辛酸。慟哭西州門，往駕那復還。空餘行樂處，古木昏蒼煙。（見《蘇軾詩集》卷十）

又，陸機《弔魏武帝文》：惜內顧之纏綿，恨末命之微詳。纖家人於履組，塵清慮於餘香。結遺情之婉孌，何命促而意長！

歸園田居六首

少無適俗韻，性本愛丘山。誤落塵網中，一去三十年。羈鳥戀舊林，池魚思故淵。「戀」字、「思」字，有意起下「歸」字。開荒南野一作「畝」際，守拙歸園田。方宅十餘畝，草屋八九間。榆柳蔭後簷，一作「園」。桃李羅堂前。曖曖遠人村，依依墟里煙。凡有大丘之里，謂之墟里。二句寫景生動。狗吠深巷中，雞鳴桑樹巔。古樂府語。〔一〕戶庭無塵雜，虛室有餘閒。久在樊籠裏，復得返自然。《莊子》：澤雉十步一啄，百步一飲，不期畜於樊中。〔二〕又云：以天下為之籠，則雀無所逃。〔三〕「樊籠」二字，蓋本諸此。

《冷齋夜話》曰：東坡嘗云：淵明詩，初視若散緩，熟視有奇趣。如「曖曖遠人村，依依墟里煙。狗吠深巷中，雞鳴桑樹顛」，又如「採菊東籬下，悠然見南山」，大率才高意遠，則所寓得其妙，遂能如此。

張爾公曰：老死而不知其返者，多矣。讀淵明此詩，能不憮然？

蔣丹厓曰：從出世後歸田，與煙霞泉石人不同。譬如潛淵脫網，無二魚也，其游泳閒促，自露驚喜。元亮以居官為「樊籠」，不知八十餘日作何等煩惱，無論三十年間矣。

查初白曰：「返自然」三字，道盡歸田之樂，可知塵網牽率，事事俱違本性。

愚按：《老子》：「人法地，地法天，天法道，道法自然。」淵明此語，其知道矣乎。

【箋釋】

〔一〕陶澍注《陶靖節集》卷二：吳正傳《詩話》：《古雞鳴行》：「雞鳴高樹顛，

狗吠深宮中。」陶公全用其語。

〔二〕《莊子・養生主》：公文軒見右師而驚曰：「是何人也，惡乎介也？天與，其
　　人與？」曰：「天也，非人也。天之生是使獨也，人之貌有與也。以是知其
　　天也，非人也。澤雉十步一啄，百步一飲，不蘄畜乎樊中。神雖王，不善
　　也。」

〔三〕《莊子・庚桑楚》：一雀適羿，羿必得之，威也；以天下爲之籠，則雀無所
　　逃。是故湯以胞人籠伊尹，秦穆公以五羊之皮籠百里奚。是故非以其所好
　　籠之而可得者，無有也。

　　謹案：方東樹認爲此詩「元氣旁礴，大合入細」（《昭昧詹言》卷四）。
這裏，景物的羅列一點也不呆滯，因爲景中蘊情，景物映襯出的是詩人的人
格、懷抱以及遠離官場醜惡、回歸自然的無比歡欣。「方宅」「草屋」「榆柳」
「桃李」「後簷」「堂前」「墟里煙」「遠人村」以及「狗吠」「雞鳴」等，都
是詩人長久以來惦念的、掛記在心頭的，那是他心中的田園。
　　黃侃《文心雕龍箚記・物色》：物色雖繁，析辭尚簡者，蓋以一時之內，
一地之間，物態皆極繽紛，表之於文，惟須約其詞旨，務令略加點綴，即已
眞境顯然。陶詩「曖曖遠人村，依依墟里煙；狗吠深巷中，雞鳴高樹巓」四
語，著墨不多，而村墟景象，如溢目前，若事鋪陳，誠恐累牘連篇有所不盡
也。

　　野外罕人事，窮巷寡—作「鮮」輪鞅。《說文》：鞅，頸組也。〔一〕白日
掩荊扉，虛室—作「對酒」絕塵想。《圓覺經》：根塵虛妄，謂六根之塵也。時
復墟曲猶墟里也中，「曲中」，一作「里人」。披草—作「衣」共來往。相見
無雜言，但道桑麻長。桑麻日已長，我土—作「志」日已廣。常恐
霜霰至，零落同草莽。《毛詩》：先集維霰。〔一〕《箋》：將大雨雪，始必微溫，
雪自上下，遇溫氣而搏，謂之霰。〔二〕《方言》：草，南楚之間謂之莽。〔三〕

　　陳倩父曰：淡永，有《十九首》風度。
　　查初白曰：王、儲田家詩，根菱由此。
　　愚按：「披草」，一作「披衣」。據《晉書・袁宏傳》：「披草求君，定交一
面」，作「披草」是。「相見」二語，逼眞田家氣象。陶詩多有眞趣，此類是
也。

【箋釋】

〔一〕《說文・革部》：鞅，頸鞴也。從革，央聲。

謹案：「頸組」應爲「頸鞴」。鞴（音答），柔革。

〔二〕《文獻通考》卷二百二十六《經籍考》：《圓覺經疏》三卷。晁氏曰：唐長壽
二年天竺僧覺救譯。宗密疏解。《圓覺》之旨，佛爲十二大士，說如來本起
因地，修之以三觀。

《詩經・小雅・頍弁》：有頍者弁，實維在首。爾酒既旨，爾肴既阜。
豈伊異人？兄弟甥舅。如彼雨雪，先集維霰。死喪無日，無幾相見。樂酒
今夕，君子維宴。

〔三〕朱熹《詩集傳》卷十四：霰，雪之始凝者也。將大雨雪，始必微溫，雪自
上下，遇溫氣而搏，謂之霰。久而寒勝，則大雪矣。言霰集則將雪之候，
以比老至則將死之徵也。

〔四〕揚雄《方言》卷三：蕪、芥，草也。江淮南楚之間謂之蕪。自關而西或曰
草，或曰芥。南楚江湘之間謂之芥。

又，《方言》卷十：茁、莽，草也。東越揚州之間曰茁，南楚曰莽。

種豆南山下，草盛豆苗稀。〔一〕按，《漢書・楊惲傳》：「田彼南山，蕪
穢不治。種一頃豆，落而爲萁」，〔二〕詩意本此。**晨興**一作「侵晨」**理荒穢，帶
月荷鋤歸。道狹草未長，夕露沾我衣。衣沾不足惜，但使願無違。**

蘇東坡曰：以夕露沾衣之故，而違願者多矣。
譚友夏曰：高堂深居人，動欲擬陶如此境。此語非老田畝不知。
陳倩父曰：「晨興」四句，風度依依。
愚按：「帶月」句真而警，可謂詩中有畫。

【箋釋】

〔一〕辛棄疾《新荷葉・再題傅岩叟悠然閣》：種豆南山，零落一頃爲萁。幾晚淵
明，也吟草盛豆苗稀。風流劃地，向尊前、採菊題詩。悠然忽見，此山正繞
東籬。

〔二〕《漢書・公孫劉田王楊蔡陳鄭傳》：夫人情所不能止者，聖人弗禁，故君父
至尊親，送其終也，有時而既。臣之得罪，已三年矣。田家作苦，歲時伏

臘，亨羊炰羔，斗酒自勞。家本秦也，能爲秦聲。婦，趙女也，雅善鼓瑟。奴婢歌者數人，酒後耳熱，仰天拊缶而呼烏烏。其詩曰：「田彼南山，蕪穢不治，種一頃豆，落而爲箕。人生行樂耳，須富貴何時！」是日也，拂衣而喜，奮袖低印，頓足起舞，誠淫荒無度，不知其不可也。

久去山澤遊，浪莽林野娛。「浪」，放浪；「莽」，粗率也。試攜子姪輩，披榛步荒墟。徘徊丘隴間，依依昔人居。井灶有遺處，桑竹殘朽株。一作「樹木殘根株」。借問採薪者，此人皆焉如？薪者向我言，死歿無復餘。一世異朝市，此語眞不虛！人生似幻化，終當歸空無。一作「虛無」。

　　查初白曰：先生精於釋理，但不入社耳。

悵恨獨策還，崎嶇歷榛曲。澗水一作「山澗」清且淺，可一作「遇」以濯吾足。漉我新熟酒，《說文》：漉，浚也。一曰「滲」也。隻雞招近屬。〔一〕「屬」，一作「局」。按，「近屬」，謂親賓之相近也。日入室中暗，荊薪代明燭。《說文》：荊，楚木也。歡來苦夕短，已復至天旭。按，《新論》云：「天之始旭，則目察輕煙」，言明也。

　　陳倩父曰：荊薪代燭，眞致曠然。

　　沈確士曰：儲、王極力擬之，然終以微隔，厚處、樸處不能到也。

【箋釋】

〔一〕辛棄疾《鷓鴣天·讀淵明詩不能去手，戲作小詞以送之》：晚歲躬耕不怨貧。隻雞斗酒聚比鄰。都無晉宋之間事，自是羲皇以上人。　　千載後，百遍存。更無一字不清眞。若教王謝諸郎在，未抵柴桑陌上塵。

種苗在東皋，苗生滿阡陌。雖有荷鋤倦，濁酒聊自適。日暮巾猶衣也。柴車，路暗光已夕。歸人望煙火，稚子候簷隙。問君亦何爲？百年會有役。但願桑麻成，蠶月得紡績。素心正如此，〔一〕開徑望三益。

　　韓子蒼曰：《田園六首》，末篇乃敘行役，與前五首不類。今俗本乃取江

淹「種苗在東皋」，爲末篇，東坡亦因其誤和之。陳述古本止有五首，予以爲皆非也。當如張相國本，題爲《雜詠六首》，江淹《雜擬詩》亦頗似之，但「開徑望三益」此一句不類。

　　湯東澗曰：「但願桑麻成，蠶月得紡績」，則與陶公語判然矣。

　　查初白曰：此詩入《文選》，亦以爲江淹作。〔二〕

　　愚按：此詩通體俱不類陶，雖有「荷鋤倦」句，尤不類。其爲後人贋擬無疑。細按之，亦非江作。韓云：當如張本，題爲《雜詠六首》，亦屬強附，姑并存之，以俟識者。

【箋釋】

〔一〕顏延之《陶徵士誄并序》：有晉徵士尋陽陶淵明，南嶽之幽居者也，弱不好弄，長實素心，學非稱師，文取指達。

〔二〕《文選》卷三十一題作《陶徵君田居潛》，江淹作。

問來使

　　爾從山中來，早晚發天目。按，天目山在浙西。我屋南窗下，今生幾叢菊。薔薇葉已抽，秋蘭氣當馥。歸去來山中，山中酒應熟。〔一〕

　　《西清詩話》曰：此篇獨南唐與晁文元家二本有之。

　　東澗曰：此蓋晚唐人因太白《感秋》詩而僞爲之。

　　張爾公曰：末二句有淵明意致，似非晚唐人能作。

　　查初白曰：此首東坡缺和，或以爲非陶作。然太白詩云：「陶令歸去來，田家酒應熟」，正用此篇結句，無可疑也。

　　愚按：陶詩自有樸實眞際，不可企及。至其字句體貌，後人盡可剽竊。此篇雖有陶公情致，與《田園》末篇自別。然細按之，不過得其貌耳，似非陶作。張、查二說，未可據爲定論也。〔二〕

【箋釋】

〔一〕《西清詩話》：陶淵明意趣眞古，清淡之宗。詩家視淵明，猶孔門視伯夷也。其集屢經諸儒手校，然有《問來使》篇，世蓋未見，獨南唐與晁文元

家二本有之。詩云：「爾從山中來，早晚發天目。我屋南窗下，今生幾叢菊，薔薇葉已抽，秋蘭氣當馥。歸去來山中，山中酒應熟。」李太白《潯陽感秋》詩：「陶令歸去來，田家酒應熟」，其取諸此云。（見郭紹虞《宋詩話輯佚》卷上）

《滄浪詩話・考證》：《西清詩話》載晁文元家所藏陶詩，有《問來使》一篇云：「爾從山中來，早晚發天目。我屋南山下，今生幾叢菊。薔薇葉已抽，秋蘭氣當馥。歸去來山中，山中酒應熟。」予謂此篇誠佳，然其體制氣象，與淵明不類。得非太白逸詩，後人謾取以入陶集爾？

《容齋隨筆（五筆）・問故居》：《問來使》詩云：「爾從山中來，早晚發天目。我屋南窗下，今生幾叢菊。薔薇葉已抽，秋蘭氣當馥。歸去來山中，山中酒應熟。」諸集中皆不載，惟晁文元家本有之，蓋天目疑非陶居處。然李太白云：「陶令歸去來，田家酒應熟。」乃用此爾。

又，李白《尋陽紫極宮感秋作》：何處聞秋聲，翛翛北窗竹。回薄萬古心，攬之不盈掬。靜坐觀眾妙，浩然媚幽獨。白雲南山來，就我簷下宿。懶從唐生決，羞訪季主卜。四十九年非，一往不可復。野情轉蕭灑，世道有翻覆。陶令歸去來，田家酒應熟。

〔二〕曹道衡、沈玉成《陶淵明〈問來使〉詩考辨》一文，對此文的眞僞有細密考辨。（見《中古文學史料叢考》，中華書局 2003 年版）

遊斜川并序

按，斜川，在今江西南康府。

辛丑歲正月五日，天氣澄和，風物閑美，與二三一作「一二」鄰曲，同遊斜川。臨長流，望層城，魴鯉躍鱗於將夕，水鷗乘和以翻飛。彼南阜者，名實舊矣，不復乃爲嗟歎。若夫層城，傍無依接，獨秀中皋。遙想靈山，有愛嘉名。欣對不足，率爾賦詩。悲日月之遂往，悼吾年之不留。各疏年紀鄉里，惜乎不傳。以記其時日。〔一〕

駱庭芝曰：層城，落星寺也，殆晉所有者。《天問》：「崑崙懸圃，其尻

安在？增城九重，其高萬里。」《淮南子》：崑崙中有增城九重。〔二〕注云：中有五城十二樓，故云靈山嘉名。

蔣丹厓曰：天氣和者不必澄，風物美者不必閒，此兼言之。方是初春時候，不落二三月矣。元亮寓目會心，興趣獨別。

又曰：昔人以斜川比桃花源，然桃花源漁人相傳爲黃道眞，而斜川鄰曲無聞焉。據駱太傅，以落星寺似層城，恐亦未確。序中「南阜」，舊注匡廬山，則層城當在廬山北。

愚按：查初白云，序云「南阜」，即匡廬；層城，即落星石。〔三〕注中遠引崑崙縣圖，與題無涉，張芷齋謂注引駱庭芝云：層城，落星寺也，殆晉之所存者，荊公、朱子俱有落星寺詩，祖龍學集亦有落星寺題，題下旁注：南康似當以寺爲正。今按：詩中層邱，即序中所謂層城。據《名勝志》：層城山，即烏石山，在星子縣西五里有落星寺。據此，則層城是山名，非寺名，蓋是山有落星寺耳。

【箋釋】

〔一〕蘇軾《江神子》：陶淵明以正月五日遊斜川，臨流班坐，顧瞻南阜，愛曾城之獨秀，乃作斜川詩，至今使人想見其處。元豐壬戌之春，余躬耕於東坡，築雪堂居之。南挹四望亭之後丘，西控北山之微泉，慨然而歎，此亦斜川之遊也：夢中了了醉中醒。只淵明。是前生。走遍人間，依舊卻躬耕。昨夜東坡春雨足，烏鵲喜，報新晴。　　雪堂西畔暗泉鳴。北山傾。小溪橫。南望亭丘，孤秀聳曾城。都是斜川當日境，吾老矣，寄餘齡。

　　又，李之儀《減字木蘭花·次韻陳瑩中題韋深道寄傲軒》（瑩中詞云：結廬人境，萬事醉來都不醒。鳥倦雲飛，兩得無心總是歸。古人逝矣，舊日南窗何處是？莫負青春，即是升平寄傲人）：莫非魔境，強向中間談獨醒。一葉才飛，便覺年華太半歸。　　醉云可矣，認著依前還不是。虛過今春，有愧斜川得意人。

　　葛勝仲《漁家傲》：疊疊雲山供四顧。簿書忙裏偷閒去。心遠地偏陶令趣。登覽處。清幽疑是斜川路。　　野薇溪毛供飲具。此身甘被煙霞痼。興盡碧雲催日暮。招晚渡。遙遙一葉隨鷗鷺。

　　周紫芝《感皇恩·送侯彥嘉歸彭澤》：何處是雲庵，本來無住。雲共誰來共誰去。菊籬杯酒，聊爲淵明頻舉。幅巾應屢濕，斜川雨。　　此去

常恨，相從無路。記取孤飛水邊鷺。重來一笑，又是柳飛殘絮。夢魂飛不到，君閒處。〔彥嘉小室，榜曰閒處〕

毛开《念奴嬌・題曾氏溪堂》：追念輞水斜川，有風流千載，淵明摩詰。何必斯人聊一笑，俯仰今猶前日。只恐東州，催成棠蔭，又作三年別。賞心難繼，莫教孤負華髮。

辛棄疾《沁園春・再到期思卜築》：一水西來，千丈晴虹，十里翠屏。喜草堂經歲，重來杜老，斜川好景，不負淵明。老鶴高飛，一枝投宿，長笑蝸牛戴屋行。平章了，待十分佳處，著個茅亭。　青山意氣崢嶸。似為我歸來嫵媚生。解頻教花鳥，前歌後舞，更催雲水，暮送朝迎。酒聖詩豪，可能無勢，我乃而今駕馭卿。清溪上，被山靈卻笑，白髮歸耕。

陳三聘《滿江紅・冬至》：斜川路，經行熟。黃花在，歸心足。問淵明去後，有誰能屬。神武衣冠驚夢裏，江湖漁釣論心曲。但從今、散髮更披襟，誰能束。

〔二〕《淮南子・墜形訓》：禹乃以息土填洪水以為名山，掘崑崙虛以下地，中有增城九重，其高萬一千里百一十四步二尺六寸。上有木禾，其修五尋，珠樹、玉樹、旋樹、不死樹在其西，沙棠、琅玕在其東，絳樹在其南，碧樹、瑤樹在其北。

〔三〕謹案：「落星石」應為「落星寺」。

開歲倏五十一作「日」，**吾生行歸休。念之動中懷，及辰為茲遊。氣和天唯澄，班坐依遠流。弱湍**「湍」，急瀨也。**馳文魴，閒谷矯鳴鷗。迴澤散遊目，緬然睇層丘。雖微九重秀，顧瞻無匹儔。提壺接賓侶，引滿更獻酬。未知從今去，當復如此不？中觴縱遙情，**「中觴」，言酒半也。「觴」，或作「腸」，恐誤。**忘彼千載憂。且極今朝樂，明日非所求。**

陳倩父曰：選字命語，自是晉人。後段清旨曠達。

愚按：《栗里譜》：辛丑歲正月，靖節有《遊斜川》詩，時年三十七。〔一〕今詩曰「開歲倏五十」，乃義熙十五年甲寅。以詩語證之，序蓋誤矣。別本作「五日」，則與序中正月五日語意相貫。自應從《譜》。然細按詩意，「五日」似不如「五十」之妙，玩下句自知。「馳」「矯」二字，奇而鍊。後

幅凄然欲絕，感慨繫之。

【箋釋】

〔一〕王質《栗里譜》：隆安五年辛丑歲，君年三十七。正月有《遊斜川》詩云：
「開歲倏五十。」方三十七，作「五日」是。當是故歲五月還潯陽，今歲
七月適江陵。有《赴假還江陵夜行途中》詩。留潯陽逾年，當是予告在鄉，
至是往赴。

示周續之祖企謝景夷三郎一作「示周掾祖謝」

負痾頹簷下，終日無一欣。藥石有時閒，念我意中人。相去不
尋常，道路邈何一作「無」因。周生述孔業，祖謝響然臻。《薦禰表》：
羣士響臻。〔一〕道喪向千載，今朝復斯聞。馬隊非講肆，校書亦已勤。
老夫有所愛，思與爾爲鄰。願君謝諸子，一作「願言誨諸子」。從我潁
水濱。許由事。〔二〕

趙泉山曰：靖節不事觀謁，惟至田舍及廬山遊觀，捨是無他適。續之自
社主遠公順寂之後，雖隱居廬山，而州將每相招引，頗從之遊，世號通隱。
是以詩中引箕、潁之事，微譏之。

蔣丹厓曰：周掾續之，爲潯陽三隱中人，不同祖、謝，乃應江州檀韶之
命，講《禮》城北，固有不滿於元亮者。其言「從我潁水」，蓋招之也。

何義門曰：「道喪」二句，「揚馬隊」二句，抑魯兩生不肯起從漢高，況
見此季代篡奪乎？故勸之從我，爲箕、潁遊也。

愚按：是時三人皆講《禮》校書。周續之已入廬山，會刺史檀韶苦請出
州，在城外講《禮》，所住公廨復近馬隊，故靖節始則示以己之安閒。中則
抑揚其詞以深規之，末用冷諷。語雖詼諧，意本肫切。古人交誼不苟，於斯
可見。

【箋釋】

〔一〕孔融《薦禰衡表》：臣聞洪水橫流，帝思俾乂，旁求四方，以招賢俊。昔
世宗繼統，將弘祖業，疇咨熙載，群士響臻。陛下睿聖，纂承基緒。遭遇
厄運，勞謙日仄。維嶽降神，異人并出。竊見處士平原禰衡，年二十四，

字正平，淑質貞亮，英才卓躒。初涉藝文，升堂覩奧，目所一見，輒誦於口，耳所暫聞，不忘於心，性與道合，思若有神。

〔二〕《莊子・逍遙遊》：堯讓天下於許由，曰：「日月出矣而爝火不息，其於光也，不亦難乎！時雨降矣而猶浸灌，其於澤也，不亦勞乎！夫子立而天下治，而我猶尸之，吾自視缺然。請致天下。」許由曰：「子治天下，天下既已治也。而我猶代子，吾將爲名乎？名者，實之賓也。吾將爲賓乎？鷦鷯巢於深林，不過一枝；偃鼠飲河，不過滿腹。歸休乎君，予無所用天下爲！庖人雖不治庖，尸祝不越樽俎而代之矣。」

又，《呂氏春秋・愼行論》：昔者堯朝許由於沛澤之中，曰：「十日出，而焦火不息，不亦勞乎？夫子爲天子，而天下已治矣，請屬天下於夫子。」許由辭曰：「爲天下之不治與？而既已治矣。自爲與？啁噍巢於林，不過一枝；偃鼠飲於河，不過滿腹。歸已，君乎！惡用天下？」遂之箕山之下，潁水之陽，耕而食，終身無經天下之色。

乞食

飢來驅我去，一作「出」。不知竟何之。行行至斯里，扣門拙言辭。主人解一作「諧」余意，遺贈副虛期。一作「豈虛來」。談話終日夕，觴至輒傾巵。「巵」，酒器也。一作「杯」。情欣新知歡，言詠遂賦詩。感子漂母惠，愧我韓才非。一作「非韓才」。銜戢知何謝，「銜」，感也；「戢」，聚也。感荷之意。冥報以相貽。

東坡曰：淵明得一食，至欲以冥謝主人，哀哉！哀哉！大類丐者口頰。非獨余哀之，舉世莫不哀之也。飢寒常在身前，功名常在身後，二者不相待，此士之所以窮也。

蔣丹厓曰：貧士失意求人，初無定見，不似油腔一輩，算計說騙，又怨望故交，恥覓新知，其相去只在諱言「乞食」也。

陳倩父曰：其事可傳，詩不容廢。

何義門曰：「感子」二句，言雲起龍驤，非我所處。末二句胸中亦將以有爲也，冥報相貽，則不事二姓，以遺逸終焉之志，亦已久矣。

沈確士曰：不必看作設言愈妙，結言厚道。少陵受人一飯，終身不忘，

俱古人不可及處。

愚按：此詩非設言也。因飢求食，是貧士所有之事，特淵明胸懷，視之曠如，固不必諱言之耳。起二句諧甚，趣甚。以下求食得食，因飲而欣，因欣而生感，因感而思謝，俱是實情實境。蓋淵明恥事二姓，自甘窮餓，不乞於權貴，而乞於田野，所謂富貴利達，不足以動其中也。淵明之乞，其諸異乎人之乞與？

【箋釋】

王維《與魏居士書》：「近有陶潛，不肯把板屈腰見督郵，解印綬棄官去。後貧，《乞食》詩云：『叩門拙言辭』，是屢乞而多慚也。當一見督郵，安食公田數頃，一慚之不忍，而終身慚乎？此亦人我攻中、忘大守小、不□其後之累也。」清人鄭文焯《陶集鄭批錄》反駁道：「志士苦節，甯乞食於路人，不肯折腰於俗吏，正是大異於人處，此意豈右丞所知？」

又，顧況《擬古三首》其三：浮生果何慕，老去羨介推。陶令何足錄，彭澤歸已遲。空負漉酒巾，乞食形諸詩。吾惟抱貞素，悠悠白雲期。

又，《逸樓論詩》：「飢來驅我去，不知竟何之」，何其易也；「行行至斯里，扣門拙言詞」，何其難也。發情止義之間，自然風雅。（見《清詩話三編》第二冊）

龔自珍《己亥雜詩》其一百三十一：陶潛磊落性情溫，冥報因他一飯恩。頗覺少陵詩吻薄，但言朝扣富兒門。

諸人共遊周家墓柏下

今日天氣佳，清吹與鳴彈。感彼柏下人，安得不為歡？清歌散一作「發」新聲，綠酒開芳顏。未知明日事，余襟良已殫。

蔣丹厓曰：通首言遊樂，只第三句一點周墓，何等活動簡便。若俗手，則下許多感慨語，自謂灑脫，翻成沾滯。

陳倩父曰：達旨簡言，千秋可感。

愚按：陶集中此種最高脫，後人未易學步。此首東坡缺和。

怨詩楚調示龐主簿鄧治中

天道幽且遠，鬼神茫昧然。結髮念善事，僶俛六九一作「五十」年。弱冠逢世阻，始室喪其偏。按，《栗里譜》：靖節年二十喪偶，娶妾翟氏。〔一〕炎火屢焚如，螟蜮恣中田。《說文》：蜮，短狐也。《本草》謂之射工，蓋以含沙射人為災，非謂其在田食苗也。〔二〕「蜮」，疑當作「蟲」。風雨縱橫至，收斂不盈廛，一夫之居曰「廛」。夏日長抱一作「抱長」飢，寒夜無被眠。造夕思雞鳴，及晨願烏遷。「烏遷」，謂日烏月兔飛走之速。在己何怨天，離憂淒目前。吁嗟身後名，於我若浮煙。慷慨獨一作「激」悲歌，鍾期信為賢。〔三〕

薛易簡曰：「琴之操弄約五百餘名，多緣古人幽憤不得志而作也」。今引子期知音事而命篇曰《怨詩楚調》，庸非度調為辭，欲被絃歌乎？

趙泉山曰：集中惟此詩歷敘平素多艱如此，而一言一字率直致而務紀實也。

張爾公曰：只緣拋不得身後名，盡他智勇，俱受此中勞攘。淵明若能忘情，《五柳先生》一傳何以至今尚存，以此知名不可沒，但無取盜名欺世耳！

蔣丹厓曰：公年五十餘作此詩，追念前此，飢寒坎坷，發為悲歌，惟龐、鄧如鍾期可與知己道也。身後之名，自量終不容沒，然亦何救於目前哉？嗟！嗟！天道幽遠，鬼神茫昧，能無怨否耶？

愚按：沒世而名不稱，夫子疾之。人無身後名，是直與草木同腐耳。淵明不過一時感懷，發為此語，非真謂身後之名不足重也。然細按此語，非有淵明之襟期不能道。淵明安貧慕道，為晉代第一流人物，豈不知身後之名必不可沒！第觀其於身前困阨，雖偶形之悲歌，究其中實無所繫累，況身後耶？張評以《五柳先生》一傳尚存，謂其不能忘情，是亦不諒淵明甚矣。

【箋釋】

〔一〕王質《栗里譜》：太元九年甲申。君年二十。失妾。《楚調詩》：「弱冠逢世阻，始室喪其偏。」妻翟氏偕老，所謂「夫耕於前，妻鋤於後」，當是翟。

〔二〕《搜神記》卷十二：漢光武中平中，有物處於江水，其名曰「蜮」，一曰：「短狐」，能含沙射人。所中者，則身體筋急，頭痛發熱，劇者至死。

江人以術方抑之，則得沙石於肉中。詩所謂「爲鬼爲蜮，則不可測」也。今俗謂之溪毒。先儒以爲男女同川而浴，淫女爲主，亂氣所生也。

〔三〕《采菽堂古詩選》卷十三：貧士詩，清切。

答龐參軍并序

三復來貺，欲罷不能。自爾鄰曲，多春再交，欵然良對，忽成舊遊。俗諺云「數面成親舊」，況情過此者乎？人事好乖，便當語離。楊公所歎，豈惟常悲。吾抱疾多年，不復爲文。本既不豐，謂癯瘁也，復老病繼之。輒依《周孔》一作「禮」往復之義，且一作「以」爲別後相思之資。

相知何必舊，傾蓋定前言。有客賞我趣，每每顧林園。談諧無俗調，所說聖人篇。或有數斗酒，閒飲自歡然。我實幽居士，無復東西緣。物新人惟舊，弱毫多所宣。情通萬里外，形跡滯江山。君其愛體素，曹子建詩：王其愛玉體。〔一〕來會在何年？

陳倩父曰：殊有欵欵之情，物新人舊，涉筆便不能忘。

愚按：陶公小序，多雅令可誦。序中起數語，何等纏綿，令人神往。至其與人款接，往往於贈答之什，自有一種深摯不可忘處，此古人所以不可企也。

【箋釋】

〔一〕曹植《贈白馬王彪》：苦辛何慮思，天命信可疑。虛無求列仙，松子久吾欺。變故在斯須，百年誰能持。離別永無會，執手將何時。王其愛玉體，俱享黃髮期。收淚即長路，援筆從此辭。

五月旦作和戴主簿

按，《通典》：主薄一人，錄門下眾事，省署文書，漢制也，歷代沿之。

虛舟縱逸棹，按，《莊子》：方舟而濟於河，有虛船來觸舟，雖有褊心之人不怒。〔一〕回復遂無窮。發歲始俯仰，星紀奄將中。南窗罕悴物，一作

「明兩萃時物」。**北林榮且豐**。**神淵**一作「萍光」**寫時雨**，按，《七啓》：觀游龍於神淵。〔二〕寫，傾也。**晨色奏景風**。《爾雅》：四時和爲通正，謂之景風。〔三〕又按，《史記·律書》：景風者，居南方。景者，言陽道竟，故曰景風。〔四〕**既來孰不去，人理固有終。居常待其盡，曲肱豈傷沖**。沖，和也。**遷化或夷險，肆志無窊隆。即事如已高，何必昇華嵩**。《爾雅》：華山爲西嶽，嵩高爲中嶽。〔五〕

　　陳倩父曰：「既來」二句，達識，語又復自然。「沖」字韻初嫌不亮，細詠，固無妨。〔六〕
　　蔣丹厓曰：人能不以夷險爲窊隆，便是登峰造極。

【箋釋】

〔一〕《莊子·山木》：方舟而濟於河，有虛船來觸舟，雖有惼心之人不怒。有一人在其上，則呼張歙之。一呼而不聞，再呼而不聞，於是三呼邪，則必以惡聲隨之。向也不怒，而今也怒；向也虛，而今也實。人能虛己以遊世，其孰能害之！

〔二〕曹植《七啓》：甘露紛而晨降，景星宵而舒光。觀游龍於神淵，聆鳴鳳於高岡。

〔三〕語見《爾雅·釋天》。

〔四〕《史記·律書》：景風居南方。景者，言陽氣道竟，故曰景風。其於十二子爲午。午者，陰陽交，故曰午。

〔五〕《爾雅·釋山》：泰山爲東嶽，華山爲西嶽，霍山爲南嶽，恒山爲北嶽，嵩高爲中嶽。

〔六〕《采菽堂古詩選》卷十三：「既來」二句，達識，語合自然。初以「沖」字韻不亮，置之細詠，固無嫌也。

連雨獨飲

　　運生會歸盡，按，大運中凡有生者，謂之「運生」。**終古謂之然**。《楚辭》：長無絕兮終古。〔一〕**世間有松喬，於今定何聞**。一作「闕」、作「間」。《古詩歸》作「聞」，是。**故老贈余酒，乃言飲得仙。試酌百情遠**，試

酌，初酌也。**重觴忽忘天**。「重觴」，**累獻**也，謂初酌時百情交集，重觴後天機渾忘也。**天豈去此哉**，一作「天際去此幾」。**任眞無所先。雲鶴有奇翼，八表須臾還。顧**一作「自」**我抱茲獨，僶俛四十年。形骸久已化，心在復何言？**

趙泉山曰：按，《晉傳》：靖節未嘗有喜慍之色，惟遇酒則飲。或無酒，亦雅詠不輟。《飲酒詩》，獨飲詩，此皆酒中實際理地也，豈狂樂昏酋之語。

陳倩父曰：形化心在，意超。

何義門曰：句句折。

愚按：《栗里譜》：靖節即年四十，甲辰，作《連雨獨飲》詩，故云「僶仰四十年」也。〔二〕「忘天」二字奇甚。酒中有天，千古飲酒人惟淵明知之，亦能忘之，即劉伶輩不足以語此也。

【箋釋】

〔一〕《楚辭・禮魂》：成禮兮會鼓，傳芭兮代舞。姱女倡兮容與。春蘭兮秋菊，長無絕兮終古。

〔二〕王質《栗里譜》：元興三年甲辰，君年四十。有《連雨獨飲》詩云：「僶俛四十年」。

謹案：「僶仰」，當爲「僶俛」。

移居二首

昔欲居南村，按，《江州志》：公本居山南之上京，後遇火徙此。楊恪云：柴桑南村，即栗里也。〔一〕**非爲卜其宅**。《左傳》：非宅是卜，惟鄰是卜。〔二〕**聞多素心人**，按，《古詩解》：素心，謂本心質素，無炫飾也。顏延之《陶徵士誄》：「長實素心」，蓋用此。**樂與數晨夕**。「數」，相見之頻，言樂與處也。**懷此頗有年，今日從茲役**。謂從事，此居也。**敝廬何必廣，取足蔽床席。鄰曲時時來**，「鄰曲」，想指顏延年、殷景仁、龐通之輩。**抗言談在昔**。「抗」，抵也，敵也。**奇文共欣賞，疑義相與析。**

蔣丹厓曰：讀「疑義相析」，知淵明非不求解，不求甚解以穿鑿耳。若好

奇附會，此揚子雲徒自苦，便失卻欣賞興趣矣。

愚按：素心人固不易多得。「聞」字卻妙，或作「間」字，便索然了。「欣賞」二字亦妙，非奇文不足共欣賞。欣之，賞之，此中大有會悟在。

【箋釋】

〔一〕栗里，見《答龐參軍六章并序》箋釋〔一〕。

〔二〕《左傳·昭公三年》：初，景公欲更晏子之宅，曰：「子之宅近市，湫隘囂塵，不可以居，請更諸爽塏者。」辭曰：「君之先臣容焉，臣不足以嗣之，於臣侈矣。且小人近市，朝夕得所求，小人之利也。敢煩里旅？」公笑曰：「子近市，識貴賤乎？」對曰：「既利之，敢不識乎？」公曰：「何貴何賤？」於是景公繁於刑，有鬻踊者。故對曰：「踊貴屨賤。」既已告於君，故與叔向語而稱之。景公為是省於刑。君子曰：「仁人之言，其利博哉。晏子一言而齊侯省刑。《詩》曰：『君子如祉，亂庶遄已。』其是之謂乎！」及宴子如晉，公更其宅，反，則成矣。既拜，乃毀之，而為裏室，皆如其舊。則使宅人反之，且謗曰：『非宅是卜，唯鄰是卜。』二三子先卜鄰矣，違卜不祥。君子不犯非禮，小人不犯不祥，古之制也。吾敢違諸乎？」卒復其舊宅。公弗許，因陳桓子以請，乃許之。

春秋多佳日，登高賦新詩。過門更相呼，有酒斟酌之。農務各自歸，閒暇輒相思。相思則披衣，言笑無厭時。此理將不勝，無為忽去茲。衣食當須紀，一作「幾」。**力耕不吾欺。**

鍾伯敬曰：衣食不足，無以作樂，二語又映「農務各自歸」句，尤有情。

蔣丹崖曰：飲酒務農，往還無期，閒適若此，可謂不虛佳日。

陳倩父曰：「不勝」，猶言「豈不勝」也。

何義門曰：「農務」句起結處，「不勝」，言勝絕惟此也。〔一〕

愚按：《蔣本》：「勝，音『升』，任也，言此樂不可勝，無為捨而去之也」；韓子亦曰：「樂之終身不厭，何暇外慕」，蓋同此意。予謂熟讀陶詩，便有益於身心學問。二詩極平淡，卻極著實。上章移居卜鄰，得友論文；下章飲酒務農，不虛佳日。人苟樂此無厭，則狎邪之友何由而至，非僻之心無自而入。根本既固，培養自深，於此便可悟道，便可尋真樂處。

【箋釋】

〔一〕《義門讀書記‧陶靖節詩》:「春秋多佳日」首,「農務各自歸」,插此句,起結處。「此理將不勝」,言勝絕惟此也。

和劉柴桑

按,劉柴桑,劉遺民也,名程之,字仲思,嘗作柴桑令云。

山澤久見招,胡事乃躊躇?直為親舊故,未忍言索居。良辰入奇懷,挈《說文》:挈,懸持也。杖還西廬。荒塗無歸人,時時見廢墟。茅茨已就治,《淮南子》:茨之以生茅。〔一〕新疇復應畬。《爾雅》:田三歲曰畬。〔二〕靖節自庚戌徙居南村,已再稔矣。今秋獲後,復應畬也。〔三〕谷風轉淒薄,東風謂之「谷風」。〔四〕「淒薄」,寒意也。春醪解飢劬。弱女雖非男,慰情良勝無。棲棲世中事,歲月共相疏。耕織稱其用,過此奚所須!〔五〕去去百年外,身名同翳如。「翳如」,言泯滅也。

趙泉山曰:「谷風」四句,雖出於一時諧謔,亦可謂巧於處窮矣。以「弱女」喻酒之醇薄,飢則濡枯腸,寒則若挾纊,曲盡貧士嗜酒之常態。

張爾公曰:「弱女」二句,即詩人食魚不必河魴之意。老氏亦云:「知止常足」。

陳倩父曰:真率淋漓,以爽筆抒達旨,此陶公擅場也。如此詩,乃真漢人。

何義門曰:歲月相疏,我棄世,世亦棄我。

沈確士曰:「弱女非男」,喻酒之薄也。

愚按:《陶公本傳》:時周續之入廬山,事釋慧遠,彭城劉遺民亦遁跡荒山,淵明又不應徵命,謂之「潯陽三隱」。時遺民招淵明廬山結白蓮社,淵明雅不欲預名社列,但時復生往還於廬阜間,故詩中起數語云云。以下直抒胸臆,毫無黏著。陶詩真曠,其品格固高出於晉人,亦非唐人所能及也。

【箋釋】

〔一〕《淮南子‧原道訓》:處窮僻之鄉,側溪谷之間,隱於榛薄之中,環堵之室,茨之以生茅,蓬戶甕牖,揉桑為樞,上漏下濕,潤浸北房,雪霜滾灖,

浸潭苁蔣，逍遙於廣澤之中，而仿洋於山峽之旁，此齊民之所爲形植黎黑，憂悲而不得志也。

〔二〕《爾雅・釋地》：田一歲曰菑，二歲曰新田，三歲曰畬。

〔三〕見李公煥《箋注陶淵明集》卷二。

〔四〕《爾雅・釋天》：南風謂之凱風，東風謂之谷風，北風謂之涼風，西風謂之泰風。

〔五〕《石樓詩話》卷一：淵明常懷止足之意，又嘗諄諄致念於衣食。如「耕織稱其用，過此奚所須」、「營己良有極，過足非所欽」、「衣食終須記，力耕不吾欺」、「人生歸有道，衣食固其端。孰是都不營，而以求自安」云云，異於晉人專尚浮靡。（見《清詩話三編》第六冊）

酬劉柴桑

窮居寡人用，_{猶言罕人事。}時忘四運周。空_{一作「櫚」，又一作「門」。}庭多落葉，慨然已知_{一作「知已」}秋。新葵鬱北牖，_{一作「墉」。}嘉穟養南疇。_{「穟」，禾采貌。「養」，一作「眷」。}今我不爲樂，知有來歲不？命室攜童弱，良日登遠遊。

陳倩父曰：「鬱」字、「養」字，是晉人用字勝三唐處。

蔣丹厓曰：《酬、和劉柴桑》二詩情眞趣適，雖寄世中卻遊人外，「潯陽三隱」如遺民乃知己，非周續之可比也。

又曰：前和劉詩云：未忍索居，已辭白蓮社列矣。此詩只說自已窮愁行樂，絕無酬答語，故知陶、劉相契，在形跡之外。

愚按：「空庭」二句神妙，諸本多作「櫚庭」或作「門庭」，「已知」多作「知已」，反欠渾脫。

【箋釋】

〔一〕《譚詩管見》：陶彭澤「今我不爲樂，知有來歲否」，坡公謂此言眞可爲惕然也。馬東籬云「上床與襪履相別」，陳後山云「夜床鞋腳別」，可見人之一生，如夢幻泡影，轉瞬即空，彼戚戚者何哉！（見《清詩話三編》第三冊）

和郭主簿二首

藹藹樹繁茂貌堂前林，中夏貯一作「復」清陰。凱風南風曰「凱風」因時來，回飆開一作「吹」我襟。息交遊閒業，遊者玩物適情之意。「閒業」，非急務也。一作「逝閒臥」，非。臥起弄書琴。「臥」，一作「坐」。園蔬有餘滋，《禮記》：必有草木之滋。〔一〕舊穀猶儲今。營己良有極，過足非所欽。春秫作美酒，酒熟吾自斟。弱子戲我側，學語未成音。此事眞復樂，聊用忘華簪。「簪」，笄也，連冠於髮纚。「簪」，仕者服也。遙遙望白雲，懷古一何深。

陳倩父曰：唐人語近，故熟；晉人語不近，故生。欲得生，而不強生，則古。不強，則穩。五言之法如此。「園蔬」四句，語皆生雋；「弱子」二句，趣。遙遙望雲，別有古心。

何義門曰：「富貴非吾願，帝鄉不可期」，所謂望雲懷古，蓋西方之思也，懷安止足，皆遜詞自晦耳。

沈確士曰：「過足非所欽」與「過此奚所須」，知足要言，一結悠然不盡。

愚按：「春秫作美酒，酒熟吾自斟」二句，何嘗不近，然妙極自然，語亦有以近爲佳者。陳評所云，似未可一概論也。要之，自然便不強，便穩。陳云生而不強，則亦自然之謂耳。

【箋釋】

〔一〕《禮記·檀弓上》：曾子曰：「喪有疾，食肉，飲酒，必有草木之滋焉。」以爲薑桂之謂也。

和澤周三春，清涼素秋節。露凝無游氛，天高風景澈。陵岑聳逸峰，大阜曰「陵」，〔一〕小而高曰「岑」。〔二〕遙瞻皆奇絕。芳菊開林耀，青松冠巖列。衆首曰「冠」，列行次也。懷此貞秀姿，卓爲霜一作「山」下傑。銜觴念幽人，千載撫爾「爾」字，指松菊。訣。檢素不獲展，「檢」，書署也；「素」，尺素也。厭厭竟良月。「良月」，就盈數也。〔三〕

陳倩父曰：「芳菊」二句，晉調，不近；「霜下傑」，豈無寄意？

蔣丹厓曰：二詩，前自述，言閒業之樂；後懷人，動銜觴之思。和言不

獨酬答，亦有次第。

【箋釋】

〔一〕《爾雅·釋地》：大陸曰阜，大阜曰陵，大陵曰阿。

〔二〕《爾雅·釋山》：山大而高，崧。山小而高，岑。

〔三〕《左傳·莊公十六年》：鄭伯治與於雍糾之亂者。九月，殺公子閼，刖強
　　　鉏。公父定叔出奔衛。三年而復之，曰：「不可使共叔無後於鄭。」使以
　　　十月入，曰：「良月也，就盈數焉。」

於王撫軍座送客

　　按，《晉書·王宏傳》：十四年，遷監江州、豫州之西陽、新蔡二郡，諸
軍事撫軍將軍、江州刺史。

　　冬日淒且厲，百卉具已腓。「腓」，變也，言俱變而黃也。爰以履霜
節，登高餞將歸。寒氣冒「冒」，猶「覆」也。山澤，游雲倏無依。洲
渚思一作「四」緬邈，《爾雅》：水中可居曰洲，小洲曰渚。〔一〕風水互一作「正」
乖違。瞻夕欣良讌，離言聿云悲。晨鳥暮來還，懸車一作「厓」
斂餘輝。《淮南子》：日至悲泉，是謂懸車。〔二〕逝止判殊路，旋駕悵遲遲。
目送回舟遠，情隨萬化遺。

　　陳倩父曰：逝止殊路，厥志分明，於情固已欲忘矣。
　　愚按：蔣本據《年譜》，此詩宋武帝二年辛酉秋作也。《宋書》：王宏，
名元休，為撫軍將軍、江州刺史，庾登之為西陽（今黃州）太守，被徵還，
謝瞻為豫章（今洪州）太守，將赴郡，王宏送至湓口（今潯陽之湓浦），三
人於此賦詩敘別。是必元休邀靖節預席餞行，故《文選》載謝瞻即席集別詩，
首章紀座間四人。「遊雲倏無依」五字，殊得送別情況。

【箋釋】

〔一〕《爾雅·釋水》：水中可居者曰洲，小洲曰渚，小渚曰沚，小沚曰坻。

〔二〕《淮南子·天文訓》：至於悲泉，爰止其女，爰息其馬，是謂懸車。至於虞
　　　淵，是謂黃昏。至於蒙谷，是謂定昏。

與殷晉安別并序

按，殷景仁，名鐵，陳郡長平人。

殷先作安南府長史掾，因居潯陽，後作太尉參軍，移家東下，作此以贈。太尉，謂劉裕。

何義門曰：方熊云：殷已爲太尉參軍，而乃稱之曰晉安。蓋先作長史掾者，晉所命也，題即有意。

遊好非久長，一遇盡殷勤。《懶眞子》云：遊好非久長。一本作「少長」。其意云，吾與子非少時長時遊從也。但今一相遇，故訂交耳。〔一〕**信宿酬清話，益復知爲親。去歲家南里，薄作少時鄰。**「薄」，語辭。「少時」，無多時也。**負杖肆遊從，淹留忘宵晨。語默自殊勢，亦知當乖分。未謂事已及，興言在茲春。飄飄西來風，悠悠東去雲。山川千里外，言笑難爲因。才華不隱世，**「才華」，集作「良才」，**江湖多賤貧。**上句指殷，此句自謂。**脫有經過便，念來存故人。**「脫有」，或然之辭。存，慰存也。

陳倩父曰：殷先作晉臣，與公同時。後作宋臣，與公殊調。篇中語極低徊，朋好仍敦，而異趣難一也。結句妙，用意忠厚。題不稱殷參軍，而仍稱殷晉安，便有意。

蔣丹厓曰：眞相知不在久遠，從亦不在同出處，更不在期後會。何等雅契！何等曠遠！觀元亮《別殷晉安》詩，覺臨期執袂爲煩，雖然語默殊勢，畢竟道不同也。

查初白曰：「語默」四句，情辭婉轉。

何義門曰：不曰出處，而曰「語默」，公之遜詞也。「良才不隱世」二句，應「語默」。

沈確士曰：參軍已爲宋臣矣，題仍以前朝官名之，題目便不苟且。「才華不隱世」，何等周旋！所云故者無失其爲故也，即此見古人忠厚。

愚按：殷事劉裕，與靖節殊趣，故篇中「語默殊勢」，已顯言之。至「事已及」，即指其移家東下。「才華」數語，抑揚吞吐，詞似出之忠厚，意實暗寓譏刺。殷景仁當日得此詩，未必無愧。予謂讀陶詩者，當知其靄然可親處，即有凜然不可犯處。

【箋釋】

〔一〕見李公煥《箋注陶淵明集》卷二《與殷晉安別并序》注。

贈羊長史并序

左軍羊長史，銜使秦川，作此與之。

按，秦川即關中。羊長史，名松齡，是時銜左將軍朱齡石之命，詣裕行府，賀平關、洛。

愚生三季後，慨然念黃虞。得知千載外，正一作「上」〔一〕賴古人書。賢聖留餘跡，事事在中都。顏師古曰：中都在太原。豈忘游心目，關河不可踰。九域甫已一，謂宋公裕始平一燕秦也。一作「甫爾去」，非。逝將理舟輿。聞君當先邁，負疴不獲俱。原詩意，想是靖節初欲從松齡訪關、洛，後會病不果行也。〔二〕路若經商山，按，《十道・山川考》：商山，在商州上洛縣南十四里，商洛縣南一里，亦名地肺山，四皓隱處也。〔三〕為我少躊躇。多謝綺與角，謂東園公、綺里季、夏黃公、角里先生也。「角」，一作「園」。精爽今何如？紫芝誰復採？《四皓歌》：曄曄紫芝，可以療飢。〔四〕深谷久應蕪。駟馬無貰患，「貰」，賒也，貸也，神也切。貧賤有交娛。《四皓歌》：駟馬高蓋，其憂甚大；富貴之畏人兮，不如貧賤之肆志。清謠結心曲，人乖一作「乘」運見疏。擁懷累代下，言盡意不舒。

黃山谷曰：「正賴古人書」，蓋當時語。或作「上賴」，甚失語意。

胡仔曰：淵明高風峻節，固已無愧於四皓，然猶仰慕不置，足見其好賢尚友之心。

湯東澗曰：天下分裂，而中州聖賢之跡，不可得而見。今九土既一，則五帝之所連，三王之所爭，宜當首訪，而獨多謝於商山之人。何哉？蓋南北雖合，而世代將易，但當與綺、角遊耳，遠矣深哉！

陳倩父曰：「得知」二句，語率而健。「路若」以後，一氣下，低昂淋漓，而聲調不近。

又曰：此宋武平關中時作。不鋪張武功，不寄思三傑，而獨寄懷商山，先生隱遁之志早已決矣。

聞人訥甫曰：劉裕平關中，越三年即受晉禪。陶公此詩念黃、虞，謝綺、角，蓋致慨於晉、宋之間也。言雖易盡，意奚能舒乎？

何義門曰：起二句，託意非常，「得知」以下六句，言僅以書知之，餘跡向者未之見也。「九域」二句，逸興高騫。義熙十三年八月，平姚泓也。

又曰：末語見始皇雖一九域，四皓逃之。此篇所以庶武羅於羿、澆之域，想王蠋於亡齊之境，聊以寄其難言之隱也。

愚按：靖節不幸遭逢易代，往往有懷莫吐，徒望古而興悲。讀此篇末句，可以窺其志矣。

【箋釋】

〔一〕李公煥《箋注陶淵明集》卷二《贈羊長史并序》注：山谷云：「正賴古人書」，蓋當時語。或作「上賴」，甚失語意。

〔二〕《箋注陶淵明集》卷二《贈羊長史并序》李公煥注：時松齡銜左將軍朱齡石之命，詣裕行府，賀平關、洛。原詩意，靖節初欲從松齡訪關、洛，會病不果行。

〔三〕《太平御覽》卷三十八《地部三》《終南山》：皇甫謐《高士傳》曰：四皓共入商洛，隱地肺山，以待天下定。漢高祖徵之不至，乃深自匿終南山。

　　《太平寰宇記·山南西道九·商州》「商洛縣」條：商洛山，縣南一里，一名楚山，即四皓所隱之處。高后使迎四皓，故今連亘有高車山，蓋因之得名。盛弘之《荊州記》云：「上洛有商山。」班孟堅《西都賦》所謂「商、洛緣其限」，《高士傳》謂地肺，即此。

　　又，《史記·留侯世家》：漢十二年，上從擊破布軍歸，疾益甚，愈欲易太子。留侯諫，不聽，因疾不視事。叔孫太傅稱說引古今，以死爭太子。上詳許之，猶欲易之。及燕，置酒，太子侍。四人從太子，年皆八十有餘，鬚眉皓白，衣冠甚偉。上怪之，問曰：「彼何為者？」四人前對，各言名姓，曰東園公，角里先生，綺里季，夏黃公。上乃大驚，曰：「吾求公數歲，公辟逃我，今公何自從吾兒遊乎？」四人皆曰：「陛下輕士善罵，臣等義不受辱，故恐而亡匿。竊聞太子為人仁孝，恭敬愛士，天下莫不延頸欲為太子死者，故臣等來耳。」上曰：「煩公幸卒調護太子。」四人為壽已畢，趨去。

〔四〕郭茂倩《樂府詩集·琴曲歌辭二》《採芝操》：《琴集》曰：「《採芝操》，四

皓所作也。」《古今樂錄》曰：「南山四皓隱居，高祖聘之，四皓不甘，仰天歎而作歌。」按《漢書》曰：「四皓皆八十餘，鬚眉皓白，故謂之四皓，即東園公、綺里季、夏黃公、角里先生也。」崔鴻曰：「四皓為秦博士，遭世暗昧，坑黜儒術。於是退而作此歌，亦謂之《四皓歌》。」二說不同，未知孰是。（《四皓歌》）：皓天嗟嗟，深谷逶迤。樹木莫莫，高山崔嵬。岩居穴處，以為幄茵。曄曄紫芝，可以療飢。唐虞往矣，吾當安歸。

歲暮和張常侍

市朝淒舊人，驟驥感悲泉。言白駒之過隙也。〔一〕明旦非今日，歲暮余何言！素顏斂光潤，白髮一已繁。闊哉秦穆談，闊，遠也。旅力豈未愆！《秦誓》：番番良臣，旅力既愆。〔二〕向夕長風起，寒雲沒西山。厲厲一作「冽冽」氣遂嚴，紛紛飛鳥還。民生鮮常在，矧伊愁苦纏。屢闕清酤至，沽，一宿酒也。無以樂當年。窮通靡攸攸「攸」，所也。一作「悠」，又作「欣」。慮，顦顇由化遷。撫己有深懷，履運增慨然。

湯東澗曰：陶公不事異代之節，與子房五世相韓之義同。既不為狙擊震動之舉，又時無漢祖者，可託以行其志，所謂「撫已有深懷，履運增慨然」。讀之，亦可以深悲其志也夫。

陳倩父曰：以「市朝淒舊人」起，以「撫已有深懷」終，其亦有所慨乎？

蔣丹厓曰：老去增感，達人不免，況愁苦顦顇耶！明知化遷，又復慨然，表裏之言，故自無欺。

何義門曰：民生多以愁苦自賊，若自以年老氣衰，窮通不一，關其慮久矣。然亦有「撫己」「慨然」者，則冉冉老至，修名不立也。

愚按：此篇音節悲古，起結尤感歎欲絕。蓋人生境遇無常，撫己慨然，正非淵明所獨。惟淵明當日之懷，有難以告人者。故其觸景增慨，比他人為獨深也。

【箋釋】

〔一〕《莊子・知北遊》：人生天地之間，若白駒之過隙，忽然而已。

又，《尚書・周書・秦誓》：番番良士，旅力既愆，我尚有之；仡仡勇夫，射御不違，我尚不欲。惟截截善諞言，俾君子易辭，我皇多有之！

和胡西曹示顧賊曹

蕤賓五月中，〔一〕清朝起南颸。「颸」，風也。不駛「駛」，疾也。亦不遲，「不遲」，亦疾也。飄飄吹我衣。重雲蔽白日，閒雨紛微微。流目視西園，曄曄榮紫葵。於今甚可愛，奈何當一作「行」復衰。感物願及時，每恨靡所揮。悠悠待秋稼，寥落將賒遲。韻重。《晉書‧郗超傳》：雖如賒遲，終亦濟克。〔二〕逸想不可淹，猖狂獨長悲。

愚按：此篇在集中爲平淡之作，諸選本亦罕及此。

【箋釋】

〔一〕《箋注陶淵明集》卷二《和胡西曹示顧賊曹》李公煥注：《史記‧律書》：五月也，律中蕤賓。蕤賓者，言陰氣幼少，故曰蕤；蔈陽不用事，故曰賓。

〔二〕《晉書‧郗超傳》：太和中，溫將伐慕容氏於臨漳，超諫以道遠，汴水又淺，運道不通。溫不從，遂引軍自濟入河，超又進策於溫曰：「清水入河，無通運理。若寇不戰，運道又難，因資無所，實爲深慮也。今盛夏，悉力徑造鄴城，彼伏公威略，必望陣而走，退還幽朔矣。若能決戰，呼吸可定。設欲城鄴，難爲功力。百姓布野，盡爲官有。易水以南，必交臂請命。但恐此計輕決，公必務其持重耳。若此計不從，便當頓兵河濟，控引糧運，令資儲充備，足及來夏，雖如賒遲，終亦濟克……」

悲從弟仲德一作「敬德」

銜哀過舊宅，悲淚應心零。借問爲誰悲？懷人在九冥。禮服名群從，恩愛若同生。門前執手時，何意爾先傾！在數竟不免，爲山不及成。慈母沈哀疚，二胤才數齡。雙位委空館，朝夕無哭聲。流塵集虛坐，宿草旅一作「依」前庭。階除曠遊跡，園林獨餘情。翳然乘化去，終天不復形。遲遲將回步，惻惻悲襟盈。一作「襟涕盈」。

陳倩父曰：其情頗眞切，特多弱句，如「悲淚應心零」、「何意爾先傾」、「園林獨餘情」之類，皆不健。公詩眞率，每嫌體弱。是時諸家皆務矜琢，

琢則遠自然，自成其古。率則近自然，然每流於弱。

　　愚按：陶詩類多古樸，臻於自然，若此篇與上《和胡西曹》二作中，如「不駛亦不遲」、「每恨靡所揮」、「在數竟不免」、「爲山不及成」等句，似屬急猝成章，不甚經意。即按之體格，亦屬集中別調，非陶本色。陳評摘其一二率語，謂近於弱，似也。要之，論古人詩，須於性情品格中求之，徒於字句間或一二篇什指瑕摘疵，則古人眞面目未爲得也，而況以之論陶詩哉！

陶詩彙評卷之三　詩五言

　　按：《文選》五臣注：陶淵明《辛丑歲七月赴假還江陵夜行途中》詩題云：淵明詩，晉所作者，皆題年號。入宋所作，但題甲子而已。〔一〕意者恥事二姓，故以異之。嘗考淵明詩有題甲子者，始庚子距丙辰，凡十七年間，只九首耳，皆晉安帝時所作也。中有《乙巳歲三月爲建威參軍使都經錢溪作》，此年秋乃爲彭澤令，在官八十餘日，即解印綬，賦《歸去來辭》。後一十六年，庚申，晉禪宋，恭帝元熙二年也。〔二〕蕭德施《淵明傳》曰：「自宋高祖王業漸隆，不復肯仕」，於淵明之出處得其實矣。甯容晉未禪宋前二十年，輒恥事二姓，所作詩但題甲子而自取異哉？矧詩中又無有標晉年號者，其所題甲子，蓋偶記一時之事耳。後人類而次之，亦非淵明本意。秦少遊嘗云：「宋初受命，陶潛自以祖侃晉世宰輔，恥復屈身，投劾而歸，耕於潯陽。其所著書，自義熙以前，題晉年號。永初以後，但題甲子而已。」〔三〕黃魯直詩亦有「甲子不數義熙前」之句。〔四〕然則，少游、魯直尚惑於五臣之說，他可知矣。故世之好事者，多尚舊說。今因詳校，特書於第三卷首，以明五臣之失，且祛來者之惑焉。〔五〕

　　蔣丹厓曰：按，今集但有甲子而無年號，如少游、魯直之言。或另有別本，未可知也。

　　愚按：靖節恥事二姓，千載共諒其心，惟其不復肯仕，自不得不寄跡田間，放懷詩酒，然豈靖節之志哉！予謂靖節之詩多，偶爾言與而作，不拘形跡，其心其志須於象外得之。區區於甲子年號間以審其出處，抑末矣。

【箋釋】

〔一〕《宋書・隱逸・陶潛》：潛弱年薄宦，不潔去就之跡。自以曾祖晉世宰輔，恥復屈身後代，自高祖王業漸隆，不復肯仕。所著文章，皆題其年月。義熙以前，則書晉氏年號；自永初以來，唯云甲子而已。

〔二〕晉恭帝元熙二年（420）庚申，亦即宋武帝永初元年。是年，劉裕廢恭帝爲零陵王而後自立，國號爲宋，改元永初。

〔三〕秦觀《淮海集》卷二十二《王儉論》。

〔四〕黃庭堅《次韻謝子高讀淵明傳》：「風流豈落正始後，甲子不數義熙前。一軒黃菊平生事，無酒令人意缺然。」

〔五〕顏眞卿《詠陶淵明》：張良思報韓，龔勝恥事新。狙擊不肯就，舍生悲縉紳。嗚呼陶淵明，奕葉爲晉臣。自以公相後，每懷宗國屯。題詩庚子歲，自謂羲皇人。手持山海經，頭戴漉酒巾。興逐孤雲外，心隨還鳥泯。

　　　又，劉克莊《水龍吟》：平生酷愛淵明，偶然一出歸來早。題詩信意，也書甲子，也書年號。陶侃孫兒，孟嘉甥子，疑狂疑傲。與柴桑樵牧，斜川魚鳥，同盟後、歸於好。　　除了登臨吟嘯。事如天、莫相誚報。田園閒靜，市朝翻覆，回頭堪笑。節序催人，東籬把菊，西風吹帽。做先生處士，一生一世，不論資考。

始作鎮軍參軍經曲阿一有「作」字

　　按，《晉書》：宋武帝作鎮軍將軍，靖節爲其參軍。

　　又按，《漢書・地理志》：會稽郡曲阿縣注：故雲陽。〔一〕《宋（書）・武帝紀》：丹徒之侯山，其地秦史所謂曲阿、丹徒，間有天子氣者也。〔二〕《水經注》：晉陵郡曲阿縣下，陳敏引水爲湖，周四十里，號曲阿後湖。〔三〕按，晉陵，今常州府。曲阿，今鎮江府。丹陽縣，舊屬晉陵。

【箋釋】

〔一〕《漢書・地理志上》：會稽郡，秦置……曲阿，故雲陽。

〔二〕《宋書・志・符瑞上》：宋武帝居在丹徒，始生之夜，有神光照室。其夕，甘露降於墓樹。皇考以高祖生有奇異，名爲奇奴。

〔三〕《文選》顏延年《車駕幸京口三月三日侍遊曲阿後湖作》李善注引：《水經注》曰：晉陵郡之曲阿縣下，陳敏引水爲湖，水周四十里，號曰曲阿後湖。

又，《世說新語·言語》：謝中郎經曲阿後湖，問左右：「此是何水？」答曰：「曲阿湖。」謝曰：「故當淵注渟著，納而不流。」劉注：《太康地紀》曰：「曲阿本名雲陽，秦始皇以有王氣，鑿北阬山以敗其勢，截其直道，使其曲阿，故曰曲阿也。吳還爲雲陽，今復名曲阿。」

弱齡寄事外，委懷「委」，安也。**在琴書。被褐欣自得，屢空常晏如。**〔一〕**時來苟冥**一作「宜」**會，**「冥會」，不求自至之意。盧諶詩：遇蒙時來會。〔二〕**宛轡**一作「婉孌」**憩通衢。**「宛」，屈也；「憩」，息也。「通衢」，喻仕路也，言屈曲長往之駕，息於通衢之中也。**投策命晨旅，**「投策」，捨杖也；「旅」，一作「裝」。**暫與園田**一作「林」**疏。眇眇**無所歸薄也**孤舟逝，**李善：「逝」作「遊」。**綿綿**微思也**歸思紆。我行豈不遙，登陟**一作「降」**千里餘。目倦川**一作「修」**塗異，心念山澤居。望雲慚高鳥，臨水愧游魚。**言魚鳥各得其所，而已獨違其性也。**眞想初在襟，**一作「在襟懷」，非。**誰謂形跡拘。聊且憑化遷，終返班生廬。**《莊子》云：孔子行年六十，而六十化。郭象曰：與時俱化也。〔三〕班固《幽通賦》云：「終保已而貽則，里止仁之所廬」，〔四〕故曰班生廬。

羅景倫曰：士豈能長守山林、長親簑笠，但居市朝軒冕時，要使山林、簑笠之念不忘，乃爲勝耳。淵明「望雲慚高鳥」四句，似此胸襟，豈爲外榮所點染哉！山谷曰：「佩玉而心若槁木，立朝而意在東山」，亦此意。

陳倩父曰：公蓄意若斯，縱履平運，亦應長往。「望雲」「臨水」之思，此非可飾，誠眞想也。

查初白曰：筮仕伊始，即思歸宿之地。

孫月峰曰：淵明詩只是就本色鍊得入細。

又曰：俱是眞言語，絕無粉飾，殊有沖然之味。

何義門曰：「終」字反對「始」字。

愚按：孔明初出茅廬，便有歸耕南陽之想；淵明始作參軍，便有終返故廬之志。其胸懷一而已。至於一返一不返，時勢不同，所遭各異也。參軍本

屬閑曹，然已不如魚鳥之樂，始知望雲臨水，淵明誠欲自保其眞也。結語沖淡入微，非淵明亦不能道。

【箋釋】

〔一〕《譚詩管見》：「弱齡寄事外，委懷在琴書。被褐欣自得，屢空常晏如」，始作鎮軍參軍，其吐屬即是如此，後爲彭澤令，不以五斗米折腰，解印綬歸，有以也。（見《清詩話三編》第三冊）

〔二〕盧諶《答魏子悌》：崇臺非一干，珍裘非一腋。多士成大業，群賢濟弘績。遇蒙時來會，聊齊朝彥跡。

〔三〕《莊子‧寓言》：莊子謂惠子曰：「孔子行年六十而六十化；（郭象注：與時俱也。）始時所是，卒而非之；（郭象注：時變則俗情亦變，乘物以遊心者，豈異於俗哉？）未知今之所謂是之非五十九非也。」（郭象注：變者不停，是不可常。）惠子曰：「孔子勤志服知也。」（郭象注：謂孔子勤志服膺而後知，非能任其自化也。此明惠子不及聖人之遠韻矣。）

〔四〕班固《幽通賦》：「巨滔天而泯夏兮，考遘愍以行謠。終保己而貽則兮，里上仁之所廬。懿前烈之純淑兮，窮與達其必濟。咨孤矇之眇眇兮，將圮絕而罔階，豈余身之足殉兮？悼世業之可懷。」「止」應爲「上」，溫注誤。又，《論語‧里仁》：子曰：「里仁爲美。擇不處仁，焉得知？」

庚子歲五月中從都還阻風於規林二首

　　行行循歸路，計日望舊居。一欣侍溫顏，一作「清」。再喜見友于。鼓棹路崎曲，指景限西一作「四」隅。江山豈不險，歸子念前塗。凱風負我心，戢枻「枻」，楫也，以制切。守窮湖。高莽眇無界，夏木獨森疏。誰言客舟遠，近瞻百里餘。延目識一作「城」南嶺，即廬山。空歎將焉如！

　　洪駒父曰：以兄弟爲友于，歇後語。
　　陳倩父曰：「指景」句，琢，非琢詞，乃琢意耳。結四語有作意。
　　又曰：通首俱尖雋，惟筆老，故不佻。
　　何義門曰：「近瞻」句，應前「望」字。

愚按：杜少陵詩中，字法多脫胎於此。〔一〕

【箋釋】

〔一〕杜甫《野望》：納納乾坤大，行行郡國遙。雲山兼五嶺，風壤帶三苗。野樹
　　侵江闊，春蒲長雪消。扁舟空老去，無補聖明朝。

　　　　又，《入喬口》（長沙北界）：漠漠舊京遠，遲遲歸路賒。殘年傍水國，
　　落日對春華。樹蜜早蜂亂，江泥輕燕斜。賈生骨已朽，淒惻近長沙。

自古歎行役，我今始知之。山川一何曠，巽坎難與期。「巽」，
順也；「坎」，險也。或曰：「巽」，風也；「坎」，水也。〔一〕言道路行役之艱難。崩
浪聒喧語也天響，長風無息時。久遊戀所生，如何淹在茲。靜念園
林好，人間良可辭。當年詎有幾，縱心復何疑！

　　趙泉山曰：二詩皆直敘歸省意。
　　何義門曰：「巽」「坎」以代風水，謂下連用「風」「浪」字也。
　　愚按：《輟耕錄》《陶栗里譜》：隆安四年，公年三十六，有《從都還阻
風規林》詩，當是參鎮軍，銜命自京都上江陵，故在《始作鎮軍參軍經曲阿》
詩後，是時父在柴桑，故云「一欣侍溫顏」，又云：「久遊戀所生」也。〔二〕
「戢枻」「崩浪」等句，寫阻風警動。「誰言」「從遊」等句，敘歸省意切。

【箋釋】

〔一〕《周易·說卦》：「巽為木，為風，為長女，為繩直，為工，為白，為長，為
　　高，為進退，為不果，為臭。」「坎為水，為溝瀆，為隱伏，為矯輮，為弓
　　輪。」
〔二〕語見王質《栗里譜》。
　　謹案：「一欣侍溫顏」，指歸省侍奉其母，而非其父。

辛丑歲七月赴假還江陵夜行塗口一作「途中」，非。

　　按，《文選》引沈約《宋書》謂：潛以曾祖晉世宰輔，不復屈身後代。所
著文章，義熙已前，則晉代年號；自永初以來，惟云甲子而已。

　　何義門云：當云自永初以來，不書甲子。詩自《丙辰歲八月中下潠田舍

稻》一篇外無復書者。丙辰，晉安帝義熙十二年也。又三年，己未，恭帝立，改元元熙。又一年，庚申，宋代晉，改元永初。辛丑，乃隆安五年。至癸卯，桓靈寶始篡。〔一〕甲辰，宋公始建義。〔二〕商歌之云不爲此發？按，《江圖》：自沙陽下流二百五十里，至赤圻。赤圻二十里，至塗口。

【箋釋】

〔一〕桓玄（369～404），字敬道，一名靈寶。桓溫子。隆安四年（400），領荊、江二州刺史，控制長江中下游地區。

〔二〕晉安帝元興三年（404）甲辰二月，北府舊將劉裕（即後來的宋武帝）、劉毅等以恢復晉室爲號召，起兵征討桓玄，戰於溢口，大破之。第二年，劉毅等入江陵，改元義熙。

閒居三十載，遂與塵事冥。「塵事」，塵俗事也。《說文》：冥，窈也，言遠隔也。詩書敦宿好，林園無俗情。〔一〕如何捨此去，遙遙至西一作「南」荊。李善云：西荊州也。時京都在東，故謂荊州爲西也。叩枻同「栧」。《楚辭·漁父》：鼓枻而去船。〔二〕枻，版也。新秋月，臨流別友生。涼風起將夕，夜景湛虛明。昭昭天宇闊，皛皛明也。《說文通》：白曰皛。川上平。懷役不遑寐，中宵尚孤征。商歌非吾事，《淮南子》：甯戚商歌車下，而桓公慨然而悟。〔三〕「商」，秋聲也。〔四〕依依在耦耕。投冠旋舊墟，一作「廬」。不爲好爵縈。養眞衡茅下，庶以善自名。「衡茅」，謂衡門。「茅」，茨名，令聞也。

陳倩父曰：「懷役」二句，誠知宦遊之困，思去軒冕，若凂性之耶！語殊古。

又曰：「叩枻」六句，景色生動。

蔣丹厓曰：篇中澹然恬退，不露鷙激。較之《楚騷》，有靜躁之分。

孫月峰曰：比前篇更沖淡。

何義門曰：「叩枻」句，《元亮傳》作「叩枻新秋月」，《五臣》作「親月船」，非也。

愚按：《栗里譜》：是歲淵明年三十七，當是故歲五月還潯陽。今歲七月適江陵，其留潯陽踰年。當是予告在鄉，至是往赴，故有是詩。詩云「閒居

三十載」，蓋自未參鎮軍以前，得三十六年，當是不堪勞役，遂起歸思。〔五〕
蔣本云：中間除癸巳爲州祭酒，乙未距庚子參鎮軍事三十載家居矣，故篇中
云云。

【箋釋】

〔一〕《譚詩管見》：「詩書敦宿好，林園無世情」，此語非陶公不能道。園林之不
　　世情，全在恬淡清靜中領略出來。顛倒醉夢，詩書且不知好，而況園林也
　　夫。（見《清詩話三編》第三冊）

〔二〕《楚辭·漁父》：屈原曰：「吾聞之：新沐者必彈冠，新浴者必振衣。安能以
　　身之察察，受物之汶汶者乎？寧赴湘流，葬於江魚之腹中。安能以皓皓之
　　白，而蒙世俗之塵埃乎？」漁父莞爾而笑，鼓枻而去。乃歌曰：「滄浪之水
　　清兮，可以濯吾纓。滄浪之水濁兮，可以濯吾足。」遂去，不復與言。

〔三〕《淮南子·主術訓》：甯戚商歌車下，桓公喟然而寤。至精入人深矣。故曰：
　　樂聽其音，則知其俗；見其俗，則知其化。

　　　　又，《呂氏春秋·離俗覽》：甯戚欲干齊桓公，窮困無以自進，於是爲
　　商旅將任車以至齊，暮宿於郭門之外。桓公郊迎客，夜開門，辟任車，爝
　　火甚盛，從者甚眾。甯戚飯牛居車下，望桓公而悲，擊牛角疾歌。桓公聞
　　之，撫其僕之手曰：「異哉！之歌者非常人也！」命後車載之。桓公反，至，
　　從者以請。桓公賜之衣冠，將見之。甯戚見，說桓公以治境內。明日復見，
　　說桓公以爲天下。桓公大說，將任之。

〔四〕《文選》卷二十六李善注：《淮南子》曰：甯戚，商歌車下，而桓公慨然而
　　悟。許慎曰：甯戚，衛人。聞齊桓公興霸，無因自達，將車自往。商，秋
　　聲也。

〔五〕語見王質《栗里譜》。

癸卯歲始春懷古田舍二首

　　在昔聞南畝，當年竟未踐。《博雅》：踐，躐也。屢空既有人，春興
豈自免。言當春而思耕也。夙晨裝吾駕，啓塗情已緬。遠也。鳥弄歡新
節，泠風送餘善。一作「鳥弄新節冷，風送餘寒善」。寒竹一作「草」被荒蹊，

地為罕一作「幽」人遠。是以植杖翁，悠然不復返。即理愧通識，所保詎乃一作「成」，非。淺。

鍾伯敬曰：幽生於樸，清出於老，高本於厚，逸原於細。讀此等作，當自得之。

陳倩父曰：婉折有姿。

蔣丹厓曰：此等田舍翁，非近今可得，若能領略，便作高士。

何義門曰：「屢空」句，言已不足以當之也，即下章「難逮」之意，詞有輕重，下字尤工。

又曰：「即理愧通識」二句，自詭通識而至喪節，乃吾所羞也，正言若反。

愚按：「鳥弄」二句，巧麗絕倫。

先師有遺訓，憂道不憂貧。瞻望邈難逮，轉欲思一作「志」、作「患」、作「忘」常勤。秉耒歡一作「力」時務，解顏勸農人。平疇交遠風，良苗亦懷新。〔一〕穀田曰田，麻田曰疇。「懷新」，言生意已盎然也。雖未量歲功，即事多所欣。耕種有時息，行者無問津。前首隱寓丈人；此首隱寓沮、溺。日入相與歸，壺漿勞近鄰。長吟掩柴門，聊為隴畝民。

蘇東坡曰：「平疇交遠風，良苗亦懷新」，非古之耦耕植杖者，不能道此語；非余之世農，亦不能識此語之妙。

陳倩父曰：起便一折，佳。公致志高念，轉下亦不近也。「平疇」二語寫景，神到之句。寫物者摭實，寫氣色者蹈虛，便已生動。若寫神，誰能及之？

何義門曰：「瞻望邈難逮」二句，此謂道不可行，聊為農以沒世也。「雖未量歲功」二句，妙絕，仍不一於憂貧，故言近旨遠。「行者無問津」句，已寓遯遁世意。

又曰：二篇發端，皆言躬耕非始志。下半篇則申言時不可為，不事伯朝之本趣。

沈確士曰：昔人問《詩經》「何句最佳？」或答曰：「楊柳依依」，此一時興到之言，然亦實是名句。倘有人問：「陶公何句最佳？」愚答云：「平疇交遠風，良苗亦懷新」，亦一時興到也。

　　愚按：癸卯爲元興二年，公年三十九。《栗里譜》云：正月，有《始春懷古田舍》詩，當是自江陵歸柴桑，復適京都，宅憂居家，思溢城，故有《懷古田舍》也。〔二〕「交遠風」「交」字活妙。下句「亦」字亦活，傳神在此二字。「即事多所欣」何等胸趣，唐人多取，即事爲題，蓋本諸此。

【箋釋】

〔一〕《竹溪詩話》卷二：陶靖節詩云：「平疇交遠風，良苗亦懷新。」「交」字入神。若令脫去，視少陵「飛鳥」之句、東坡「病鶴」之字，尤爲難擬。（見《清詩話三編》第七冊）

〔二〕語見王質《栗里譜》。

癸卯歲十二月中作與從弟敬遠

　　寢跡衡門下，邈與世相絕。顧盼莫誰知，荊扉晝常閉。一作「荊門終日閒」。「閒」，俗「閉」字，必結切。闔也，閉也，音「鱉」，義同。淒淒歲暮風，翳翳經日一作「夕」雪。傾耳無希聲，在目皓已潔。《禮記》：大音希聲。〔一〕「潔」，或作「結」。勁氣侵襟袖，簞瓢謝屢設。言不免寒與飢也。蕭索空宇中，了無一可悅。歷覽千載書，時時見遺烈。高操非所攀，深宋本做「謬」得固窮節。平津苟不由，「平津」，平道也。漢元朔中，武帝詔封公孫弘爲平津侯。〔二〕棲遲詎爲拙！寄意一言外，茲契誰能別。「一言」，謂「固窮」也。公易代抗節，此則言外意也。

　　羅景倫曰：「傾耳」十字，雪之輕虛潔白，盡在是矣。後此者，莫能加也。

　　陳倩父曰：「傾耳」二句，寫風雪得神，而高曠之懷，超脫如覿。公自言甚明。「固窮」之上，所謂「高操」者，何也？言「非所攀」，故自解免耳。此意僅可寄之言外矣。起四句，便已傲睨一世。「平津」謂平道，人所共由，信不由之矣。全得子卿「骨肉緣枝葉」〔三〕章法，而無揣摹之跡。

　　查初白曰：讀「傾耳」二句，眞覺《雪賦》一篇，〔四〕徒爲詞費。

　　蔣丹崖曰：於無可悅時讀書遣悶，故是巧於用拙。

　　沈確士曰：淵明詠雪，未嘗不刻劃，卻不似後人黏滯。愚於漢人得兩語，

曰：「前日風雪中，故人從此去」；於晉人得兩語，曰：「傾耳無希聲，在目皓已潔」；於宋人得一語，曰：「明月照積雪」；爲千古詠雪之式。

愚按：「傾耳」十字中，又不如上五字之渾化無跡。陶詩之高，所以卓越千古。

【箋釋】

〔一〕語出《老子・四十一章》：「大方無隅，大器晚成，大音希聲，大象無形」。非《禮記》，溫本誤。

〔二〕《史記・平津侯主父列傳》：汲黯曰：「弘位在三公，奉祿甚多。然爲布被，此詐也。」上問弘。弘謝曰：「有之。夫九卿與臣善者無過黯，然今日庭詰弘，誠中弘之病。夫以三公爲布被，誠飾詐欲以釣名。且臣聞管仲相齊，有三歸，侈擬於君，桓公以霸，亦上僭於君。晏嬰相景公，食不重肉，妾不衣絲，齊國亦治，此下比於民。今臣弘位爲御史大夫，而爲布被，自九卿以下至於小吏，無差，誠如汲黯言。且無汲黯忠，陛下安得聞此言。」天子以爲謙讓，愈益厚之。卒以弘爲丞相，封平津侯。

〔三〕蘇武《詩四首》其一：骨肉緣枝葉，結交亦相因。四海皆兄弟，誰爲行路人？況我連枝樹，與子同一身。

〔四〕謝惠連《雪賦》：其爲狀也：散漫交錯，氛氳蕭索；藹藹浮浮，瀌瀌奕奕。聯翩飛灑，徘徊委積。始緣甍而冒棟，終開簾而入隙；初便娟於墀廡，末縈盈於帷席；既因方而爲圭，亦遇圓而成璧，眄隰則萬頃同縞，瞻山則千巖俱白。於是臺如重璧，逵似連璐。庭列瑤階，林挺瓊樹。皓鶴奪鮮，白鷳失素。紈袖慚冶，玉顏掩嫮。

乙巳歲三月爲建威參軍使都經錢溪

我不踐斯境，歲月好已積。晨夕看山川，事事悉如昔。微雨洗高林，清飆矯雲翮。眷彼品物存，義風都未隔。伊余何爲者，勉勵從茲役。一形似有制，素襟不可易。不爲「形役」，便是高人數倍。園田日夢想，安得久離析？一作「拆」。終懷在歸一作「壑」舟，諒哉宜一作「負」霜柏。

趙泉山曰：此詩大旨，慶遇安帝克復大業，不失舊物也。

陳倩父曰：「一形」二句，眞素語。

又曰：公仕時，晉祚已微，故輒懷遠引也。

何義門曰：「微雨」二句，奮迅出塵。

愚按：《栗里譜》：乙巳爲義熙元年，公年四十一，有《三月爲建威參軍使都經錢溪》詩，當是故歲自都還里即吉。庚子始事鎮軍，繼事建威，中經罹憂，至是得六年。復銜命至都，其家尚未歸柴桑也。〔一〕趙評不過就使都論當日克復時事，其實宋業隆而晉祚衰，公將引退，不久於仕，篇內無甚慶遇意。

【箋釋】

〔一〕語見王質《栗里譜》。

還舊居

疇昔家一作「居」**上京**，六一作「十」，非。**載去還歸。今日始復來，惻愴多所悲。阡陌不移舊**，按，《風俗通》：南北曰阡，東西曰陌。〔一〕河東以東西爲阡、南北爲陌。**邑屋或時非。**「邑」，爲邑人聚會之稱。四井爲邑，屋居也，舍也，夫三爲屋。**履歷周故居，鄰老罕復遺。步步尋往跡，有處特依依。流幻百年中，寒暑日相推。常恐大化盡，氣力不及衰。撥**一作「廢」**置且莫**一作「旦暮」**念，一觴聊可揮。**

韓子蒼曰：淵明自庚子始作建威參軍，由參軍爲彭澤令，遂棄官歸，是歲乙巳，故云六載。

趙泉山曰：自乙未佐鎮軍幕，迄今六載，韓說蓋誤。

查初白曰：朱子《在南康與崔嘉彥書》云：前日出山，在上京坡頭遇雨，巾履沾濕。據此，則上京乃坡名也。按，王漁洋《比歸志》云：往開先寺，出建昌門數里，過玉京山。陶詩所云「疇昔家上京」，即此。

陳倩父曰：「大化」二語，名言。人所慮者衰，孰知有不及衰者？所感更深一層，是以異，語患不能異耳。作理語而平平，便卑矣。

蔣丹厓曰：六載之中，邑屋非而鄰老亡，不惟悲人，能無念我？一觴可

揮，萬事當盡慵矣。

　　愚按：《南康志》：「近城五里，地名上京，亦有淵明故居」。

　　又按：《年譜》云：「疇昔家上京，六載去還歸」。想是往來時經鄉閭，不能常留，稍成疏闊，故云「阡陌不移舊，邑屋或時非。履歷周故居，鄰老罕復遺」也。至是始定居，斷他適。是年九月，家留柴桑，身往彭澤，十一月作《歸去來辭》。是歲，劉將軍錄尚書，篇中言客久歸來，情事逼眞。結四語，令不及衰者，視衰者爲可慮，更覺警異十分。

【箋釋】

〔一〕見《太平御覽》卷一百九十五《居處部》二十三引《風俗通》。

　　　　又，王質《栗里譜》：《還舊居》詩云：「疇昔家上京，六載去還歸」，往來時經鄉閭，不常留，稍成疏，故云「阡陌不移舊，邑屋或時非。履歷周故居，鄰老罕復遺」也。至是始定居，斷他適。十一月，有《歸去來辭》。九月，家留柴桑，身往彭澤，至是免歸。當是不堪軍役，故求縣，不求縣役，故歸家。所謂「風波未定，心憚遠役，彭澤去家百里，公田足以爲酒，少日，眷然有歸與之情」，平生之志始決，見序及辭甚詳。

戊申歲六月中遇火

　　草廬寄窮巷，甘以辭華軒。「軒」，大夫車也。《十六國春秋》：德非管仲，不足華軒堂皁；智非孔明，豈足三顧草廬。〔一〕**正夏長風急，林**一作「鄰」**室頓燒燔。一宅無遺宇，舫舟蔭門前。**「舫」，音「方」，并兩船也。或曰竹簟。**迢迢新秋夕，亭亭**高也**月將圓。果菜**一作「藥」**始復生，**是燒燔後事。**驚鳥尙未還。中宵佇遙念，一盼周九天。**曠甚。**總髮抱孤念，**一作「介」。**奄出四十年。形跡憑化往，靈府長獨閑。貞剛自有質，玉石乃非堅。仰想東戶時，餘糧宿中田。**按，《史》：東戶氏之時，耕者餘饒，宿之隴畝。〔二〕**鼓腹無所思，朝起暮歸眠。既已不遇茲，且遂灌西**一作「我」**園。**

　　陳倩父曰：總有眞致。「迢迢新秋夕」數語，燔室後有此曠情。

　　蔣丹厓曰：他人遇此火變，定作牢騷愁苦語，先生不著一筆。末僅仰想

東戶，意在言外，此眞能靈府獨閒者。

何義門曰：形骸猶外，而況華軒！所以遺宇都盡，而孤介一念炯炯獨存，之死且靡他也。

愚按：《栗里譜》：義熙四年戊申，公年四十四，有《六月遇火》詩。〔三〕改其舊宅，居於柴桑縣之柴桑里，至是屬回祿之變。越後年，徙居於南里之南村。

【箋釋】

〔一〕釋道《又答姚興書》：且德非管仲，不足華軒堂阜；智非孔明，豈足三顧草廬。願陛下放既往之恩，從其微志，使上不失惠，下不失分，則皇唐之化，於斯而在，箕穎之賓，復見今日矣。（見《全晉文》卷一百六十三）

〔二〕《淮南子・繆稱訓》：昔東戶季子之世，道路不拾遺，耒耜餘糧宿諸畮首，使君子小人各得其宜也。按，高誘注：「東戶季子，古之人君。」

〔三〕語見王質《栗里譜》。

己酉歲九月九日

靡靡秋已夕，淒淒風露交。蔓草不復榮，園林一作「木」空自凋。清氣澄餘滓，「澱」也，杳然天界高。言清之極，無纖埃也。眾蟬一作「哀蟬」無留一作「歸」響，叢雁鳴雲宵。萬化相尋繹，人生豈不勞。從古皆有沒，念之中心焦。何以稱我情，濁酒且自陶。千載非所知，聊以永今朝。

陳倩父曰：惟立志於千載者，〔一〕翻言千載非所知。

愚按：「清氣」二語，道盡高秋爽色。「留響」，有作「歸響」者，究不及「留」字之妙也。

【箋釋】

〔一〕《采菽堂古詩選》卷十三：「立志」作「立志義」。

庚戌歲九月中於西田穫早稻

人生歸有道，一作「事」。衣食固其端。始也。孰一作「執」是一作「云」都不營，而以求自安。開春一作「春事」理常業，歲功聊可觀。晨出肆「肆」當作「肆」微勤，日入負耒一作「禾」，非。還。山中饒霜露，風氣亦先寒，田家豈不苦？弗獲辭此難。四體誠乃疲，庶一作「交」無異患干。盥濯息簷下，以盤水沃洗曰「盥」，斗酒散襟顏。遙遙沮溺心，千載乃相關。但願長如此，躬耕非所歎。

思悅曰：觀此詩，知靖節既休居，惟躬耕是資，故蕭德施云：「安道苦節，不以躬耕為恥也。」

譚友夏曰：每讀陶公真實本分語，覺不事生產人，反是俗根未脫，故作清態。

陳倩父曰：「四體」二句，名言。嗟夫！自非躬耕，異患之來無方矣！

蔣丹厓曰：農圃乃小人事，須知沮、溺耦耕，亦非得已。先生西田之作，語意自見，固不同田家樂也。

何義門曰：本非沮、溺之徒，而生乎晉宋之交。避世之心，乃若與之符也。

沈確士曰：《移居》詩云：「衣食終須記，力耕不吾欺」，此云「人生歸有道，衣食固其端」。

又云：「貧居依稼穡」，自勉勉人，每在耕稼，陶公異於晉人如此。

愚按：義熙六年庚戌，淵明年四十六，有《西田穫稻》之作，蓋自彭澤棄官歸來一事。躬耕外無所營，雖疲四體而免異患。非閱世深者，安能作此語耶？其逃於耕有以哉！末「歎」字平聲。

丙辰歲八月中於下潠蘇困切田舍穫

貧居依稼穡，一作「事耕稼」。戮力東林隈。不言春作苦，常恐負所懷。司田眷有秋，寄聲與我諧。飢者歡初飽，束帶候鳴雞。揚楫越平湖，汎隨清壑迴。鬱鬱荒山裏，猿聲閒且哀。悲風愛靜夜，林鳥喜晨開。曰余作此來，三四星火頹。姿年逝已老，其事未云

乖。**遙謝荷蓧翁，聊得從君棲**。灰、佳、齊三韻并用。

蔡寬夫曰：秦漢已前，字書未備，既多假借，而音無反切，平仄皆通用。自齊、梁後，既拘以四聲，又限以音韻，故大率以偶儷聲病爲工，文氣安得不卑弱？惟淵明、韓退之時時擺脫俗拘忌，故「棲」字與「乖」字，皆取其傍韻用，蓋筆力自足以勝之。

鍾伯敬曰：陶公山水、朋友、詩文之樂，即從田園耕鑿中一段憂勤討出，不別作曠達，所以爲眞曠達也。

陳倩父曰：世所愛陶詩，乃自《歸田園居》至此十數首耳。徒以中有景物可玩，意又甚明，遂以爲佳。他若《飲酒》《貧士》等詩，便已不解。《擬古》《雜詩》，意更難測，忽而莫知。顧此十許首，何足以見陶公哉！

何義門曰：似此老而好學，故有年逝未乖之喜。

愚按：《年譜》：義熙十二年丙辰，公年五十二，有《下潠田舍穫》詩，篇末云「日余作此來，三四星火頹」當是，得此在癸丑、甲寅之間。

飲酒二十首并序

余閒居寡歡，兼比夜已長，偶有名酒，無夕不飲。顧影獨盡，忽焉復醉。〔一〕**既醉之後，輒題數句自娛。紙墨遂多，辭無詮次。聊命故人書之，以爲歡笑爾。**〔二〕

譚友夏曰：妙在題是《飲酒》，只當《感遇詩》《雜詩》，所以爲遠。

陳倩父曰：「顧影」八字，眞得酒中趣，不堪爲外人道。題云「飲酒」，而反覆言出處，公寧未能忘情者耶？忘情者必不言，何縷縷也。「千載不相違」、「聊復得此生」、「吾駕不可回」、「志意多所恥」，此《飲酒》之原也。

蔣丹厓曰：飲雖不豪，能於寂寞中有此閒適，眞是韻事。反覺竹林諸賢，不免落俗。

愚按：「顧影」二句，直繪出飲酒之神，偏淵明道得出其妙處，尤在「獨」字、「忽」字也。

【箋釋】

〔一〕蘇軾《書淵明詩二首》：孔文舉云：「坐上客常滿，樽中酒不空。吾無事

矣。」此語甚得酒中趣。及見淵明云「偶有佳酒，無夕不傾。顧影獨盡，悠然復醉。」便覺文舉多事矣。(《蘇軾文集》卷六十七)

〔二〕白居易《效陶潛體》其十二：口吟歸去來，頭戴漉酒巾。人吏留不得，直入故山雲。歸來五柳下，還以酒養眞。人間榮與利，擺落如泥塵。

　　吳筠《高士詠‧陶徵君》：吾重陶淵明，達生知止足。怡情在樽酒，此外無所欲。彭澤非我榮，折腰信爲辱。歸來北窗下，復採東籬菊。

　　元好問《和淵明飲酒九首》其九：淵明非嗜酒，愛此酒中眞。謂言忘憂物，中有太古淳。

　　謹案：陶淵明是中國文學史上第一個大量寫飲酒詩的詩人，飲酒是陶淵明詩的一個重要題材，但陶淵明卻不是爲了酒而寫酒。陶之酒，上承魏晉之風但又和魏晉有明顯的不同。在「竹林七賢」那裏，酒是酒，詩是詩，二者是分離的，是陶淵明第一次把酒和詩直接聯繫起來，從此酒和文學發生了更密切的聯繫，飲酒所得的境界可以通過詩歌表現出來，所以唐人李中說：「猶憐陶靖節，詩酒每相親」(《春日抒懷寄衚山孫明府》)。陶之酒與陶之詩一樣，恬淡靜穆、自然眞樸而又韻味淳厚。歲月的流逝只能增加其澄明清馨，而不能有絲毫的減損。陶之酒，很少有李白酒的那種熱烈飛動、激蕩難寧。陶淵明只是安然自如、悠然自得地斟飲、品賞、體悟。在斟飲、品賞、體悟中讓宇宙萬物、自然人生匯入詩人那浩闊如海、明淨如月的心靈中，陶酒咀嚼不盡的深厚韻味由此而獲得。

　　衰榮無定在，一作「所」。**彼此更共之。邵生瓜田中，寧似東陵時**。按，邵平，故秦東陵侯。秦破，爲布衣，貧，種瓜長安城東。瓜美，世謂之東陵瓜。〔一〕**寒暑有代謝，人道每如茲。達人解其會**。一作「趣」，非。**逝將不復疑。忽與一樽酒，日夕歡自持**。

　　黃山谷曰：「衰榮無定在，彼此更共之」，此是西漢人文章，他人多少語言盡得此理。

　　陳倩父曰：發端語此是何旨？將衰榮固因時耶？世豈無恒榮者，彼固不緣時遷也。

　　蔣丹厓曰：人謂塞翁嗜酒，不知情事，正復爾爾，前古後來，曠然相感。

　　何義門曰：先世宰輔，故以邵平自比。邵平可遊蕭相之門，淵明何妨飲

王宏之酒。在我矕然不滓，則衰榮各適而不相疑也。

　　愚按：《鶡冠子》云：達人大觀，乃見其符天下之理。惟達人爲能解會。謂一理渾合之處，不解其會，仍非達也。一飲酒耳，非索解大悟之後，不足以語此。讀「達人」一語，眞覺世之嗜酒者，難索解人。「竹林七賢」、「飲中八仙」，尚未到解悟地位，而況其他！千古飲酒人，安得不讓淵明獨步！

【箋釋】

〔一〕《史記·蕭相國世家》：漢十一年，陳豨反，高祖自將，至邯鄲。未罷，淮陰侯謀反關中，呂后用蕭何計，誅淮陰侯，語在淮陰事中。上已聞淮陰侯誅，使使拜丞相何爲相國，益封五千戶，令卒五百人一都尉爲相國衛。諸君皆賀，召平獨弔。召平者，故秦東陵侯。秦破，爲布衣，貧，種瓜於長安城東，瓜美，故世俗謂之「東陵瓜」，從召平以爲名也。召平謂相國曰：「禍自此始矣。上暴露於外而君守於中，非被矢石之事而益君封置衛者，以今者淮陰侯新反於中，疑君心矣。夫置衛衛君，非以寵君也。願君讓封勿受，悉以家私財佐軍，則上心說。」相國從其計，高帝乃大喜。

　　　　又，駱賓王《夏日遊德州贈高四》：「放曠愚公谷，消散野人家。一頃南山豆，五色東陵瓜。」

　　　　劉辰翁《念奴嬌·酬王城山》：「滄海桑枯，東陵瓜遠，總不關渠髮。簪花起舞，可憐今夕無月。」

　　積善云有報，夷叔在西山。善惡苟不應，何事空立言！九十行帶索，飢寒況一作「抱」**當年。**《列子》云：孔子遊於泰山，見榮啓期行於郕之野，鹿裘帶索，鼓琴而歌。孔子曰：「先生所以樂，何也？」對曰：「吾樂甚多。天生萬物，人爲貴。吾得爲人，一樂也；男女之別，男尊女卑。吾得爲男，二樂也；人生有不見日月，不免襁褓者，吾已行年九十矣，三樂也。貧者，士之常；死者，人之終；處常得終，當何憂哉？」孔子曰：「善乎，能自寬者也。」〔一〕**不賴固窮節，百世當誰傳。**言報即不應，而善固當自爲也。

　　《詩眼》曰：近世名士作詩云：「九十行帶索，榮公老無依」。余謂之曰：陶詩本非警策，因有君詩，乃見陶之工，或譏余貴耳賤目，則爲解曰：榮啓期事近出《列子》，不言榮公可知。「九十」，則老可知；「行帶索」，則無依可

知，五字皆贅也。若淵明意謂至於九十，猶不免行而帶索，則自少壯至於長老，其飢寒艱苦宜如此。窮士之所以可悲也。此所謂君子於其言，無所苟而已矣。古人文章，必不虛設。

陳倩父曰：起四句，幾許曲折，然味末句，善惡豈顧應否耶？史遷不云乎「亦各從其志」也。

蔣丹厓曰：身後名不如一杯酒，請問所傳何事？淵明之言，較榮公三樂，又添蛇足，然西山夷、叔能無「以暴易暴」之感乎？此「固窮」立節，蓋有謂也。

何義門曰：「九十」四句，言當年壯時也。今都下語猶爾，言老彌戒得，則壯盛之厲節可想，所以使「百世」興起也。此又自言其可得而同，不可得而雜。

沈確士曰：《伯夷傳》大旨已盡於此。末二句馬遷所云，亦各從其志也。

【箋釋】

〔一〕事蹟見《列子‧天瑞》。

道喪一作「衰」**向千載，人人惜其情。**《亢倉子》：道喪之時，上士乃隱。**有酒不肯飲，但顧**一作「顧」**世間名。所以貴我身，豈不在一生？一生復能幾，倏如流電驚。**一作「倏忽若沈星」。陸機詩：驚電光夜舒。〔一〕**鼎鼎百年內，持此欲何成？**《禮記》：鼎鼎爾則小人。〔二〕疏云：鼎鼎而不自嚴敬，則如小人，然形體寬慢也。

陳倩父曰：世間名不足傳，而放之乎飲酒，寄意深矣。末言「持此欲何成」，飲酒又有成耶？將以成其所成也。

蔣丹厓曰：年不待人，道喪何成？此時不飲，更為可惜。

聞人訥甫曰：此言鼎鼎，取寬慢之意，百年自速而人意自寬慢。「持此欲何成」，「此」字指但顧世間名。或以「鼎鼎」為薪火不傳意，殊覺杜撰。宋陸游詩：「百歲常鼎鼎」、「新春鼎鼎來」，亦似未得陶公本意。

何義門曰：「有酒不肯飲」，直是有人不肯做之託詞耳。百年幾何，奈何不及時自立也？「持此欲何成」，蓋為惜其情而不反，則是忘其性也。

【箋釋】

〔一〕陸機《贈尚書郎顧彦先詩二首》其二：朝遊遊層城，夕息旋直廬。迅雷中霄激，驚電光夜舒。玄雲拖朱閣，振風薄綺疏。豐注溢修霤，黃潦浸階除。停陰結不解，通衢化爲渠。沈稼湮梁穎，流民泝荊徐。眷言懷桑梓，無乃將爲魚。

〔二〕《禮記・檀弓上》：喪事欲其縱縱爾，吉事欲其折折爾。故喪事雖遽不凌節，吉事雖止不怠。故騷騷爾則野，鼎鼎爾則小人，君子蓋猶猶爾。

棲棲失群鳥，日暮猶獨飛。徘徊無定止，夜夜聲轉悲。<small>厲烈也</small>鄉思清晨，<small>一作「遠飛」。</small>遠去何依依。<small>一作「去來何依依」。</small>因<small>一作「自」</small>植孤生松，斂翮遙<small>一作「終」</small>來歸。勁風無榮木，此蔭獨不衰。託身已得所，千載不相違。

趙泉山曰：此詩譏切殷景仁、顏延年輩附麗於宋。

陳倩父曰：介特之操，凜然可見。

聞人訥甫曰：失群得所遙，對失處正是得，不可不飲酒也。

蔣丹厓曰：失群之鳥，託身孤松，先生藉以自比，不似殷、顏輩，草草附宋，若勁風無榮木也。

愚按：通首俱是比體，靖節矢志不肯附宋，飲酒託興，聊借物以自況。至譏切殷、顏輩，似非正旨。

結<small>構也</small>廬在人境，而無車馬喧。問君何能<small>一作「爲」，非。</small>爾？心遠地自偏。採菊東籬下，悠然見南山。〔一〕山氣日夕佳，飛鳥相與還。<small>《管子》：夫鳥之飛，必還山集谷。</small>〔二〕此中有眞意，欲辨已<small>一作「忽」，非。</small>忘言。<small>「眞意」，本心也。莊子得意而忘言。</small>

王荊公曰：淵明詩有奇絕不可及之語，如「結廬在人境」四句，自來詩人無此句也。

東坡曰：採菊之次，偶然見山，初不用意，而景與意會，故可喜也。

蔡寬夫曰：俗本多以「見」爲「望」字，若爾，便有褰裳濡足之態矣。一字之誤，害理如此。

張九成曰：此即淵明畎畝不忘君之意也。

張爾公曰：結廬一句，起手妙。「心遠地自偏」雖涉指點，纔一說破，意味索然矣。

蔣丹厓曰：此心高曠，興會自真。詩到佳處，只是語盡意不盡。若張無垢謂淵明畎畝不忘君之意，似以南山作比語，恐不然。

陳倩父曰：「心遠地即偏」，公固不蹈東海。採菊見山，此有真境，非言可宣，即所為桃源者，是耶？

何義門曰：「辨」字與前「問」字相應。

沈確士曰：胸有元氣，自然流出，稍著痕跡，便失之。

愚按：淵明詩類多高曠，此首尤為興會獨絕。境在寰中，神遊象外，遠矣。得力在起四句，奇絕，妙絕。以下便可一直寫去，有神無跡，卻於此處領取。俗人反先賞其「採菊「數語，何也？至結二句，則愈真愈遠，語有盡而意無窮，所以為佳。張評謂篇中有畎畝不忘君之意，真嫌著相。

【箋釋】

〔一〕蘇軾《題淵明〈飲酒〉詩後》：因採菊而見山，境與意會，此句最有妙處。近歲俗本皆作「望南山」，則此一篇神氣都索然矣。古人用意深微，而俗士率然妄以意改，此最可疾。又，《苕溪漁隱叢話》前集卷三引《雞肋集》：東坡云：陶淵明意不在詩，詩以寄其意耳。「採菊東籬下，悠然望南山」，既採菊又望山，意盡於此，無餘蘊矣，非淵明意也。「採菊東籬下，悠然見南山」，則本自採菊，無意望山，適舉首而見之，故悠然忘情，趣閒而景遠。

《義門讀書記‧文選‧詩》：「望」，一作「見」，就一句而言，「望」誠不若「見」為近自然，然「山氣」「飛鳥」，皆望中所有，非復偶然見此也。「悠然」二字從上心遠來。東坡之論不必附會。

又，錢起《晚過橫灞寄張藍田》：亂水東流落照時，黃花滿徑客行遲。林端忽見南山色，馬上還吟陶令詩。

米有仁《訴衷情‧淵明詩》：結廬人境羨陶潛，車馬不來喧。勝處自多真趣，飛鳥相與還。心既遠，地仍偏，見南山。手持菊穎，山氣常佳，欲辨忘言。

趙善括《醉落魄‧趙監惠酒五斗以應重九之節，至晚小飲，賦之》：重陽時節。可憐又是天涯客。扁舟小泊花溪側。細雨斜風，不見秦樓月。

白衣望斷無消息。舉觴一笑眞難得。歸兮學取陶彭澤。採菊東籬，悠然見山色。

黃升《賀新郎·菊》：晚節相看元不惡，采采東籬獨秀。試攬結，幽香盈手。幾劫修來方得到，與淵明千載爲知舊。

〔二〕《管子·宙合》：夫鳥之飛也，必還山集谷。不還山則困，不集谷則死。

行止千萬端，誰知非與是？《莊子》：是其所非非其所是。〔一〕**是非苟相形，雷同共譽毀。三季多此事，**「三季」，三代之末也。**達士似不爾。咄咄驚怪聲，**叱也，丁骨切。**俗中惡，**一作「愚」。**且當從黃綺。**

湯東澗曰：此篇言季世出處不齊，士皆以乘時自奮爲賢，吾知從黃、綺而已，世俗之是非毀譽，非所計也。

陳倩父曰：既無毀譽，何知俗中之惡？公獨欲是其所是耳！

蔣丹厓曰：先生知是非者也，雖爲雷同人語，晉宋之交，能無咄。

【箋釋】

〔一〕《莊子·齊物論》：道隱於小成，言隱於榮華。故有儒、墨之是非，以是其所非，而非其所是。欲是其所非，而非其所是，則莫若以明。

秋菊有佳色，裛露掇其英。〔一〕裛，於汲切。坌衣香也。李善曰：然露坌花亦謂之裛。〔二〕「掇」，拾也，都奪切。氾一作「況」**此忘憂物，遠我遺世情。一觴雖**一作「聊」**獨進，杯盡壺自傾。日入群動息，歸鳥趨林鳴。嘯傲東軒下，聊復得此生。**「生」，性之始也。「得此生」，謂不失其性也。

定齋曰：自南北朝以來，菊詩多矣，未有能及淵明詩，語盡菊之妙，如「秋菊有佳色」，他花不足以當此一「佳」字，然終篇寓意高遠，皆由菊而發耳。

浪齋曰：「秋菊有佳色」一語，洗盡古今塵俗氣。

蘇東坡曰：靖節以無事爲「得此生」，則見役於物者，非失此生耶？〔三〕

韓子倉曰：予嘗謂古人寄懷於物，而無所好，然後爲達，況淵明之眞，其於黃花直寄意爾。至言飲酒適意，亦非淵明極致，向使無酒，但悠然見南

山，其樂多矣。遇酒輒醉，醉醒之後，豈知有江州太守哉？當以此論淵明。

張爾公曰：即「杯盡壺自傾」一語，悟出達人順命委運之妙，惟深心人當自得之。

沈確士曰：「遺我遠世情」，陶集作「遠我遺世情」，從陶集爲妥。

愚按：秋菊之佳，愛菊者誰不知之，誰不慕之？惟此起五字渾成，卻無人道得出，淵明可謂菊花知己。

【箋釋】

〔一〕高觀國《齊天樂‧菊》：叢幽一笑東籬曉，霜華又隨香冷。暈色黃嬌，低枝翠婉，來趁登高佳景。誰偏管領。是彭澤歸來，未荒三徑。最愜清觴，道家標緻自風韻。　　南山依舊翠倚，採花無限思，西風吹醒。萬蕊金寒，三秋夢好，曾記餐英清詠。斕斑淚沁。怕節去蜂愁，雨荒煙暝。明日重陽，爲誰簪短鬢。

又，辛棄疾《浣溪沙‧種梅菊》：百世孤芳肯自媒，直須詩句與推排，不然喚近酒邊來。　　自有淵明方有菊，若無和靖即無梅。只今何處向人開。

鄭思肖《陶淵明對菊圖》：彭澤歸來老歲華，東籬盡可了生涯。誰知秋意凋零後，最耐風霜有此花。

《芥子園畫傳》：菊之爲花也，其性傲，其色佳，其香晚。

黃侃《文心雕龍箚記‧物色》附錄：因採菊而見山，一與自然相接，便見眞意，而至於欲辯忘言，使非淵明擺落世紛，寄心閒遠。

〔二〕《文選》卷三十李善注引《文字集略》曰：「襃，坌衣香也。然露坌花亦謂之襃也。毛萇《詩傳》曰：掇，拾也。」

〔三〕蘇軾《題淵明詩二首》其二：靖節以無事自適爲「得此生」，則凡役於物者，非失此生耶？（《蘇軾文集》卷六十七）

青松在東園，衆草沒奇一作「其」姿。凝一作「晨」霜殄一作「絕」異類，卓然見高枝。連一作「叢」林人不覺，獨樹衆乃奇。一作「知」。提壺掛一作「撫」寒柯，冬木曰「寒柯」。遠望時復爲。一作「復何爲」，言時復爲飲也。吾生夢幻間，何事紲塵羈。《玉篇》：紲，馬韁也。

　　愚按：此篇語有奇氣。先生以青松自比，語語自負，亦語語自憐，蓋抱奇姿而終於隱遁，時爲之也。非飲酒，誰能遣此哉！

　　清晨聞叩門，倒裳往自開。《毛詩》：顛倒裳衣。〔一〕**問子爲誰歟？田父有好懷。壺漿遠見候，疑我與時乖。襤縷茅簷下，**「襤」，同「藍」；「縷」，力主切。「藍縷」，與「襤褸」通，敝衣也。《小爾雅》云：布褐而紩之謂藍縷。〔二〕**未足爲高棲。**舉一作「一」**世皆尚同，願君汩其泥。**「汩」，古忽切，與「淈」同音「骨」。《楚辭》：淈其泥。〔三〕《說文》：濁也。**深感父老言，稟氣寡所諧。**「稟」，受也；「諧」，合也，合衆意也。**紆轡誠可學，違己詎非迷。**「紆轡」，謂詭遇違己，謂枉己，言不能屈己以從人也。**且共歡此飲，吾駕不可回。**

　　思悅曰：趙氏注杜甫《宿羌村》第二首，云一篇之中，賓主既具，問答了然，可以比淵明此首。

　　趙泉山曰：時輩多勉淵明以出仕，故作此篇。

　　陳倩父曰：此田父大有遠識。「襤縷茅簷下」，何反不足爲「高棲」？將意又不特慕高棲者，已爲田父識耶？「稟氣」句截然，「吾駕」句尤截然。

　　蔣丹厓曰：此田父猶俗見耳。其至誠可取，惜不與延年、景仁同傳名。

　　沈碻士曰：「稟氣寡所諧，吾駕不可回」，說得斬絕。

　　愚按：篇中不過設爲問答，以見志耳。所云田父，正不必求其人以實之也。陳、蔣二評，未免稍涉黏著，縱即有其人，然以不入耳之言來相勸勉，自不得不以峻詞拒之矣。

【箋釋】

〔一〕《詩經·齊風·東方未明》：東方未明，顛倒衣裳。顛之倒之，自公召之。東方未晞，顛倒裳衣。倒之顛之，自公令之。折柳樊圃，狂夫瞿瞿。不能辰夜，不夙則莫。

〔二〕《小爾雅·廣服》：布褐而紩之謂之藍縷。

〔三〕《楚辭·漁父》：屈原既放，遊於江潭，行吟澤畔；顏色憔悴，形容枯槁。漁父見而問之曰：「子非三閭大夫與？何故至於斯？」屈原曰：「舉世皆濁我獨清，衆人皆醉我獨醒，是以見放。」漁父曰：「聖人不凝滯於物，而能與世推移。世人皆濁，何不淈其泥而揚其波？衆人皆醉，何不餔其糟而

歟其醨？何故深思高舉，自令放爲？」

在昔曾遠遊，直至東海隅。曲阿在宋，爲南東海郡。**道路迥且長，風波阻**一作「起」**中途。此行誰使然，似爲飢所驅。傾身營一飽，少許便有餘。**〔一〕《世說》：少許，對人多多許。〔二〕**恐此非名計，息駕歸閒居。**《列子》：孔子自衛反魯，息駕於河梁而觀焉。〔三〕

趙泉山曰：此篇述其爲貧而仕。

陳倩父曰：欲以此等語，故亂之，使若素無宦情者然。

蔣丹厓曰：飢驅名計，他人所諱，先生俱自言之。妙妙！一說「名計」恐當作「久計」，不然是慮營飽失名，何如勿爲飢驅也。

何義門曰：末二句，恐墜「固窮」之節也。

【箋釋】

〔一〕《逸樓論詩》：「此行誰使然，似爲飢所驅。傾身營一飽，少許便有餘」，亦是自嘲自慨，然語氣和厚。末云「恐此非名計，息駕歸閒居」，則又凜然正色矣。（見《清詩話三編》第二冊）

〔二〕《世說新語・賞譽》：簡文道王懷祖：「才既不長，於榮利又不淡；直以眞率少許，便足對人多多許。」

〔三〕《列子・說符》：孔子自衛反魯，息駕乎河梁而觀焉。有懸水三十仞，圜流九十里，魚鱉弗能游，黿鼉弗能居，有一丈夫方將厲之。孔子使人并涯止之，曰：「此懸水三十仞，圜流九十里，魚鱉弗能游，黿鼉弗能居也。意者難可以濟乎？」丈夫不以錯意，遂度而出。

顏生稱爲仁，「顏生」，回也。**榮公言有道。**榮啓期也。**屢空不獲年，長飢至於老。**《史記》：回年二十九，髮盡白，早死。〔一〕上句指回，下句指榮公也。**雖留身後名，一生亦枯槁。死去何所知，稱心固爲好。客**一作「容」。《說文》：客，寄也。**養千金軀，臨**一作「幻」**化消其寶。**「客養」，猶生寄也。生寄死歸，〔二〕言其所養非可久也。**裸葬何必惡，人當解意表。**按，前漢陽王孫，臨終令其子曰：吾欲裸葬，以反吾眞，死則爲布囊，盛屍入地七尺。既下，從足引脫其囊，以屍親土。其子遂裸葬之。〔三〕

東坡曰：「客養千金軀，臨化消其寶「，寶不過軀，軀化則寶亡矣。人言靖節不知道，吾不信也。

湯東澗曰：顏、榮皆非希身後名，正以自遂其志耳。保千金之軀者，亦終歸於盡，則裸葬亦未可非也。或曰：前八句言名不足賴，後四句言身不足惜，淵明解處，正在身名之外。

陳倩父曰：「稱心」一句，反；「臨化」一句，正。結語放而之達。意表之解，殊人所解，正使裸葬亦佳，夫「稱心」何足云也？

聞人訥甫曰：世無不以稱心爲好，故公亦如其意以籌之。

何義門曰：前後自作客主，志士不忘在溝壑，則陶公篇末所自笑也。

〔四〕裸葬猶可，又何枯槁之恨哉？「死去」二句，曲折頓挫。

愚按：陶公一生志節如是，其顧惜身名爲何如耶？篇中言身世不足惜，不過就世人之見反言之，以自寫其一時達趣云爾，不然，飲酒之餘，身名不惜，何以爲靖節哉！

【箋釋】

〔一〕《史記・仲尼弟子列傳》：回年二十九，髮盡白，蚤死。孔子哭之慟，曰：「自吾有回，門人益親。」魯哀公問：「弟子孰爲好學？」孔子對曰：「有顏回者好學，不遷怒，不貳過。不幸短命死矣，今也則亡。」

〔二〕《淮南子・精神訓》：生，寄也；死，歸也。

又，徐勉《答客喻》：僕聞古往今來，理運之常數，春榮秋落，氣象之定期。人居其間，譬諸逆旅，生寄死歸。（《全梁文》卷五十）

〔三〕《漢書・楊胡朱梅雲傳》：楊王孫者，孝武時人也。學黃、老之術，家業千金，厚自奉養生，亡所不致。及病且終，先令其子，曰：「吾欲裸葬，以反吾眞，必亡易吾意。死則爲布囊盛屍，入地七尺，既下，從足引脫其囊，以身親土。」其子欲默而不從，重廢父命；欲從之，心又不忍，乃往見王孫友人祁侯。祁侯與王孫書曰：「王孫苦疾，僕迫從上祠雍，未得詣前。願存精神，省思慮，進醫藥，厚自持。竊聞王孫先令裸葬，令死者亡知則已，若其有知，是戮屍地下，將裸見先人，竊爲王孫不取也。且《孝經》曰『爲之棺槨衣衾』，是亦聖人之遺制，何必區區獨守所聞？願王孫察焉。」王孫報曰：「蓋聞古之聖王，緣人情不忍其親，故爲制禮，今則越之，吾是以裸葬，將以矯世也。夫厚葬誠亡益於死者，而俗人競以相高，

靡財單幣，腐之地下。或乃今日入而明日發，此眞與暴骸於中野何異！且夫死者，終生之化，而物之歸者也。歸者得至，化者得變，是物各反其眞也。反眞冥冥，亡形亡聲，乃合道情。夫飾外以華眾，厚葬以隔眞，使歸者不得至，化者不得變，是使物各失其所也。且吾聞之，精神者天之有也，形骸者地之有也。精神離形，各歸其眞，故謂之鬼，鬼之爲言歸也。其屍塊然獨處，豈有知哉？裹以幣帛，隔以棺槨，支體絡束，口含玉石，欲化不得，鬱爲枯臘，千載之後，棺槨朽腐，乃得歸土，就其眞宅。由是言之，焉用久客！昔帝堯之葬也，窾木爲櫝，葛藟爲緘，其穿下不亂泉，上不泄殠。故聖王生易尙，死易葬也。不加功於亡用，不損財於亡謂。今費財厚葬，留歸隔至，死者不知，生者不得，是謂重惑。於戲！吾不爲也。」祁侯曰：「善。」遂裸葬。

〔四〕《義門讀書記·陶靖節詩》：「所自笑」作「所自矢」。

　　長公曾一仕，壯節忽失時。杜一作「松」，非。**門不復出，終身與世辭。仲理歸大澤，高風始在**一作「如」，非。**玆。一往便當已，何爲復狐疑。去去當奚道，世俗久相欺。擺**排也，開也，排而振之也。**落悠悠談，請從余所之。**《晉書·王導傳》：悠悠之談，宜絕智者之口。〔一〕

　　陳倩父曰：夫遺榮者遺之而已，曷爲數數言之不置？先生蓋強自解耳。
　　愚按：張摯，字長公，漢張釋之之子也，官至大夫。免，以不能取容當世，終身不仕。後漢楊倫，字仲理，爲郡文學掾，去職，講授於大澤中，弟子至千餘人。仲理少師事司徒丁鴻，習《古文尚書》。篇中引用二子，淵明蓋以自況，辭近牢騷。末數語，頗有傲世之意。

【箋釋】

〔一〕《晉書·王導傳》：於時庾亮以望重地逼，出鎮於外。南蠻校尉陶稱間說亮當舉兵內向，或勸導密爲之防。導曰：「吾與元規休戚是同，悠悠之談，宜絕智者之口。則如君言，元規若來，吾便角巾還第，復何懼哉！」又與稱書，以爲庾公帝之元舅，宜善事之。於是讒間遂息。

　　有客常同止，「止」，猶居也。**取捨邈異境。一士常獨醉，一夫終年醒。醒醉還**一作「遞」**相笑，發言各不領。規規一何愚，兀傲差**

若穎。《莊子》：規規然自失也。〔一〕支遁詩：兀傲乘尸素。〔二〕**寄言酣中客，日沒燭當**一作「可」**炳。**一作「獨何炳」。「炳」，一作「秉」。

　　湯東澗曰：醒者與世計分曉，而醒者頹然聽之而已。淵明蓋沈冥之逃者，故以醒爲愚，而以兀傲爲穎耳。

　　何義門曰：張睢陽有言：「未識人倫，焉知天道？」不明大義，則醒者何必愈於醉也。

　　愚按：篇中言醒者愚而醉差穎，或謂淵明嗜酒，故爲左祖之論。豈知其悲憤牢騷，不過寄意於酒，遂言不覺近於謔耳。淵明豈眞左祖醉人哉？善讀陶者當自得之。

【箋釋】

〔一〕《莊子・秋水》：東海之鱉左足未入，而右膝已縶矣。於是逡巡而卻，告之海曰：「夫千里之遠，不足以舉其大；千仞之高，不足以極其深。禹之時十年九潦，而水弗爲加益；湯之時八年七旱，而崖不爲加損。夫不爲頃久推移，不以多少進退者，此亦東海之大樂也。」於是埳井之蛙聞之，適適然驚，規規然自失也。

〔二〕支遁《詠懷詩五首》其五：傲兀乘尸素，日往復月旋。弱喪困風波，流浪逐物遷。中路高韻益，窈窕欽重玄。重玄在何許，採眞遊理間。苟簡爲我養，逍遙使我閒。寥亮心神瑩，含虛映自然。亹亹沈情去，彩彩沖懷鮮。踟躕觀象物，未始見牛全。毛鱗有所貴，所貴在忘筌。「兀傲」應爲「傲兀」。

故人賞我趣，挈壺相與至。班荊坐松下，數斟已復醉。《左傳》：伍舉、聲子遇於鄭郊，班荊相與食而言復故。〔一〕**父老雜亂言，觴酌失行次。不覺知有我，安知物爲貴！**《關尹子》：故我一身，雖有智有力，有音有行，未嘗有我。**悠悠**一作「咄咄」**迷所留，**「留」，止也。一作「之」。**酒中有深味。**一作「固多味」。

　　張文潛曰：陶元亮雖嗜酒，家貧不能常飲酒，而況必飲美酒乎！其所與飲，多田野樵漁之人，班坐林間，所以奉身而悅口腹者，蓋略矣。

　　《石林詩話》曰：晉人多言飲酒，有至沈醉者，此未必意眞在酒。蓋方

際時艱，人各懼禍，惟託於一醉，可以粗遠世故耳。

　　陳倩父曰：「不覺」二句，超超名理。

　　蔣丹厓曰：酒中眞味，全在知己直率。方信淳于一石，不及故人壺觴也。

　　愚按：世人惟知有我，故不能忘物，物我之見存，則動多拘忌矣。淵明忘我，更勝於「齊物」，其殆酒中之聖者歟？

【箋釋】

〔一〕《左傳・襄公二十六年》：初，楚伍參與蔡太師子朝友，其子伍舉與聲子相
　　　善也。伍舉娶於王子牟，王子牟爲申公而亡，楚人曰：「伍舉實送之。」伍
　　　舉奔鄭，將遂奔晉。聲子將如晉，遇之於鄭郊，班荊相與食，而言復故。

　　貧居乏人工，灌—作「卉」木荒余宅。「灌木」，叢木也。班班明貌有
翔鳥，寂寂無行跡。宇宙何悠悠，一作「一何悠」。人生少至百。歲月
相從過，一作「催逼」。鬢邊一作「髮」早已白。若不委窮達，素抱深可
惜。〔一〕

　　陳倩父曰：固是至論。
　　愚按：末二句，寓意甚微。

【箋釋】

〔一〕《粵嶽草堂詩話》卷一：陶公句云：「若不委窮達，素抱深可惜。」語意深
　　　至，不止耐人十日思。（見《清詩話三編》第四冊）

　　少年罕人事，遊好在六經。行行向不惑，淹留遂一作「自」無
成。是時公年四十，故云。竟抱固窮節，飢寒飽所更。敝廬交悲風，
荒草沒前庭。被褐守長夜，晨雞不肯鳴。〔一〕嵇康《論》：被褐啜菽。〔
二〕孟公不在茲，終以翳吾情。

　　陳倩父曰：可知初亦欲有所成。「敝廬」二句，眞境。望雞鳴，是何旨？
甯戚所歎「漫漫」也。

　　蔣丹厓曰：觀後篇，意多所恥，終歸田里，公年近四十而去官也，故云
「向不惑」「遂無成」。

　　又曰：「固窮」是詩人本意，末思孟公，當爲冷落中之投轄人耳。

何義門曰：「敝廬」四句，謂不見治平也。

愚按：《漢書・游俠傳》：陳遵，字孟公，嗜酒，每大飲，賓客滿堂，輒關門取客車轄投井中，雖有急終不得去。篇中字法，一氣串下，年四十而遂無成，故不得不守窮，飲酒而思孟公爾。

【箋釋】

〔一〕《逸樓論詩》：隱士有樂處，亦有苦處。「採菊東籬下，悠然見南山」，樂也；「被褐守長夜，晨雞不肯鳴」，苦也。人但向樂處求淵明，不向樂處求淵明，便淺。（見《清詩話三編》第二冊）

〔二〕嵇康《答向子期難養生論》：故世之難得者，非財也，非榮也。患意之不足耳！意足者，雖耦耕畎畝，被褐啜菽，豈不自得？不足者，雖養以天下，委以萬物，猶未愜。然則足者不須外，不足者無外之不須也。無不須，故無往而不乏；無所須，故無適而不足。不以榮華肆志，不以隱約趨俗，混乎與萬物并行，不可寵辱，此真有富貴也。

幽蘭生前庭，含薰待清風。「薰」，香氣也。**清風脫然**一作「若」**至，見別蕭艾中。行行失故路，任道或能通。**言當含芳以待。**覺悟當念還，鳥盡廢良弓。**《漢書・淮陰侯傳》：高鳥盡，良弓藏。〔一〕

湯東澗曰：蘭薰非清風，不能別賢者出處之致，亦待知者知耳。淵明在彭澤日，有「悵然慷慨，深愧平生」之語，所謂「失故路」也。惟其任道而不牽於俗，故卒能回車復路云爾。鳥盡弓藏，蓋借昔人去國之語，以喻己歸田之志。

蔣丹厓曰：幽蘭不久開，清風不常吹，世人少覺悟，徒為失路悲。

陳倩父曰：此章意雜出，審思不得其故，但覺忠厚之思。望人不淺。設非警彼元勳，何當許道？〔二〕

愚按：此詩只是借幽蘭以自喻，似無別意。惟末語所指不甚明晰。

【箋釋】

〔一〕《史記・淮陰侯列傳》：高祖且至楚，信欲發兵反，自度無罪，欲謁上，恐見禽。人或說信曰：「斬眜謁上，上必喜，無患。」信見眜計事。眜曰：「漢所以不擊取楚，以眜在公所。若欲捕我以自媚於漢，吾今日死，公亦隨手

亡矣。」乃罵信曰：「公非長者！」卒自剄。信持其首，謁高祖於陳。上令武士縛信，載後車。信曰：「果若人言，『狡兔死，良狗亨；高鳥盡，良弓藏；敵國破，謀臣亡。』天下已定，我固當亨！」上曰：「人告公反。」遂械繫信。至雒陽，赦信罪，以爲淮陰侯。

〔二〕《采菽堂古詩選》卷十三：「何嘗許道」作「何當許道」。

　　子雲性嗜酒，家貧無由得。時賴好事人，載醪祛所惑。觴來爲之盡，是諮無不塞。「咨」，問也。「塞」，滿也。言來問者，皆滿意而去也。有時不肯言，豈不在伐國。仁者用其心，何嘗失顯然。《漢（書）·董仲舒傳》：魯君問柳下惠：「吾欲伐齊，何如？」柳下惠曰：「不可。」歸而有憂色，曰：「吾聞伐國不問仁人，此言何爲至於我哉？」〔一〕

　　湯東澗曰：此篇蓋託子雲以自況，故以柳下惠事終之。《五柳先生傳》云：「性嗜酒，家貧，不能常得，親舊或置酒招之，造飲輒盡。」

　　張爾公曰：如此好事人不多，得今人則計較田舍耳。大惑不解，亦良可悲也。

　　陳倩父曰：顯默之理，將不著乎？

　　蔣丹厓曰：不肯言伐國，隱然以劉宋比新莽，蓋難言之矣。

　　何義門曰：末四句，見可得而親，不可得而雜，正所以待王、顏輩也。

　　愚按：《漢書·揚雄》：家素貧，嗜酒，人希至其門。時有好事者，載酒殽從遊。《學篇》中引子雲事，湯評云：託以自況。以予觀之，不肯言伐國，淵明賢於子雲遠矣，豈可同日語哉！

【箋釋】

〔一〕《漢書·董仲舒傳》：久之，王問仲舒曰：「粵王勾踐與大夫泄庸、種、蠡謀伐吳，遂滅之。孔子稱殷有三仁，寡人亦以爲粵有三仁。桓公決疑於管仲，寡人決疑於君。」仲舒對曰：「臣愚不足以奉大對。聞昔者魯君問柳下惠：『吾欲伐齊，何如？』柳下惠曰：『不可。』歸而有憂色，曰：『吾聞伐國不問仁人，此言何爲至於我哉！』徒見問耳，且猶羞之，況設詐以伐吳乎？由此言之，粵本無一仁。夫仁人者，正其誼不謀其利，明其道不計其功。是以仲尼之門，五尺之童羞稱五伯，爲其先詐力而後仁誼也。苟

為詐而已，故不足稱於大君子之門也。五伯比於他諸侯為賢，其比三王，猶武夫之與美玉也。」王曰：「善。」

疇昔苦長飢，投耒去學仕。將養不得節，凍餒固一作「故」**纏己。是時向立年，志意多所恥。遂盡**一作「終死」**介然分，終死**一作「拂衣」**歸田里。冉冉星氣流，亭亭復一紀。**《始皇紀》：候星氣者，三百人。〔一〕亭亭，遠貌。**世路廓**同曠**悠悠，楊朱**一作「生」，非。**所以止。**一作「楊歧何以止」。**雖無揮金事，濁酒聊可恃。**按，《淮南子・說林訓》：楊子見歧路而哭之，為其可以南，可以北。墨子見練絲而泣之，為其可以黃，可以黑。〔二〕《文選》：張協《詠二疏》詩云：揮金樂當年。〔三〕

黃般菴曰：世界總皆恥辱場，仕路尤甚，歸田里而後可少減焉。辱日減分日盡矣。

陳倩父曰：彼捉而擲之者，何人耶？欲隱彌彰。

聞人訥甫曰：揮金用景陽句，正與飲酒相關。陳祚明評謂：彼捉而擲之者，何人？以華歆事解之，誤矣。

愚按：《年譜》：元興二年癸卯，公年三十九，是歲桓靈寶篡晉，改元永始。故云「多所恥」。自向立之年，又復一紀，則是義熙十三也。是年劉裕平關中，越三年，宋受晉禪。

又按，彭澤之歸在義熙元年乙巳。此去復一紀，則賦此《飲酒》，當是義熙十二、三年間也。要之，淵明《飲酒》詩本非一時所作，觀其小序云：「既醉之後，輒題數句自娛，紙墨遂多」，於此可見。

【箋釋】

〔一〕《史記・秦始皇本紀》：侯生、盧生相與謀曰：「始皇為人，天性剛戾自用，起諸侯，併天下，意得欲從，以為自古莫及己。專任獄吏，獄吏得親幸。博士雖七十人，特備員弗用。丞相諸大臣皆受成事，倚辨於上。上樂以刑殺為威，天下畏罪持祿，莫敢盡忠。上不聞過而日驕，下懾伏謾欺以取容。秦法，不得兼方。不驗，輒死。然候星氣者至三百人，皆良士，畏忌諱諛，不敢端言其過。天下之事無小大皆決於上，上至以衡石量書，日夜有呈，不中呈不得休息。貪於權勢至如此，未可為求仙藥。」於是乃亡去。

〔二〕《淮南子·說林訓》：從朝視夕者移，從枉準直者虧。聖人之偶物也，若以鏡視形，曲得其情。楊子見逵路而哭之，為其可以南，可以北；墨子見練絲而泣之，為其可以黃，可以黑。趨捨之相合，猶金石之一調，相去千歲，合一音也。

〔三〕張協《詠史》：昔在西京時，朝野多歡娛。藹藹東都門，群公祖二疏。朱軒曜金城，供帳臨長衢。達人知止足，遺榮忽如無。抽簪解朝衣，散髮歸海隅。行人為隕涕，賢哉此大夫。揮金樂當年，歲暮不留儲。顧謂四座賓，多財為累愚。清風激萬代，名與天壤俱。咄此蟬冕客。君紳宜見書。

羲農去我久，舉世少復真。 復，返也。**汲汲魯中叟，彌縫使其淳。** 「魯中叟」，孔子也。《左傳》：彌縫其闕。〔一〕**鳳鳥雖不至，禮樂暫得一作「時」新。洙泗輟微響，漂流逮狂秦。詩書復何罪？一朝成灰塵。區區諸老翁，為事誠殷勤。** 「諸老翁」，謂漢伏毛、孔鄭諸人。韓退之言：群儒區區修補，〔二〕亦此意也。劉歆《移太常書》可見。**如何絕世下，** 謂今日。**六籍無一親。** 《晉陽秋》云：六籍雖存，皆聖人之糠粃。**終日馳車走，不見所問一作「憑」津。若復不快飲，空負頭上巾。但恨多謬誤，君當恕醉人。**〔三〕

東澗曰：「不見所問津」，蓋淵明自況於沮、溺，而歎世無孔子徒也。

東坡曰：「但恐多謬誤，君當恕醉人」，此未醉時說也。若已醉，何暇憂誤哉！〔四〕

鍾伯敬曰：《莊子》一部書，嘲謔聖賢，不如此立言，淵妙。覺孔子一生，述作周流，只是「彌縫使淳」。「彌縫」二字，他人固不敢下，亦不能下。

陳倩父曰：夫濟世期明倫也，禮樂有細大。今其大者，莫或知也。細者，則吾未之能已矣。世莫知吾，曷不飲酒？飲酒多謬誤。此其小小者也，吾不可如何矣！

何義門曰：終日狂馳，則汩沒聲利，將貽名教之憂。所謂「人而不仁，其如禮樂何？」又不若沈飲者，反與真淳之意差近矣。此反言以激之也。

沈確士曰：「彌縫」二字，該盡孔子一生。「為事誠殷勤」五字，道盡漢儒訓詁。末段忽接入飲酒，此是古人神化處。

又曰：晉人詩曠達者，徵引老莊繁縟者，微引班揚，而陶公專用論語。

漢人以下，宋儒以前，可推聖門弟子者，淵明也。康樂亦善用經語，而遜其無痕。

　　愚按：淵明《飲酒》詩，讀至末章，具見本領。「彌」，補也；「縫」，合也。二字固盡聖人參贊之妙。然予謂著眼，尤在一「使」字，非孔子無彌縫手段，非孔子不能使淳。「使」字有無限功用在。淵明爲賢聖中人，故能道之親切，有味乃爾。至其胸懷眞曠，何嘗專寄沈湎，不過藉飲酒爲名，以反復自道其生平之槪。陳評乃謂其不能忘情出處，言之縷縷，使淵明當晉、宋之交而忘情出處，則與殷、顏輩何異？豈肯爲飲酒之所爲哉！故讀是詩者，不必作飲酒觀，而淵明之意量遠矣。

【箋釋】

〔一〕《左傳‧僖公二十六年》：載在盟府，大師職之。桓公是以糾合諸侯而謀其不協，彌縫其闕而匡救其災，昭舊職也。

〔二〕韓愈《與孟尚書書》：孟子雖賢聖，不得位，空言無施，雖切何補？然賴其言，而今學者尙知宗孔氏，崇仁義，貴王賤霸而已。其大經大法，皆亡滅而不救，壞爛而不收，所謂存十一於千百，安在其能廓如也？然向無孟氏，則皆服左衽而言侏離矣。故愈嘗推尊孟氏，以爲功不在禹下者，爲此也。漢氏以來，群儒區區修補，百孔千瘡，隨亂隨失，其危如一髮引千鈞，綿綿延延，浸以微滅。於是時也，而倡釋老於其間，鼓天下之衆而從之。嗚呼，其亦不仁甚矣！

〔三〕陸游《醉書》：浩歌驚世俗，狂語任天眞。我亦輕餘子，君當恕醉人。

　　又，朱敦儒《鷓鴣天》：歡後笑，怒時瞋，醒來不記有何因。古時有個陶元亮，解道君當恕醉人。

〔四〕《東坡題跋》卷三：「但恐多謬誤，君當恕醉人」，此未醉時說也。若已醉，何暇憂誤哉？然世人言醉時是醒時語，此最名言。

　　謹案：回歸田園後的陶淵明，對儒家思想的吸取不再停留在表面上，而是進行了深刻的反思：孔子一生奔忙，要實現自己的政治理想，彌補已經破敗的社會；他興禮作樂，設教於洙、泗之間；然而太平時代並沒有因爲孔子的辛勞而到來，反而動盪迭起、戰亂不已，連儒家自己的《詩》《書》也在強秦的暴虐中被焚之一炬。反思後的陶淵明，擯除了儒家汲汲於名利、

犧牲個性、自由以趨同，滿足於社會集團利益的思想，而最終將儒家思想的精粹化作一種人格精神和人生實踐，融在了自己的思想和日常行為中。

止酒〔一〕

居止次城邑，逍遙自閒止。坐止高蔭下，步一作「行」止蓽門裏。好味止園葵，大一作「天」歡止稚子。平生不止酒，止酒情一作「懼」無喜。暮止不安寢，晨止不能起。日日欲止之，營衛止不理。徒知止不樂，未信一作「知」止利己。始覺止為善，今朝真止矣。從此一止去，將止扶桑涘。昔昏今明，故云然。清顏止宿容，一作「客」。奚止千萬祀。

按，《山海經》云：黑齒之北曰暘谷，有扶木，九日居下枝，一日居上枝，皆戴烏。〔二〕郭璞云：扶木，即扶桑也。

胡仔曰：「坐止高蔭下」四句，余反復味之，然後知淵明之用意非獨止酒。於此四者皆欲止之。故坐止於樹蔭之下，則廣廈華堂，吾何羨焉？步止於蓽門之里，則朝市以利，吾何趨焉？好味止於噉園葵，則五鼎方丈，吾何欲焉？大歡止於戲稚子，則燕歌趙舞，吾何樂焉？在彼者難求，而在此者易為也。淵明「固窮」守道，安於丘園，疇肯以此勿彼哉！

張爾公曰：錯落二十個「止」字，有奇致。然淵明會心在「止」字，如人私有所嗜，言之津津不置口也。

蔣丹厓曰：初言酒不能止，繼言止酒可仙，想是偶然乏酒，作此遊戲言，故曰「今朝真止」。

愚按：「止」之為義甚大，人能隨遇而安，即得所止。淵明能飲能止，不役於物，非知道者不能也。丹厓謂其乏酒，作遊戲言，其視淵明固淺。陳倩父竟謂其故作創體，不足為法，則尤苛論古人。不思淵明詩品純乎天趣，此等詩非淵明不能作，亦惟淵明始可作。後之學陶者，固不必學，亦不能學。區區以成法律古人，失之遠矣。

【箋釋】

〔一〕沈瀛《減字木蘭花》：淵明酒止。莫信渠言心妄喜。達士高風。只說三杯大

道通。　　不如飲酒。人世豈能金石壽。無奈渠何。贏得樽前笑語多。

　　錢鍾書《談藝錄》（補訂本）：「淵明《止酒》一詩，更已開昌黎以文爲戲筆調矣」。「夫昌黎五古句法，本有得自淵明者」。韓愈有意模仿陶淵明，其《落齒》爲五言古詩，全詩三十六句。從敍述方式、口語化的語言及其戲謔的風格上看，都酷似陶淵明《止酒》詩。餘如《南溪始泛》《秋懷》《晚菊》等篇，錢鍾書認爲「詞意亦仿淵明」。

〔二〕《山海經・海外東經》：黑齒國在其北，爲人黑，食稻啖蛇，一赤一青，在其旁。一曰在豎亥北，爲人黑首，食稻使蛇，其一蛇赤。下有湯谷。湯谷上有扶桑，十日所浴，在黑齒北。居水中，有大木，九日居下枝，一日居上枝。

述酒

　　按，題下舊注：有儀狄造，杜康潤色之二句。宋本云：此篇與題非本意，諸本如此誤。

　　重離照南陸，鳴鳥聲相聞。秋草雖未黃，融風久已分。《左傳》：梓愼曰：融風，火之始也。〔一〕**素礫晶**一作「襟輝」**修渚，南嶽無餘雲。豫章抗高門，**宋武帝始封豫章。**重華**斥恭帝揖遜事**固靈墳。**「靈」，一作「虛」。**流淚抱中歎，傾耳聽司晨。神州獻嘉粟，西靈**一作「雲」，又作「零」。**爲我馴。諸梁董師旅，芊勝喪其身。**「芊勝」，白公勝也。沈諸梁，葉公；殺白公勝。〔二〕芊，一作「羊」，非。**山陽歸下國，**魏降，漢獻帝爲山陽公，卒弑之。〔三〕**成名猶不勤。卜生善斯牧，安樂不爲君。平王**韓本作「王」，舊本作「生」。**去舊京，峽中納遺薰。雙陵**一作「陽」**甫云育，三趾顯奇文。王子愛清吹，日中翔河汾。朱公練九齒，閒居離世紛。峨峨西嶺**一作「四顧」**內，偃息得所親。天容自永固，彭殤非等倫。**按，「偃息得所親」句，「得」字，諸本俱作「常」，惟宋丞相本作「得」。「得」字比「常」字較勝，故從之。

　　黃山谷曰：此篇有其意而亡其辭，似是讀異書所作，其中多不可解。

　　韓子蒼曰：余反復之，見「山陽歸下國」之句，蓋用山陽公事，疑是義

熙以後有感而作也，故有「流淚抱中歎」、「平王去舊京」之語，淵明忠義如此。今人或謂淵明所題甲子，不必皆義熙後，此亦豈足論淵明哉！惟其高舉遠蹈，不受世紛，而至於躬耕乞食，其忠義亦足見矣。

趙泉山曰：此晉恭帝元熙二年也。六月十一日，宋王裕迫帝禪位，既而廢帝爲零陵王。明年九月，憯行弒逆，故靖節詩中引用漢獻事。今推子蒼意，考其退休後所作詩，類多悼國傷時感諷之語，然不欲顯斥，故命篇云《雜詩》，或託以《述酒》《飲酒》《擬古》，惟《述酒》間寓以他語，使漫奧不可指摘。今於各篇姑見其一二句警要者，餘章自可意逆也。如「豫章抗高門，重華固靈墳」，此豈述酒語耶？「三季多此事」、「慷慨爭此場」、「忽値山河改」，其微旨端有在矣。類之《風》《雅》無愧。誄稱靖節「道必懷邦」，劉良注「懷邦者不忘故國」。故無爲子曰：「詩家視淵明，猶孔門視伯夷也」。

湯東澗曰：按，晉元熙二年六月，劉裕廢恭帝爲零陵王。明年，以毒酒一甖授張褘，使酖王，褘自飲而卒。繼又令兵入踰垣進藥，王不肯飲，遂掩殺之。此詩所爲作，故以《述酒》名篇，詩詞盡隱語，故觀者弗省。獨韓子蒼以「山陽下國」一語，疑是義熙後有感而賦。予反復詳考，而後知決爲零陵哀詩也。昔蘇子讀《述史九章》曰：「去之五百歲，吾猶見其人也」，〔四〕豈虛言哉！

陳倩父曰：傾耳聽晨、漫漫未旦之思，然與甯生較異。引用事故錯出，不堪細求。作《天問》《離騷》讀，不必解之。

蔣丹厓曰：此篇雖黃山谷謂中多不可解，然題名《述酒》，是以飲酒時述往事以寄慨，偶略言酒也。其中山陽、平王等語，信如韓子蒼所云，感義熙以後事。若王子、朱公，乃淵明流淚抱歎，自恐年命不永，故欲固天容而躋彭鏗，不以殤子爲壽耳。

何義門曰：此詩眞不可解。

愚按：題名《述酒》而絕不言酒，蓋古人藉以寄慨，不欲明言，故詩句與題義兩不相蒙者，往往有之。陳祚明謂作《離騷》《天問》讀，不必著解，得之矣。蔣丹厓謂是飲酒時述往事，故以《述酒》名篇，亦屬過泥。

【箋釋】

〔一〕《左傳·昭公十八年》：夏五月，火始昏見。丙子，風。梓愼曰：「是謂融風，火之始也。七日，其火作乎！」

〔二〕《史記·陳杞世家》：（湣公）二十一年，齊田常弒其君簡公。二十三年，楚
　　之白公勝殺令尹子西、子綦，襲惠王。葉公攻敗白公，白公自殺。

　　　　又，《史記·楚世家》：惠王二年，子西召故平王太子建之子勝於吳，
　　以為巢大夫，號曰白公。白公好兵而下士，欲報仇。六年，白公請兵令尹
　　子西伐鄭。初，白公父建亡在鄭，鄭殺之，白公亡走吳，子西復召之，故
　　以此怨鄭，欲伐之。子西許而未為發兵。八年，晉伐鄭，鄭告急楚，楚使
　　子西救鄭，受賂而去。白公勝怒，乃遂與勇力死士石乞等襲殺令尹子西、
　　子綦於朝，因劫惠王，置之高府，欲弒之。惠王從者屈固負王亡走昭王夫
　　人宮。白公自立為王。月餘，會葉公來救楚，楚惠王之徒與共攻白公，殺
　　之。惠王乃復位。是歲也，滅陳而縣之。

〔三〕《後漢書·孝獻帝紀》：冬十月乙卯，皇帝遜位，魏王丕稱天子。奉帝為山
　　陽公，邑一萬戶，位在諸侯王上，奏事不稱臣，受詔不拜，以天子車服郊
　　祀天地，宗廟、祖、臘皆如漢制，都山陽之濁鹿城。四皇子封王者，皆降
　　為列侯。明年，劉備稱帝於蜀，孫權亦自王於吳，於是天下遂三分矣。魏
　　青龍二年三月庚寅，山陽公薨。自遜位至薨，十有四年，年五十四，諡孝
　　獻皇帝。八月壬申，以漢天子禮儀葬於禪陵，置園邑令丞。

〔四〕蘇軾《書淵明〈述史〉章後》：淵明作《述史九章》《夷齊》《箕子》，蓋有
　　感而云。去之五百餘載，吾猶知其意也。（《蘇軾文集》卷六十六）

責子

　　按，淵明子，舒儼、宣俟、雍份、端佚、通佟凡五人。舒、宣、雍、端、
通，皆小名也。「俟」，一作「俁」。

　　**白髮被兩鬢，肌膚不復實。雖有五男兒，總不好紙筆。阿舒已
二八，懶惰故無匹。阿宣行志學，而不愛文術。**「行志學」，將十五歲也。
〔一〕《韋賢傳》：以讀書術為吏。〔二〕**雍端年十三，不識六與七。通子垂九
齡，但覓**一作「念」**梨與栗。**陶宏景《別錄》：梨性冷利，謂之快果。〔三〕《呂
氏春秋》：果之美者，箕山之栗。〔四〕**天運苟如此，且進杯中物。**

　　黃山谷曰：觀淵明此詩，想見其人徜徉戲謔可觀也。俗人便謂淵明諸子
皆不肖，而淵明愁歎見於詩耳，所謂癡人前不得說夢也。

陳倩父曰：此與《命子》詩意同耶？否耶？事固有無可如何者。

蔣丹厓曰：竹林七賢，惟伶子無聞，余竊以爲恨。先生五男兒，皆不好學，天也，豈嗜酒失訓哉？山谷謂是淵明戲謔之言，非諸子眞不肖。然懶惰、不識六、七，我弗能爲父諱子也。

何義門曰：老夫耄矣，子又凡劣，北山愚公，竟何人哉？此《責子》所爲作也。人不學，安知忠孝爲何事？陶士行後人遂爲原伯魯之子，此公所以俯仰家國，而感歎於天運如此也。

愚按：淵明諸子，使皆知學，其爲父者何必戲謔乃爾。以《命子》詩意參之。父之於子眞有無可如何者。山谷之評，未免強作解人。老年人望子尤切，起語情眞。

【箋釋】

〔一〕《論語·爲政》：子曰：「吾十有五而志於學，三十而立，四十而不惑，五十而知天命，六十而耳順，七十而從心所欲，不逾矩。」

〔二〕《史記·張丞相列傳》：韋丞相賢者，魯人也。以讀書術爲吏，至大鴻臚。有相工相之，當至丞相。

又，《漢書·韋賢傳》：賢爲人質樸少欲，篤志於學，兼能《禮》《尚書》，以《詩》教授，號稱鄒魯大儒。徵爲博士，給事中，進授昭帝《詩》，稍遷光祿大夫、詹事，至大鴻臚。昭帝崩，無嗣，大將軍霍光與公卿共尊立孝宣帝。帝初即位，賢以與謀議，安宗廟，賜爵關內侯，食邑。徙爲長信少府，以先帝師，甚見尊重。本始三年，代蔡義爲丞相，封扶陽侯，食邑七百戶。

〔三〕《本草綱目》卷三十《果》之二：〔弘景曰〕梨種殊多，并皆冷利，多食損人，故俗人謂之快果，不入藥用。

〔四〕《呂氏春秋·孝行覽》：果之美者，沙棠之實，常山之北，投淵之上，有百果焉，群帝所食，箕山之東，青鳥之所，有甘櫨焉，江浦之橘，雲夢之柚，漢上石耳。

有會而作并序

舊穀既沒，新穀未登，頗爲老農，而值年災。日月尚悠，爲患

未已。登歲之功，既不可希，朝夕所資，煙火裁通。旬日以來，始念飢乏。歲云夕矣，慨然永懷。今我不述，後生何聞哉！

陳倩父曰：小序落落有疏致。

弱年逢家乏，老至更長飢。《禮記》：二十曰弱。〔一〕菽麥實所羨，孰敢慕甘肥！惄如亞九一作「惡」無飯，當暑厭寒衣。「惄」，飢也；「九飯」，用子思居衛、三旬九飯食事，謂飢況亞於九食之僅給，則無食可知。當暑而嫌寒衣之未改，則無衣又可知。〔二〕歲月將欲暮，如何辛苦一作「足新」悲。常善粥者心，深恨蒙袂非。嗟來可足吝，徒沒空自遺。吝恨也。用黔敖事，〔三〕此由衷之言，黔婁固不近情。斯濫豈彼志，「彼」，一作「攸」。義門謂：「攸」亦「所」也，變文作對。〔四〕固窮夙所歸。餒也已矣夫，在昔余多師。

趙泉山曰：此篇述其艱食之況，尤為酸楚。「老至更長飢」，是終身未嘗足食也。

陳倩父曰：「惄如亞九飯」，言無過求也，得飽便足。平居亦恨蒙袂之子，以為太激，然彼固有志也。昔人類皆不輕求飽，已矣復何所悔。〔五〕

又曰：琢句於拙中到老，惟句句用意轉宕，故曲而不直，無淺率之誚。

蔣丹厓曰：弱年至老，常逢飢乏，陶公定有幾番窮時，到此而有會者，能師「固窮」也。

何義門曰：後半言蒙袂揚目者誠過，然斯濫可戒，當以「固窮」為師也。

愚按：楊文清云：「淵明詩中言本志少，說「固窮」多，夫惟忍於飢寒之苦而後能存節義之閑，西山之所以有餓夫也。世事貪榮祿、慕豪侈而高談名義，自方於古之人，余未之信也」。觀斯言，始知淵明一生得力，全在「固窮」二字。固則為君子，濫則為小人。固與濫，舜、蹠之分也。嗚呼，可不慎哉！可不戒哉！

【箋釋】

〔一〕《禮記・曲禮上》：人生十年曰幼，學；二十曰弱，冠；三十曰壯，有室；四十曰強，而仕；五十曰艾，服官政；六十曰耆，指使；七十曰老，而傳；八十九十曰耄，七年曰悼。悼與耄，雖有罪，不加刑焉。百年曰期頤。

〔二〕《說苑・立節》：子思居於衛，縕袍無表。二旬而九食。田方子聞之，使人遺狐白之裘，恐其不受，因謂之曰：「吾假人，遂忘之；吾與人，如棄之。」子思辭而不受。子方曰：「我有子無，何故不受？」子思曰：「伋聞之：妄與不如遺，棄物於溝壑。伋雖貧也，不忍以身為溝壑，是以不敢當也。」

〔三〕《禮記・檀弓下》：齊大饑，黔敖為食於路，以待餓者食之。有餓者蒙袂輯屨貿貿然來。黔敖左奉食，右執飲，曰：「嗟！來食。」揚其目而視之，曰：「予唯不食嗟來之食，以至於斯也。」從而謝焉，終不食而死。曾子聞之曰：「微與？其嗟也可去，其謝也可食。」

〔四〕見《義門讀書記・陶靖節詩》。

〔五〕《采菽堂古詩選》卷十三：「昔人類皆不輕求飽」作「昔人類然，不輕求飽」。

蜡日蜡，助駕切。

按，蜡，臘祭名，伊耆氏始為蜡。蜡也者，索也。歲十二月，合聚萬物而索饗之也。〔一〕

風雪送餘運，無妨時已和。梅柳夾門植，一條有佳花。我唱爾言得，酒中適何多！未能明多少，章山有奇歌。

陳倩父曰：風雪與時和，固不相妨。不遂斃媛，無妨歌飲為樂。
何義門曰：梅多用「一枝」，未有用「一條」者。
愚按：「一條」句亦佳，與秋菊佳色另一佳致。

【箋釋】

〔一〕《禮記・郊特牲》：「天子大蜡八。伊耆氏始為蜡。蜡也者，索也。歲十二月，合聚萬物而索饗之也。」

四時

春水滿四澤，夏雲多奇峰。秋月揚明暉，冬嶺秀孤一作「寒」松。

《許彥周詩話》曰：此顧長康詩，誤入彭澤集中。〔一〕
思悅曰：此顧凱之神情詩，〔二〕《類文》有全篇。然顧詩首尾不類，獨此

警絕。

　　劉斯立曰：當是凱之用此足成全篇。篇中惟此警策，居然可知。或雖顧作，淵明摘出四句，可謂善擇矣。

　　陳倩父曰：落落不倫亦有致，更當以比體求之，辭春夏，居秋冬。

　　愚按：古人詩句多有同時而後人誤入者，亦有此詩而彼摘用者。惟此四句，酷類陶體，非靖節無此超警之作。陳評謂其辭春夏而居秋冬，當求之比體，則斷爲陶作，而非顧作，似無疑義。置之靖節集中，誰曰不宜？

【箋釋】

〔一〕《藝文類聚》卷三《歲時》上：晉顧凱之《神情詩》曰：春水滿四澤，夏雲多奇峰，秋月揚明輝，冬嶺秀寒松。〔摘句〕

〔二〕謹案：「凱之」當爲「愷之」。

　　謹案：溫汝能認爲，「惟此四句，酷類陶體，非靖節無此超警之作」，是強下斷語。這四句詩類似宋代山水畫論：郭熙《林泉高致‧山川訓》：「春山淡冶而如笑，夏山蒼翠而如滴，秋山明淨而如妝，冬山慘澹而如睡」；李成《山水訣》：「春水綠而瀲灩，夏津漲而彌漫，秋潦盡而澄清，寒泉涸而凝泚」；「春山明媚，夏木繁陰，秋林搖落蕭疏，冬樹槎枒妥帖」；韓拙《山水純全集‧論水》：「春水微碧，夏水微綠，秋水微清，冬水微慘」。如果瞭解陶詩的寫景特點，就不會認爲此四句是陶淵明所作。陶淵明寫景不會如此直白，直白到毫無韻味，不堪咀嚼。陶淵明寫景不是單純地刻畫景物、追求形似，而是以意寫景，「意中有景，景中有意」（《白石詩說‧十九》），讓思想感情從畫面中自然地流露出來。陶詩之景，透現出的往往是詩人的人格境界、心靈境界，景與心是合而爲一、相融無間的。陶詩中的景象空闊、澄明、清朗，且多秋景：「清氣澄餘滓，杳然天界高」（《己酉歲九月九日》），「露淒暄風息，氣澈天象明」（《九日閒居并序》），「露凝無遊氛，天高肅景澈」（《和郭主簿二首》其二），這些高爽的秋景，也是詩人高曠、清虛胸襟的體現和外化。再如「白日淪西阿，素月出東嶺，遙遙萬里暉，蕩蕩空中景。風來入房戶，夜中枕席冷。氣變悟時易，不眠知夕永」（《雜詩十二首》其二），把舉世無知音的空曠感覺融入空明、澄澈的景中，更見出詩人的孤獨。正是在這個意義上，明人張自烈說此詩「氣格不似淵明」（《箋注陶淵明詩集》卷三），信然！

陶詩彙評卷之四　詩五言

擬古九首

　　陳倩父曰：《擬古九章》，情思回曲，辭旨纏綿。王元美之論《離騷》、修郤者不能摘故也。即其句調，往往鄰《十九首》矣。

　　榮榮窗下蘭，《爾雅》：草謂之榮。〔一〕**密密堂前柳。初與君別時，不謂行當久。出門萬里客，中道逢嘉**一作「佳」**友。未言心先**一作「相」**醉，不在接杯酒。**《列子》：見之心醉。〔二〕**蘭枯柳亦衰，遂令此言負。**一作「時沒身還朽」。**多謝諸少年，相知不忠厚。**一作「相厚」；「忠」，一作「中」，非。**意氣傾人命，離隔復何有。**

　　陳倩父曰：「初與」二句，「未言」二句，「離隔」句，皆《十九首》句法。通首都不可解，但有忠厚之思。「離隔」，命也。負言耳，寧負心乎？

　　蔣丹厓曰：意氣之交，未有不凶終隙末者，若朱文季、范巨卿輩，只是忠厚過人耳。

　　聞人訥甫曰：相知者，特患不忠厚耳。倘其意氣如故，雖命為之「傾『亦且不惜，而何有於「離隔」乎？

　　愚按：篇中重嘉友，責少年，極盡抑揚之致，意中必有所指。蓋交友之道，特患不以忠厚為懷。苟其始終如一，則生死不渝，寧有負心之事哉！「忠厚」二字，可為結交標準。

【箋釋】

〔一〕《爾雅・釋草》：木謂之華，草謂之榮。不榮而實者謂之秀，榮而不實者謂
　　之英。

〔二〕《列子・黃帝》：有神巫自齊來處於鄭，命曰季咸，知人死生、存亡、禍福、
　　壽夭，期以歲、月、旬、日，如神。鄭人見之，皆避而走。列子見之而心
　　醉，而歸以告壺邱子，曰：「始吾以夫子之道為至矣，則又有至焉者矣。」

辭家夙嚴駕，當往志一作「至」無終。陸雲詩：嚴駕已整。〔一〕「無終」，
山戎，國名。問君今何行，非商復非戎。《說文》：戎，兵也。聞有田子
春，節義為世雄。按，田疇，字子春，漢北平無終人。時董卓遷帝長安，幽州
牧劉虞欲遣使奔問行在，無其人。聞疇奇士，乃署為從事。循間道，至長安，致命，
詔拜騎都尉。疇以天子蒙塵，不可荷佩榮寵，固辭不受。得報還，虞已為公孫瓚所
滅。疇謁虞墓，哭泣而去。瓚怒曰：「汝何不送章報於我？」或說瓚曰：「疇，義士，
君弗能禮，恐失眾心。」乃縱遣之，疇得北歸，遂入徐無山中。〔二〕「子春」，《三國
志》作「子泰」。斯人久已死，鄉里習其風。生有高世名，既沒傳無
窮。不學狂一作「駈」馳子，直在百年中。

　　陳倩父曰：何獨懷斯人？夫百年暫耳。「生有」二句，似《十九首》。

　　沈確士曰：田子春，名疇，劉虞之臣，虞盡忠漢室，為公孫瓚所害。疇
掃地而盟，誓欲復仇。後瓚已滅，烏桓已破，曹操欲加以封爵，疇不受，至
欲自刎以明志。

　　愚按：蔣本云：此詩當屬劉裕廢帝為零陵王時所作。蓋當時裕以兵守之，
行在消息無能知者，故元亮寄慨於子春也。據詩意，當是因此而作，然按之
年譜，未有明文。

【箋釋】

〔一〕陸雲《大安二年夏四月大將軍出祖王羊二公於城南堂皇被命作此詩》：懸
　　象西頹，虞淵納景。嘉樂未晞，嚴駕已整。行矣征人，身乖路永。飛驂顧
　　懷，華蟬引領。遺思北京，結轡臺省。

〔二〕《三國志・魏書》：田疇字子泰，右北平無終人也。好讀書，善擊劍。初
　　平元年，義兵起，董卓遷帝於長安。幽州牧劉虞歎曰：「賊臣作亂，朝廷

播蕩，四海俄然，莫有固志。身備宗室遺老，不得自同於眾。今欲奉使展效臣節，安得不辱命之士乎？」眾議咸曰：「田疇雖年少，多稱其奇。」疇時年二十二矣。虞乃備禮請與相見，大悅之，遂署爲從事，具其車騎。將行，疇曰：「今道路阻絕，寇虜縱橫，稱官奉使，爲眾所指名。願以私行，期於得達而已。」虞從之。疇乃歸，自選其家客與年少之勇壯慕從者二十騎俱往。虞自出祖而遣之。既取道，疇乃更上西關，出塞，傍北山，直趣朔方，循間徑去，遂至長安致命。詔拜騎都尉。疇以爲天子方蒙塵未安，不可以荷佩榮寵，固辭不受。朝廷高其義。三府并辟，皆不就。得報，馳還，未至，虞已爲公孫瓚所害。疇至，謁祭虞墓，陳發章表，哭泣而去。瓚聞之大怒，購求獲疇，謂曰：「汝何自哭劉虞墓，而不送章報於我也？」疇答曰：「漢室衰積，人懷異心，唯劉公不失忠節。章報所言，於將軍未美，恐非所樂聞，故不進也。且將軍方舉大事以求所欲，既滅無罪之君，又讎守義之臣，誠行此事，則燕、趙之士將皆蹈東海而死耳，豈忍有從將軍者乎！」瓚壯其對，釋不誅也。拘之軍下，禁其故人莫得與通。或說瓚曰：「田疇義士，君弗能禮，而又囚之，恐失眾心。」瓚乃縱遣疇。

仲春遘時雨，始雷發東隅。眾蟄各潛駭，草木縱橫一作「此」，非。舒。《爾雅》：蟄，靜也。〔一〕疏云：藏伏靜處也。《莊子》：蟄蟲始作。〔二〕翩翩新來燕，雙雙入我廬。先巢故尚在，相將還舊居。自從分別來，門庭日荒蕪。我心固一作「故」，非。匪石，君情定何如。

陳倩父曰：情見乎詞，比意命句，直似《十九首》。

蔣丹厓曰：陶廬之燕，似勝翟門之雀，我許其不忘舊也。

愚按：因新感舊，讀之令人慨然。「眾蟄」二句警妙。結語問燕，別有深致。

【箋釋】

〔一〕見《爾雅・釋詁》。

又，《說文・蟲部》：蟄，藏也。段注：凡蟲之伏爲蟄。

〔二〕《莊子・天運》：四時迭起，萬物循生；一盛一衰，文武倫經；一清一濁，陰陽調和，流光其聲；蟄蟲始作，吾驚之以雷霆；其卒無尾，其始無首；一死一生，一僨一起；所常無窮，而一不可待。

迢迢百尺樓，分明望四荒。暮作歸雲宅，朝爲飛鳥堂。歸雲飛鳥，皆無定之物。山河滿目中，平原獨茫茫。廣大貌。古時功名士，慷慨爭此場。一旦百歲後，相與還北邙。廖氏曰：貴人塚多在北邙山。〔一〕松柏爲人伐，高墳互低昂。頹墓無遺土，游魂在何方。榮華誠足貴，亦復可憐傷。

陳倩父曰：「歸雲」「飛鳥」，便是無恒。一旦百年，漢家何屬？可解者獨以是耳。然「山河滿目」二語，何其悲！淚爲之下矣。句法全似《十九首》。

蔣丹厓曰：羊叔子登峴山，俯仰古今，不失英雄本色。於齊景牛山，魏武西陵，眞可憐傷。先生胸襟眼界，故在百尺樓上。

愚按：詩意即所謂貴賤同歸土一丘也，然獨悲愴淋漓，令人不忍卒讀。

【箋釋】

〔一〕何遜《傷徐主簿》：世上逸群士，人間徹總賢。畢池論賞詫，蔣逕篤周旋。一旦辭東序，千秋送北邙。客簫雖有樂，鄰笛遂還傷。提琴就阮籍，載酒覓揚雄。直荷行罩水，斜柳細牽風。

又，沈佺期《邙山》：北邙山上列墳塋，萬古千秋對洛城。城中日夕歌鐘起，山上唯聞松柏聲。

王建《北邙行》：北邙山頭少閑土，盡是洛陽人舊墓。舊墓人家歸葬多，堆著黃金無買處。天涯悠悠葬日促，岡阪崎嶇不停轂。高張素幕繞銘旌，夜唱挽歌山下宿。洛陽城北復城東，魂車祖馬長相逢。車轍廣若長安路，蒿草少於松柏樹。澗底盤陀石漸稀，盡向墳前作羊虎。誰家石碑文字滅，後人重取書年月。朝朝車馬送葬回，還起大宅與高臺。

白居易《挽歌詞》：丹旐何飛揚，素驂亦悲鳴，晨光照閭巷，輴車儼欲行。蕭條九月天，哀挽出重城。借問送者誰？妻子與弟兄，蒼蒼上古原，峨峨開新塋。含酸一慟哭，異口同哀聲。舊壟轉蕪絕，新墳日羅列。春風草綠北邙山，此地年年生死別。

東方有一士，被服常不完。三旬九遇食，即前用子思三旬九飯事。十年著一冠。《後漢書》：劉虞冠敝不改，乃就補其穿。〔一〕辛苦無此比，常有好容顏。我欲觀其人，晨去越河關。青松夾路生，白雲宿簷端。

《釋名》：簷，檐也，接檐屋前後也。〔二〕**知我故來意，取琴為我彈。上絃驚別鶴，下絃操孤鸞。**《古今注》：別鶴操，琴曲名。〔三〕《西京雜記》：慶安世，年十五，能為雙鳳離鸞之曲。〔四〕**願留就君住，從今至歲寒。**

　　東坡曰：此「東方有一士」，正淵明也。不知從之者誰乎？若了得此一段，我即淵明、淵明即我也。

　　蔣丹崖曰：伊何人哉，其孫登之流耶？是神仙而無韶灻氣者。

　　陳倩父曰：身苦有好容，身困道亨也。苟有此人，願與為一。末段與《十九首》何分今古？「別鶴」「孤鸞」，皆非無謂。〔五〕

　　愚按：身困道亨，古聖賢處於憂患而不悔者，恃有此耳。辛苦中固無限好容顏，直將古今聖賢道源說盡，人奈何而不為聖賢哉！

【箋釋】

〔一〕《後漢書・劉虞公孫瓚陶謙傳》：初，虞以儉素為操，冠敝不改，乃就補其穿。及遇害，瓚兵搜其內，而妻妾服羅紈，盛綺飾，時人以此疑之。

〔二〕見《釋名・釋宮室》。

〔三〕蔡邕《琴操》卷上《序首》：古琴曲有歌詩五曲：一曰《鹿鳴》，二曰《伐檀》，三曰《騶虞》，四曰《鵲巢》，五曰《白駒》。又有一十二操：一曰《將歸操》，二曰《猗蘭操》，三曰《龜山操》，四曰《越裳操》，五曰《拘幽操》，六曰《岐山操》，七曰《履霜操》，八曰《雉朝飛操》，九曰《別鶴操》，十曰《殘形操》，十一曰《水仙操》，十二曰《懷陵操》。

　　　　又，《琴操》卷上《別鶴操》：《別鶴操》者，商陵牧子所作也。牧子娶妻五年，無子，父兄欲為改娶。妻聞之，中夜驚起，倚戶悲嘯。牧子聞之，援琴鼓之云：「痛恩愛之永離，歎別鶴以舒情。」故曰《別鶴操》。後仍為夫婦。

〔四〕《西京雜記》卷二：慶安世年十五，為成帝侍郎。善鼓琴，能為《雙鳳離鸞》之曲，趙后悅之。白上，得出入御內，絕見愛幸。嘗著輕絲履，招風扇，紫綈裘，與后同居處。

〔五〕《采菽堂古詩選》卷十三「為一」，作「如一」；「皆非無謂」，作「皆無無謂」。

蒼蒼谷中蘭，冬夏常如茲。年年見霜雪，誰謂不知時。厭聞世上語，結友到臨淄。稷下多談士，指彼一作「往」決吾疑。裝束既有日，已與家人辭。行行停出門，還坐更自思。不怨道里長，但畏人我欺。萬一不合意，永爲世笑嗤。一作「之」，非。伊懷難具一作「誰與」道，爲君作此詩。

湯東澗曰：前四句興而比，以言我有定見，而不爲談者所眩，似謂白蓮社中人也。

鍾伯敬曰：二詩皆歎交道衰薄，朋友不足倚賴。然寓意立言，感慨情厚。

陳倩父曰：并以爲不知時，故曰「誰謂不知時」。悠悠無益，不欲輕蹈。當時必有此種情事，服公幾哲。

蔣丹厓曰：稷下之士，乃趨炎勢、不耐霜雪者也。此語想爲終南、北山人而作。

愚按：交情之薄，古今同歎。然趨炎之輩，究不若耐霜雪者之爲可久也。「不怨道里長，但畏人我欺」，非閱世深者，安得此語？

日暮天無雲，春風扇微和。佳人美清夜，達曙酣且歌。「曙」，東方明也。《董卓傳》：光明達曙。〔一〕《尚書》：酣歌於室。〔二〕歌竟長歎息，持此感人多。皎皎雲中月，灼灼葉中華。叶。豈無一時好，不久當如何。

陳倩父曰：雖好不久者，不足千秋也。或亦冀其久而憂之，與前詩同。

蔣丹厓曰：酣歌場中，忽然猛省，惟子房能從赤松遊耳。

何義門曰：詩似詠懷。

愚按：宇宙間，固有可久者在。惟其不久，是以可歎。讀末二語，不覺百感交集。

【箋釋】

〔一〕《後漢書·董卓傳》：乃屍卓於市。天時始熱，卓素充肥，脂流於地。守屍吏然火置卓臍中，光明達曙，如是積日。諸袁門生又聚董氏之屍，焚灰揚之於路。塢中珍藏有金二三萬斤，銀八九萬斤，錦綺繢縠紈素奇玩，積如丘山。

〔二〕《尚書·商書·伊訓》：嗚呼！先王肇修人紀，從諫弗咈，先民時若。居上克明，爲下克忠，與人不求備，檢身若不及，以至於有萬邦，茲惟艱哉！敷求哲人，俾輔於爾後嗣，制官刑，儆於有位。曰：「敢有恆舞於宮，酣歌於室，時謂巫風。敢有殉於貨色，恆於游畋，時謂淫風。敢有侮聖言，逆忠直，遠耆德，比頑童，時謂亂風。」

少時壯且厲，撫劍獨行遊。誰言行遊近，張掖至幽州。《漢書·武帝紀》：元鼎六年，分武威、酒泉地，置張掖、敦煌郡，徙民以實之。〔一〕《周禮·職方氏》：東北曰幽州。〔二〕飢食首陽薇，渴飲易水流。荊軻爲太子丹刺秦王，太子及賓客送至易水之上，歌爲變徵之聲。〔三〕不見相知人，惟見一作「純」，是。古時丘。路邊兩高墳，伯牙與莊周。此士難再得，吾行欲何求？

湯東潤曰：首陽、易水，亦寓憤世之意。《說苑》：「鍾子期死，而伯牙絕絃破琴，知世莫可爲鼓也；惠施卒，而莊子深瞑不言，見世莫可語也。」〔四〕伯牙之琴，莊周之言，惟鍾、惠能聽。今有能聽之人，而無可聽之琴與言，此淵明所以罷遠遊也。

陳倩父曰：首陽、易水，何獨取此二地？伯牙知音，莊周達者，故不易逢也。筆調儼是《十九首》。

蔣丹厓曰：不爲易水荊軻，便作首陽夷、齊，此淵明撫劍行遊初意。伯牙、莊周，乃其退步也。

何義門曰：鍾期、惠施，蓋陶公所自託也。

沈確士曰：首陽、易水，託意顯然。

愚按：淵明有荊軻、夷、齊之心志，而時會各殊，所懷不遂，故不得不作退一步想也。篇中寄託遙深，只可爲知者道爾。

【箋釋】

〔一〕《漢書·武帝紀》：（元鼎六年）秋，東越王余善反，攻殺漢將吏。遣橫海將軍韓說、中尉王溫舒出會稽，樓船將軍楊僕出豫章擊之。又遣浮沮將軍公孫賀出九原，匈河將軍趙破奴出令居，皆二千餘里，不見虜而還。乃分武威、酒泉地置張掖、敦煌郡，徙民以實之。

〔二〕《周禮·夏官司馬》：東北曰幽州，其山鎭曰醫無閭，其澤曰貕養，其川河、泲；其浸菑時，其利魚、鹽，其民一男三女，基畜宜四擾，其穀宜三種。

〔三〕《史記·刺客列傳》：太子及賓客知其事者，皆白衣冠以送之。至易水之上，既祖，取道，高漸離擊築，荊軻和而歌，爲變徵之聲，士皆垂淚涕泣。又前而爲歌曰：「風蕭蕭兮易水寒，壯士一去兮不復還！」復爲羽聲慷慨，士皆瞋目，髮盡上指冠。於是荊軻就車而去，終已不顧。

〔四〕見《說苑·談叢》。

又，《說苑·尊賢》：伯牙子鼓琴，其友鍾子期聽之，方鼓而志在太山，鍾子期曰：「善哉乎鼓琴！巍巍乎若太山。」少選之間，而志在流水，鍾子期復曰：「善哉乎鼓琴！湯湯乎若流水。」鍾子期死，伯牙破琴絕絃，終身不復鼓琴，以爲世無足爲鼓琴者。

《淮南子·修務訓》：鍾子期死而伯牙絕絃破琴，知世莫賞也；惠施死而莊子寢說言，見世莫可爲語者也。

《莊子·徐無鬼》：莊子送葬，過惠子之墓，顧謂從者曰：「郢人堊慢其鼻端若蠅翼，使匠石斲之。匠石運斤成風，聽而斲之，盡堊而鼻不傷，郢人立不失容。宋元君聞之，召匠石曰：『嘗試爲寡人爲之。』匠石曰：『臣嘗能斲之。雖然，臣之質死久矣。』自夫子之死也，吾無以爲質矣，吾無與言之矣。」

《呂氏春秋·孝行覽·本味》：伯牙鼓琴，鍾子期聽之。方鼓琴而志在太山，鍾子期曰：「善哉乎鼓琴！巍巍乎若太山。」少選之間，而志在流水，鍾子期又曰：「善哉乎鼓琴！湯湯乎若流水。」鍾子期死，伯牙破琴絕絃，終身不復鼓琴，以爲世無足復爲鼓琴者。

《列子·湯問》：伯牙善鼓琴，鍾子期善聽。伯牙鼓琴，志在登高山。鍾子期曰：「善哉！峨峨兮若泰山！」志在流水，鍾子期曰：「善哉！洋洋兮若江河！」伯牙所念，鍾子期必得之。伯牙遊於泰山之陰，卒逢暴雨，止於巖下，心悲，乃援琴而鼓之。初爲霖雨之操，更造崩山之音。曲每奏，鍾子期輒窮其趣。伯牙乃捨琴而歎曰：「善哉！善哉！子之聽夫志！想像猶吾心也。吾於何逃聲哉？」

種桑長江邊，三年望當採。枝條始欲茂，忽值山河一作「川」改。柯葉自摧折，根株浮滄海。揚子浮滄海，而知江河之惡沱也。春蠶既無食，寒衣欲誰待？本不植高原，今日復何悔。

湯東澗曰：業成志樹，而時代遷革，不復可騁。然生斯時矣，奚所歸悔耶？

黃馭菴曰：元亮獨此詩九首，專感革運，最爲明顯，與他詩隱語不同。若以淡遠達觀視之，豈不差卻千里。

陳倩父曰：「枝條」二句，意瞭如矣。植高原者，何勿榮？根固有所託也。筆調神似《十九首》，其用意深曲，固非古人不能有也。

何義門曰：此言下流不可處，不得謬比易代。

沈確士曰：欲言難言，陶公詩根本節目，全在此種。

愚按：《擬古九首》，大抵遭逢易代，感世事之多變，歎交情之不終。撫時度勢，實所難言；追昔傷今，惟發諸慨。在陶集中意義固甚明者，諸家有疑其中不可解。或且別爲之說，務爲穿鑿以求其意之所在，其失愈遠矣。

【箋釋】

「三年」，劉裕於義熙十四年（418）。幽禁晉安帝而立恭帝，至元熙二年（420），劉裕廢恭帝而自立。恭帝前後共歷三年，而晉室終。桑本應種於高原，現在卻種在了波翻浪湧的長江邊上，比喻恭帝爲野心家劉裕所立，最終必受其禍。從詩的字裏行間，流露出詩人對東晉滅亡的惋惜之情。

雜詩十二首

蔣丹崖曰：《雜詩十二首》，前七篇皆是「歲月不待人」意。「代耕」以後，卻有謀生覊役之感。至末「嫋嫋」六句，恐非《雜詩》，或《擬古》之十，亦缺落不全者。

陳倩父曰：《雜詩》諸篇，蓋亦《擬古》餘緒，味其聲調，稍近張孟陽兄弟一派。

人生無根蒂，草木根曰「蒂」，又果鼻也。飄如陌上塵。分散逐風轉，此已非常身。落地爲兄弟，一作「流落成兄弟」。何必骨肉親。得歡當

作樂，斗酒聚比鄰。〔一〕「比」，音「毗」。「比鄰」，猶并鄰也。又音「避」。《五家》爲「比」，是亦近鄰之稱。**盛年不重來，一日難再晨。及時當勉勵，歲月不待人。**

　　陳倩父曰：兄弟矣，奈何又非骨肉親，將固不指兄弟。「盛年「二句，《十九首》豈能過之？

　　何義門曰：金源、劉從益和陶詩，以「人生無根蒂」，合「榮華難久居」爲一篇。「日月不肯遲」，合「我行未云遠」爲一篇。

　　愚按：男子自二十一歲至三十，則爲盛年。言不重來，則盛年其可長恃耶？言難再晨，則一日其可暫忽耶？所以貴及時也。

【箋釋】

〔一〕王十朋《點絳唇・冷香菊》：霜蕊鮮鮮，野人開徑新栽植。冷香佳色，趁得
　　重陽摘。　　　預約比鄰，有酒須相覓。東籬側，爲花辭職。古有陶彭澤。

白日淪西阿，素月出東嶺。日沈於西，月起於東，蓋言薄暮時也。**遙遙萬里輝，蕩蕩空中景。風來入房戶，夜中**一作「中夜」**枕席冷。氣變悟時易**一作「異」**，不眠知夕永。欲言無予和，揮杯勸孤影。日月擲人去，有志不獲騁。念此懷悲淒，終曉**言自夜至曉也**不能靜。**

　　陳倩父曰：時易故影孤，「不騁」者何志？

　　愚按：「欲言無予和，揮杯勸孤影」二語，妙在「欲」字，「勸」字，於寂寞無聊之況得此閒趣，周青輪謂遣悶妙法。予謂淵明懷抱獨有千古，即此可見。「日月擲人去」，「擲」字亦新亦妙。

【箋釋】

　　辛棄疾《新荷葉・再和前韻》：春色如愁，行雲帶雨纔歸。春意長閒，遊絲盡日低飛。閒愁幾許，更晚風、特地吹衣。小窗人靜，棋聲似解重圍。　　　光景難攜。任他鷗鳥芳菲。細數從前，不應詩酒皆非。知音絃斷，笑淵明、空撫餘徽。停杯對影，待邀明月相依。

榮華難久居，盛衰不可量。昔爲三春蕖，音「渠」。《爾雅》：荷，芙蕖。〔一〕**今作秋蓮房。嚴霜結野草，枯悴未遽央。日月有環周，**一作

「還復周」。「周」，一作「復」。**我去不再陽。眷眷往昔時，憶此斷人腸。**

　　湯東澗曰：此篇亦感興亡之意。

　　蔣丹厓曰：今昔之感，語意吞吐，何必泥定興亡，如湯注也。

　　陳倩父曰：「我生不再陽」，〔二〕詎年壽之感耶？詎榮衰之念耶？

　　愚按：世人多慕榮華而計盛衰，卻被淵明語語喚醒。

【箋釋】

〔一〕《爾雅・釋草》：荷，芙渠。其莖茄，其葉蕸，其本蔤，其華菡萏，其實蓮，
　　其根藕。

〔二〕《采菽堂古詩選》卷十四：「我生不再陽」作「我去不再陽」。

　　**丈夫志四海，我願不知老。親戚共一處，子孫還相保。觴絃
肆朝日，樽中酒不燥。**《說文》：燥，從火，喿聲，乾也。**緩帶盡歡娛，
起晚眠常早。孰若當世上，冰炭滿懷抱。**《後漢（書）・傅燮傳》：邪正
之人，不宜共國，亦猶冰炭不可同器。〔一〕**百年歸**一作「埽」，非。**丘壟，用
此空名道。**

　　陳倩父曰：公當日親戚、子孫，何嘗不一處而以爲深願。

　　蔣丹厓曰：亂世得此，實爲僥倖。安用空名，捨我眞樂！

　　何義門曰：「燥」字新，只將孔北海語易此一字。〔二〕

　　愚按：親戚一處，子孫相保，非處順境者，難覯此景象，而況亂世乎？
語語質，語語眞。有此眞樂，便可縱飲忘憂。此淵明所以甘於隱遁而不悔者，
其在斯歟？

【箋釋】

〔一〕《後漢書・虞傅蓋臧列傳》：燮素疾中官，既行，因上疏曰：「臣聞天下之
　　禍，不由於外，皆興於內。是故虞舜升朝，先除四凶，然後用十六相。
　　明惡人不去，則善人無由進也。今張角起於趙、魏，黃巾亂於六州。此
　　皆釁發蕭牆，而禍延四海者也。臣受戒任，奉辭伐罪，始到潁川，戰無
　　不克。黃巾雖盛，不足爲廟堂憂也。臣之所懼，在於治水不自其源，末
　　流彌增其廣耳。陛下仁德寬容，多所不忍，故閹豎弄權，忠臣不進。誠
　　使張角梟夷，黃巾變服，臣之所憂，甫益深耳。何者？夫邪正之人不宜

共國，亦猶冰炭不可同器。彼知正人之功顯，而危亡之兆見，皆將巧辭飾說，共長虛僞……」

〔二〕《後漢書・孔融傳》：及退閒職，賓客日盈其門。常歎曰：「坐上客恒滿，尊中酒不空，吾無憂矣。」

憶一作「昔」**我少壯時，無樂自欣豫。猛志逸四海，騫**一作「輕」**翮思遠翥。**「騫」「騫」二字，音訓不同，「騫」應作「騫」，〔一〕從鳥音，軒飛也，今人多誤。「翮」，鳥羽根也。「翥」，音「著」，飛舉也。**荏苒歲月頹，**《魏書・彭城王傳》：「離違清掖，荏苒至今。」〔二〕「荏苒」，猶輾轉也。**此心稍已去。值歡無復娛，每每多憂慮。氣力漸衰損，轉覺日不如。壑舟無須曳，引我不得住。前塗當幾許，未知止泊**一作「宿」**處。古人惜寸陰，念此使人懼。**

湯東澗曰：太白詩云：「百歲落半塗，前期浩漫漫。中宵不成寐，天明起長歎」。人生學無歸宿者，例有此歎，必聞道而後免，此淵明所以惜寸陰歟？

陳倩父曰：公早歲本無宦情，而今作是言，越矣！「未知止泊處」，爲是猶有冀，爲是勉性命之學。

蔣丹厓曰：不到老年，無此閱歷，眞實語，然少壯人往往所不樂聞，次章便直接去。

何義門曰：「無樂自欣豫」句，妙！妙！與「值歡無復娛」句反對。

又曰：沉著痛快，中年人讀之始覺味長。

愚按：「值歡無復娛」句，可謂常語翻新。歡娛皆樂也，然歡屬聲氣，娛屬心志，中年以後，百憂感心，往往不在歡樂一邊，故下句云「每每多憂慮」也。尋常語卻說得如此警透。

【箋釋】

〔一〕騫（xiān），高飛貌。《說文》：騫，飛兒。從鳥，寒省聲。

又，《廣雅・釋詁三》：騫，飛也。王念孫疏證：騫之言軒也，軒軒然起也。

謹案：「騫」是，「騫」非。

〔二〕《魏書・彭城王勰傳》：每欲立一宗師，肅我元族。汝親則宸極，位乃中

監，風標才器，實足師範。屢有口敕，仍執沖遜，難違清挹，荏苒至今。

昔聞長者言，「者」，一作「老」。掩耳每不喜。奈何五十年，忽已親此事。求我盛年一作「時」歡，一毫無復意。去去轉欲遠，此生豈一作「難」再值。傾家時作樂，一作「持此樂」。竟此歲月駛。有子不留金，何用身後置。宋本作「事」。

　陳倩父曰：初以「一毫無復意」語弱，欲置之，然意固超。
　周青輪曰：起處章法甚佳。
　愚按：年譜：義熙十年甲寅，公年五十。此詩是年所作，故云「奈何五十年」也。計其棄官歸來，至是得十年，故下章又云「荏苒經十載，暫為人所羈」也。起句接上章來，具見章法。

日月不肯遲，待也。四時相催迫。寒風拂枯條，落葉掩長陌。「掩」，一作「滿」。弱質與一作「興」，非。運頹，元鬢早已白。素標插人頭，前塗漸就窄。「標」，去聲，讀作表，木末也。「窄」，音「責」，迫也，狹也，隘也。家為逆旅舍，我如當去客。去去欲何之，南山有舊宅。言墳墓也。

　陳倩父曰：初嫌「素標插人頭」句險，然語固不弱。
　周青輪曰：「逆旅」二句，達人能言，癡人難讀。
　何義門曰：「素標」句，險語。
　愚按：靖節早年髮白，故云「元鬢早已白」也。

代耕本非望，所業在田桑。躬親未曾替，寒餒常糟糠。豈期過滿腹，但願飽粳糧。「粳」，俗「秔」字，稻不黏者。御冬足大布，粗絺以應陽。「粗」，俗「麤」字，疏也。葛細曰「絺」。正爾不能得，哀哉亦可傷。人皆盡獲宜，拙生失其方。理也可奈何，且一作「足」，非。為陶一觴。「陶」，暢也。

　山谷曰：「正爾不能得」，乃當時語，或改作「止」，甚失語法。
　陳倩父曰：始言「代耕」，後言人皆獲宜，自有不獲宜者故爾，然固理

也，匪直是命。

又曰：語質率，自不近。「正爾不能得」句法，晉時人質語，後人不能道。

何義門曰：「拙生失其方」，自謂「謀道不謀食」也。

遙遙從羈役，一心處兩端。掩淚泛東逝，順流追時遷。日沒星與昴，《堯典》：日短，星昴。〔一〕《傳》：昴，白虎之中星。勢翳西山巔。蕭條隔天涯。惆悵念常餐。慷慨思南歸，路遐無由緣。關梁難虧替，絕音寄斯篇。

陳倩父曰：不知何云，但懷人之情，若斯至矣！「路遐」句，古。絕音寄斯篇，〔二〕情不可絕。

愚按：此當是懷思之作，其中情致綿邈，遠無由達，眞不覺有天南地北之感。

【箋釋】

〔一〕《尚書・堯典》：申命和叔，宅朔方，曰幽都。平在朔易。日短，星昴，以正仲冬。厥民隩，鳥獸氄毛。帝曰：「咨！汝羲暨和。期三百有六旬有六日，以閏月定四時，成歲。允釐百工，庶績咸熙。」

〔二〕《采菽堂古詩選》卷十四：「絕音寄斯篇」作「絕音斯篇」。

閒居執蕩志，時駛不可稽。驅役無停一作「休」息，軒裳逝東崖。沈陰擬薰麝，麝如小麚，臍有香。寒氣激我懷。一作「泛舟擬薰司，悲風激我懷」。歲月有常御，我來淹已彌。極也。慷慨憶綢繆，此情久已離。荏苒經十載，暫爲人所羈。庭宇翳餘木，倐忽日月虧。

陳倩父曰：「久離」，固不可堪。

又曰：「沈陰」句，頗欠自然。

我行未云遠，回顧慘風涼。春燕應節起，高飛拂塵梁。邊雁悲無所，代謝歸北鄉。離鵾鳴清池，《玉篇》：鵾，似鶴而大。〔一〕《楚詞》：鵾雞啁哳而悲鳴。〔二〕涉暑經秋霜。愁人難爲辭，遙遙春夜長。

陳倩父曰：燕、雁，物皆有託；離鵾，獨愁已久矣。夫古人悲秋，公獨憫春。天下皆春，偏有搖落之感。

黃皻菴曰：十一首中，愁歎萬端。第八首專歎貧困。余慨歎老大，屢復不休，悲憤等於《楚詞》，用復之法亦同之。

愚按：離人思婦，觸境皆悲，其情然也。古今忠臣義士，遭時不偶，而日月已逝，貧苦無聊，情況有不堪告人者。其悲憤之懷，亦若是焉已爾。淵明之傷春，正與宋玉之悲秋同一悽愴，何分境候哉！

【箋釋】

〔一〕《大廣益會玉篇》：鵾，古魂切，雞三尺。或作鵾。

〔二〕《楚辭‧九辯》：燕翩翩其辭歸兮，蟬寂漠而無聲。雁廱廱而南遊兮，鵾雞啁哳而悲鳴。獨申旦而不寐兮，哀蟋蟀之宵征。

嫋嫋松標崖，婉孌柔童子。年始三五間，喬柯何可倚。一作「柯條何淬淬」，又作「華柯真可寄」。養色含津一作「精」氣，粲然有心理。

思悅曰：東坡和陶無此篇。

陳倩父曰：弱之，故危之也。

愚按：此首寥寥數語，無甚意義。蔣丹厓謂缺落不全，其或然耶？

詠貧士七首

何義門曰：「詩以言志」。「君子固窮」。七篇皆自道。

萬族各有託，孤雲獨無依。「孤雲」，喻貧士也。曖曖空中滅，何時見餘暉。「曖曖」，昏昧貌。「暉」，或作「輝」，光也。朝霞開宿霧，眾鳥相與飛。喻眾人。遲遲出林翮，未夕一作「冬」復來歸。一作「已復歸」，亦喻貧士。量力守故轍，豈不寒與飢。知音苟不存，已矣何所悲。一作「當告誰」。

湯東澗曰：孤雲倦翮以興，舉世皆依乘風雲而已。獨無攀援飛翻之志，寧忍飢寒以守志節，縱無知此意者，亦不足悲也。

鍾伯敬曰：「孤雲獨無依」，妙矣。老杜又曰：「孤雲亦群遊」，古人妙想

無窮如此。然「獨」字、「群」字,語則若相翻,而機實相引。

沃儀仲曰:遲出早歸,即從鳥上寫出量力意,既似孤雲之無依,當學飛鳥之自審,此眞安貧法。

陳倩父曰:「孤雲獨無依」,此貧之原也。「量力守故轍」,「吾駕不可回」,并無知者。夫同我者,乃能知我也。

孫月峰曰:淡然無塵。起兩語卻來得陡然醒快。

何義門曰:孤雲自比其高潔,下六篇皆言聖賢惟能「固窮」,所以輝耀千載,迴立於萬族之表,不可如世人之但見目前也。

愚按:以孤雲自比,身份絕高,惟其爲孤雲,隨時散見,所以不事依託,此淵明之眞色相也。下以鳥言,不過因眾鳥飛翻,而自言其倦飛知還之意爾。

淒厲歲云暮,擁一作「短」**褐曝前軒。**「淒厲」,言秋日也。「暴」,俗加日旁作「曝」,《小爾雅》:曬也。〔一〕**南圃無遺秀,**《說文》:種菜曰圃。〔二〕《爾雅》:不榮而實者,謂之秀。〔三〕**枯條盈北園。**《毛詩》:遊於北園。〔四〕**傾壺絕餘瀝,窺灶不見煙。詩書塞座外,日昃不遑研。閒居非陳厄,竊有慍見言。何以慰吾懷,賴古多此賢。**

陳倩父曰:「傾壺」等句,質極自古。夫窮非自取者,天也,無可怨也。今茲之貧,似應多悔,賴古賢「固窮」,復以何憾!

何義門曰:患難不失其常,雖陳、蔡見圍,仲尼不疑吾道之非。況止於飢乏,何爲不追古人而從之乎?

【箋釋】

〔一〕《小爾雅・廣言》:暴、映,曬也。

〔二〕《說文・口部》:種菜曰圃。從口,甫聲。

〔三〕《爾雅・釋草》:木謂之華,草謂之榮。不榮而實者謂之秀,榮而不實者謂之英。

〔四〕《詩經・秦風・駟驖》:駟驖孔阜,六轡在手。公之媚子,從公於狩。奉時辰牡,辰牡孔碩。公曰左之,捨拔則獲。遊於北園,四馬既閑。輶車鸞鑣,載獫歇驕。

　　榮叟老帶一作「縈」索，欣然方彈琴。原生納決屨，一作「履」。清歌暢商一作「高」，非。音。按，「原生」，原憲也。貧甚，居環堵之室，納履則踵決，常徐步曳杖而歌《商頌》，聲如出金石。〔一〕重華去我久，《尚書》：重華，協帝。〔二〕貧士世相尋。敝襟不掩肘，袒襟肘見，亦原憲事。藜羹常乏斟。《說苑》：孔子困於陳、蔡七日，藜羹不糝。〔三〕豈忘襲輕裘，苟得非所欽。賜也徒能辨，乃不見吾心。《家語》：子貢相衛，結駟連騎過原憲，憲攝敝衣冠見之。子貢曰：「子病乎？」憲曰：「無財者，謂之貧；學道而不能行，謂之病。若憲者，乃貧也，非病也。」〔四〕

　　張爾公曰：讀「苟得非所欽」句，乃知淵明《乞食》有深意在，非誠計無復之，與俗人同寥落耳。東坡代哀之，何其淺也？

　　陳倩父曰：「苟得非知欽」，情見乎詞。

　　又曰：君後有遞代，奈彼非重華。屢用重華，當以此。

　　何義門曰：非獨遠於人情。生不逢堯與舜禪，則宜以榮期、原憲自居，求無愧於仲尼而已。如子貢所以告二子者，姑捨是焉可也。

　　愚按：始終以原憲自況。其所以能安貧者，惟不萌苟得之念而已。世上縱多子貢，安能以外至之紛華，而變吾不易之素志哉！

【箋釋】

〔一〕《韓詩外傳》卷一：原憲乃徐步曳杖，歌《商頌》而反。聲滿於天地，如出金石。天子不得而臣也，諸侯不得而友也。故養身者忘家，養志者忘身。身且不愛，孰能忝之？《詩》曰：「我心匪石，不可轉也。我心匪席，不可卷也。」

〔二〕《尚書·虞書·舜典》：曰若稽古帝舜，曰重華協於帝。睿哲文明，溫恭允塞，玄德升聞，乃命以位。

〔三〕《說苑·雜言》：孔子困於陳、蔡之間，居環堵之內，席三經之席，七日不食，藜羹不糝，弟子皆有飢色，讀詩書治禮不休。

〔四〕《韓詩外傳》卷一：原憲居魯，環堵之室，茨以蒿萊。蓬戶甕牖，揉桑而為樞。上漏下濕，匡坐而絃歌。子貢乘肥馬，衣輕裘，中紺而表素，軒車不容巷，而往見之。原憲楮冠黎杖而應門。正冠則纓絕，振襟則肘見，納履則踵決。子貢曰：「嘻！先生何病也！」原憲仰而應之曰：「憲聞之，無財

之謂貧，學而不能行之謂病。憲貧也，非病也。若夫希世而行，比周而友，學以爲人，教以爲己；仁義之匿，車馬之飾，衣裘之麗：憲不忍爲之也。」子貢逡巡，面有慚色，不辭而去。

安貧守賤者，自古有黔婁。好爵吾不榮，厚饋吾不酬。酬，答也。不酬，賜而不受也。**一旦壽命盡，敝服仍**一作「蔽覆乃」，非。**不周。**「周」，遍也，覆也。《禮記》曰：棺周於衣，槨周於棺。〔一〕**豈不知其極，非道故無憂。**《尚書》「六極」：四曰貧。〔二〕非道無憂，即《論語》所云：「不以其道得之，不去也」。〔三〕**從來將千載，未復見斯儔。朝與仁義生，夕死復何求。**

按，《列女傳》云：魯黔婁先生死，曾子哭之曰：「何以爲諡？」其妻曰：「以康爲諡。」曾子曰：「先生在時，食不充口，衣不蓋形，死則手足不能斂，何樂於此而諡爲康？」其妻曰：「昔先生君常欲授之政，以爲國相，辭而不受，是有餘貴也；君常賜之粟三十鍾，辭而不受，是有餘富也。先生甘天下之淡味，安天下之卑位。不戚戚於貧賤，不忻忻於富貴，求仁得仁，求義得義，其諡曰康，不亦宜乎？」〔四〕

陳倩父曰：其言毅如。

何義門曰：死生不改其操，貧賤不以道得者不去。陶公誠造次顛沛必於是者矣。

愚按：上章并舉榮、原，而竊自慕於憲之安貧，思附聖人之徒以明其志。此章專舉黔婁，自比其安貧守賤之操，堅且決矣。或謂黔婁之行似近於矯，先生豈若是耶？然自棄官歸來，不事依託，無求於世，其特立獨行，蓋有若此者。

【箋釋】

〔一〕《禮記·檀弓上》：國子高曰：「葬也者，藏也。藏也者，欲人之弗得見也。是故衣足以飾身，棺周於衣，槨周於棺，土周於槨，反壤樹之哉。」

〔二〕《尚書·洪範》：六極：一曰凶、短、折，二曰疾，三曰憂，四曰貧，五曰惡，六曰弱。

〔三〕《論語·里仁》：子曰：「富與貴，是人之所欲也，不以其道得之，不處也。貧與賤，是人之所惡也，不以其道得之，不去也。君子去仁，惡乎成名？君子無終食之間違仁，造次必於是，顛沛必於是。」

又，《論語・衛靈公》：子曰：「君子謀道不謀食。耕也，餒在其中矣；學也，祿在其中矣。君子憂道不憂貧。」

〔四〕《列女傳・賢明傳》：魯黔婁先生之妻也。先生死，曾子及門人往弔之。其妻出戶，曾子弔之。上堂，見先生之屍在牖下，枕墼席藁，縕袍不表，覆以布被，首足不盡斂。覆頭則足見，覆足則頭見。曾子曰：「邪引其被，則斂矣。」妻曰：「邪而有餘，不如正而不足也。先生以不邪之故，能至於此。生時不邪，死而邪之，非先生意也。」曾子不能應，遂哭之曰：「嗟乎，先生之終也！何以爲謚？」其妻曰：「以『康』爲謚。」曾子曰：「先生在時，食不充虛，衣不蓋形。死則手足不斂，旁無酒肉。生不得其美，死不得其榮，何樂於此而謚爲『康』乎？」其妻曰：「昔先生君嘗欲授之政，以爲國相，辭而不爲，是有餘貴也。君嘗賜之粟三十鍾，先生辭而不受，是有餘富也。彼先生者，甘天下之淡味，安天下之卑位。不戚戚於貧賤，不忻忻於富貴。求仁而得仁，求義而得義。其謚爲『康』，不亦宜乎！」曾子曰：「唯斯人也而有斯婦。」君子謂黔婁妻爲樂貧行道。詩曰：「彼美淑姬，可與寤言。」此之謂也。頌曰：「黔婁既死，妻獨主喪，曾弔焉，布衣褐衾。安賤甘淡，不求豐美，屍不揜蔽，猶謚曰『康』。」

袁安困一作「門」積雪，邈然不可干。阮公見錢入，即日棄其官。芻藁一作「蒀蒿」有常溫，採莒查云：稻也，自生稻也。一作「采之」。足朝餐。豈不實辛苦，所懼非飢寒。貧富常交戰，道勝無戚一作「厚」，非。顏。至德冠邦閭，清節映西關。

按，《晉書》：洛陽大雪丈餘，縣令出，見袁安門無行跡，疑其死。入，見安僵臥，問故，答曰：「大雪，人乏食，不宜干人。」令賢之，舉孝廉。

〔一〕

陳倩父曰：飢寒之不懼，且固何懼？

何義門曰：苟求富樂，則身敗名辱。有甚於飢寒者，故不戚戚於貧賤，但恐修名之不立也。

又曰：莒，疑作「稆」。《後漢（書）・（孝）獻（帝）紀》：尚書郎以下，自出採稆。注云：「稆」，音「呂」，與「穭」同。

沈確士曰：「所懼非飢寒」、「所樂非窮通」二語，可書座右。

－143－

愚按：「道勝無戚顏」一語，是陶公眞實本領，千古聖賢身處窮困而泰然自得者，皆以道勝也。顏子簞瓢陋巷，不改其樂，孔子以賢稱之，論者謂廁陶公於孔門，當可與屢空之回同此眞樂，信哉！

【箋釋】

〔一〕《後漢書・袁張韓周列傳》：袁安，字邵公，汝南汝陽人也。祖父良，習《孟氏易》，平帝時舉明經，爲太子舍人。建武初，至成武令。安少傳良學。爲人嚴重有威，見敬於州里。初爲縣功曹，奉檄詣從事，從事因安致書於令。安曰：「公事自有郵驛，私請則非功曹所持。」辭不肯受，從事懼然而止。後舉孝廉，除陰平長、任城令，所在吏人畏而愛之。

又，《後漢書・袁安傳》注引《汝南先賢傳》：時大雪積地丈餘，洛陽令身出案行，見人家皆除雪出，有乞食者。至袁安門，無有行路。謂安已死，令人除雪入戶，見安僵臥。問「何以不出？」安曰「大雪人皆餓，不宜干人。」令以爲賢，舉爲孝廉。

仲蔚愛窮居，繞宅生蒿蓬。翳然絕交遊，賦詩頗能工。舉世無知者，一作「音」，非。**止有一劉龔。此士胡獨然，實由罕所同。介焉安其業，所樂非窮通。**〔一〕**人事固已拙，聊得長相從。**

按，《高士傳》：張仲蔚，平陵人，與同郡魏景卿俱修道德，隱身不仕，明天官、博物，善屬文，好詩賦，常居窮素，所處蓬蒿沒人，閉門養性，不治榮名，時人莫有識者，惟劉龔知之。〔二〕

陳倩父曰：寫志明切。

何義門曰：自言事在詩外，有不易其介者，俟後人論其世而知之。

沈確士曰：劉龔，劉向之孫。不懼飢寒，達天安命，陶公人品，不在季次、原憲下，而概以晉人視之，何耶？「所樂非窮通」，本《莊子》。

愚按：《莊子》云：「古之得道者，窮亦樂，通亦樂，所樂非窮通也。」陶公得道之士，故自言所樂不在此。起語一「愛」字，見貧士之異人，然非貧士異人，人自異貧士耳。所罕同者，以其介焉安之也。周青輪謂「此士胡獨然」一問，覺前半六句俱動，可謂善會。

【箋釋】

〔一〕《莊子・讓王》：「古之得道者，窮亦樂，通亦樂。所樂非窮通也，道德於此，則窮通爲寒暑風雨之序矣。」

〔二〕《文選》江淹《雜體詩三十首・左記室〈詠史〉思》：韓公淪賣藥，梅生隱市門。百年信荏苒，何爲苦心魂。當學衛霍將，建功在河源。珪組賢君睞，青紫明主恩。終軍才始達，賈誼位方尊。金張服貂冕，許史乘華軒。王侯貴片議，公卿重一言。太平多歡娛，飛蓋東都門。顧念張仲蔚，蓬蒿滿中園。李善注引：曹子建《贈徐幹詩》曰：顧念蓬室士。趙歧《三輔決錄注》曰：張仲蔚，扶風人也。少與同郡魏景卿隱身不仕。明天官，博學，好爲詩賦，所居蓬蒿沒人也。

又，李白《魯城北郭曲腰桑下送張子還嵩陽》：送別枯桑下，凋葉落半空。我行懵道遠，爾獨知天風。誰念張仲蔚，還依蒿與蓬。何時一杯酒，更與李膺同。

韋莊《銅儀》：銅儀一夜變葭灰，暖律還吹嶺上梅。已喜漢官今再覿，更驚堯曆又重開。窗中遠岫青如黛，門外長江綠似苔。誰念閉關張仲蔚，滿庭春雨長蒿萊。

昔在一作「有」黃子廉，彈冠佐名州。一朝辭吏歸，清貧略難儔。年飢感仁妻，一作「人事」。泣涕向我流。丈夫雖有志，固爲兒女一作「孫」憂。惠孫一晤歎，腆贈竟莫酬。「腆」，音「諂」，厚也。誰云固窮難，一作「節」。邈哉此前修。

按，查初白云：《風俗通》：潁川黃子廉，每飲馬，投錢於水。〔一〕又按，《黃蓋傳》云：南陽太守黃子廉之後也。〔二〕

黃皷菴曰：貧士多列古人。初首歎今世之無知音，後六首追古人之有同調。層層說難堪，然後以堅骨靜力勝之，道出安貧中勉強下手工夫，不浪說高話，以故筆能深入。

又曰：其引阮公子廉，尤有深致。二人視草野貧士不得不安貧者不同，乃處膏辭潤，矢志守困，眞無往而不得貧矣。

陳倩父曰：兒女之憂，非不動念，然志固不奪，前修可師。

何義門曰：言終不爲妻、子所累，貶節而復出也。

愚按：七篇中下五章俱引用古人，卻於第二章末句以「賴古多此賢」縮合，起下數章，此陶詩章法不苟處。

【箋釋】

〔一〕《太平御覽》卷四百二十六《人事部·清廉下》：《風俗通》曰：潁川黃子廉者，每飲馬，投錢於水中。

〔二〕《三國志·吳書·程黃韓蔣周陳董甘淩徐潘丁傳》：黃蓋，字公覆，零陵泉陵人也。（《吳書》曰：故南陽太守黃子廉之後也，枝葉分離，自祖遷於零陵，遂家焉。）

詠二疏

按，《漢（書）·疏廣傳》：廣，字仲翁，爲太子太傅。兄子受爲太子少傅，在位五歲。廣謂受曰：「知足不辱，知止不殆，今仕宦至二千石，名立如此，不去，懼有後悔！豈如父子相隨出關，歸老故鄉，不亦善乎？」即日上疏乞骸骨，宣帝許之，公卿大夫故人邑子，設祖道供帳東都門外，送者車數百輛，觀者皆曰：」賢哉！二大夫也！」廣歸鄉里，日具酒食，故舊賓客相與娛樂焉。〔一〕

【箋釋】

〔一〕白居易《秦中吟十首·不致仕》：七十而致仕，禮法有明文。何乃貪榮者，斯言如不聞。可憐八九十，齒墮雙眸昏。朝露貪名利，夕陽憂子孫。掛冠顧翠綏，懸車惜朱輪。金章腰不勝，傴僂入君門。誰不愛富貴，誰不戀君恩。年高須告老，名遂合退身。少時共嗤誚，晚歲多因循。賢哉漢二疏，彼獨是何人。寂寞東門路，無人繼去塵。又，白居易《閑臥有所思二首》其二：權門要路是身災，散地閑居少禍胎。今日憐君嶺南去，當時笑我洛中來。蟲全性命緣無毒，木盡天年爲不才。大抵吉凶多自致，李斯一去二疏回。

又，王貞白《洛陽道》：喧喧洛陽路，奔走爭先步。唯恐著鞭遲，誰能更回顧。覆車雖在前，潤屋何曾懼。賢哉只二疏，東門掛冠去。

大象轉四時，功成者自去。《老子》：大象無形。〔一〕蔡澤云：四時之序，

功成者去。〔二〕**借問衰**一作「商」**周來，幾人得其趣。游目漢廷中，二疏復此舉。高嘯返舊居，長揖儲君傅。餞送傾皇朝，華軒盈道路。離別情所悲，餘榮何足顧。事勝感行人，賢哉豈常譽。厭厭閭里歡，所營非近務。促席延故老，揮觴道平素。問金終寄心，清言曉未悟。放意樂餘年，遑恤身後慮。誰云其人亡，久而道彌著。**

　　東坡云：《詠二疏》詩，淵明未嘗出，二疏既出而知返，其志一也。或以謂既出而返，如從病得愈，其味勝於初不病，此惑者顛倒見耳。

　　東澗曰：二疏取其歸，三良與主同死，荊卿為主報仇，皆託古以自見云。

　　陳倩父曰：起二句與二疏若合若離，若似若不似。此情自遠，通首遒勁。

　　蔣丹厓曰：宦成歸里，不過是知足知止。若散金置酒，不為子孫立產，「趣」字從此看出。

　　又曰：「問金」二句，初不易解。按：或勸廣以金遺子孫，廣曰「賢而多財，則損其志；愚而多財，則益其愚。」先生詩意蓋謂廣若問金，終是寄心如此，清言以曉，故老之未悟。

　　何義門曰：「雖無揮金事，濁酒聊可恃」，此千載心期也。

　　愚按：「趣」字最宜領會，功成而不歸去，不得趣者也。古今得其趣者，曾有幾人，惟二疏知足知止，所以得趣。惟其得趣，所以散金置酒，不以多財遺子孫也。「趣」字實貫徹前後。予嘗過二疏故里，有句云：「多少宦途車馬跡，散金臺上幾人看。」二疏高趣，真非後世可及。

【箋釋】

〔一〕《老子‧四十一章》：大方無隅，大器晚成，大音希聲，大象無形。

〔二〕《史記‧范睢蔡澤列傳》：應侯曰：「請聞其說。」蔡澤曰：「吁，君何見之晚也！夫四時之序，成功者去。夫人生百體堅彊，手足便利，耳目聰明而心聖智，豈非士之願與？」應侯曰：「然。」

詠三良

　　按，三良，子車氏子奄息、仲行、鍼虎。穆公歿，康公從亂命，以三子為殉，國人哀焉，為之賦《黃鳥》。〔一〕

【箋釋】

〔一〕《左傳・文公六年》：秦伯任好卒。以子車氏之三子奄息、仲行、鍼虎爲
　　殉。皆秦之良也。國人哀之，爲之賦《黃鳥》。

　　　　又，《詩經・秦風・黃鳥》：交交黃鳥，止於棘。誰從穆公？子車奄
　　息。維此奄息，百夫之特。臨其穴，惴惴其慄。彼蒼者天，殲我良人！如
　　可贖兮，人百其身！　　交交黃鳥，止於桑。誰從穆公？子車仲行。維
　　此仲行，百夫之防。臨其穴，惴惴其慄。彼蒼者天，殲我良人！如可贖兮，
　　人百其身！　　　交交黃鳥，止於楚。誰從穆公？子車鍼虎。維此針虎，
　　百夫之御。臨其穴，惴惴其慄。彼蒼者天，殲我良人！如可贖兮，人百其
　　身！

彈冠乘通津，但懼時我遺。《古詩》：何不策高足，先據要路津。〔一〕
服勤盡歲月，常恐功愈微。忠一作「中」**情謬獲露，遂爲君所私。
出則陪文輿，入必侍丹帷。箴規響已從，計議初無虧。一朝長逝
後，願言同此歸。厚恩固**一作「心」**難忘，君**一作「顧」**命安可違。
臨穴罔惟**一作「遲」**疑，投義志攸希。荊棘籠高墳，黃鳥聲正悲**漢
人句法。**良人不可贖，泫然沾我衣。**

葛常之曰：三良以身殉秦穆公之葬，《黃鳥》之詩哀之。序《詩》者謂
國人刺穆公以人從死，則咎在秦穆不在三良矣。王仲宣云：「結髮事明君，
受恩良不訾。臨沒要之死，焉得不相隨。」陶元亮云：「厚恩固難忘，君命
安可違。」是皆不以三良之死爲非也。至李德裕則謂：「社稷死則死之，不
可許之死。」欲與梁邱據、安陵君同譏，則是罪三良之死非其所矣。然君命
之於前，眾驅之於後，爲三良者雖欲不死，得乎？惟柳子厚云：「疾病命固
亂，魏氏言有章。從邪陷厥父，吾欲討彼狂。」使康公能如魏顆不用亂命，
則豈至陷父於不義如此哉！東坡和陶亦曰：「顧命有治亂，臣子得從違。魏
顆眞孝愛，三良安足希。」似與柳子之論合。審如是，則三良不能無罪，然
坡公《過秦穆墓詩》乃云：「穆公生不誅孟明，豈有死之日而忍用其良。乃
知三子殉公意，亦如齊之二子從田橫。」則又言三良之殉，非穆公之意也。

陳倩父曰：「忠情」數句，極寫君臣遇合之情。如不爾，或未必以身殉。
將寫遇合之情，起四句先作兩折，以見結主知之難。用意深曲如此，孰謂陶

詩爲近？

　　何義門曰：「箴規」句含下「厚恩」。「罔惟疑」，「惟」，思也。

　　愚按：穆公之命，三良之殉，雖不無可議，然《春秋》責備賢者，合諸說觀之，康公之不及魏顆遠甚。穆公亂命，三良枉死，皆康公一人有以兩成其過。以魏顆律康公，其陷父陷良，顯然可見，而康公之罪定矣。柳論嚴正，臣子用亂命者，當以爲鑒。起六語愈折愈深，愈深愈危，一結主知，不得不以身殉。《黃鳥》之詩，所以哀且怨也。

【箋釋】

〔一〕《古詩十九首・今日良宴會》：今日良宴會，歡樂難具陳。彈箏奮逸響，新聲妙入神。令德唱高言，識曲聽其眞。齊心同所願，含意俱未伸。人生寄一世，奄忽若飇塵。何不策高足，先據要路津。無爲守窮賤，轗軻長苦辛。

詠荊軻

　　燕丹善養士，志在報強嬴。招集百夫良，歲暮得荊卿。君子一作「之子」死知己，提劍出燕京。素驥鳴廣陌，慷慨送我行。雄髮指危冠，猛氣衝長纓。二語即怒髮衝冠之意。然善於寫生，自覺壯采逼人。飲餞易水上，四座列群英。漸離擊悲築，宋意唱高聲。「築」，音「竹」，以竹擊之，故名曰「築」。按，顏師古云：築形似瑟而小，細項。《廣韻》：似箏而十三絃。《淮南子》：高漸離、宋意爲擊築，而歌於易水之上。〔一〕蕭蕭哀風逝，一作「起」。淡淡寒波生。商音更流涕，羽奏壯士驚。心知去不歸，一作「一去知不歸」。且有後一作「百」世名。登車何時顧，飛蓋入秦庭。凌厲越萬里，逶迤過千城。圖窮事自至，豪主正怔營。「怔」，音「征」。「豪主」，指秦王也。《晉書・王濬傳》：「惶怖怔營，無地自厝」，〔二〕言驚懼也。惜哉劍術疏，奇功遂不成。魯勾踐聞荊軻之刺秦王曰：惜哉！其不講於刺劍之術也。〔三〕其人雖已沒，千載有餘情。〔四〕一作「斯人久已沒，千載有深情」。

　　朱文公曰：淵明詩人皆說平淡，看他自豪放得來，不覺其露出本相者，是《詠荊軻》一篇，平淡底人如何說得這樣言語出來？

　　陳倩父曰：澹寫自有寄。「凌厲」二句，是樂府排宕法。

　　蔣丹厓曰：摹寫荊卿出燕入秦，悲壯淋漓，知潯陽之隱，未嘗無意奇功，奈不逢其會耳！先生心事，逼露於此。

　　何義門曰：「心知去不歸」二句，抑揚三致。

　　沈確士曰：英氣勃發，情見乎詞。

　　愚按：荊卿刺秦不中，千古恨事。先生目擊禪代，時具滿腔熱血。觀此篇，可以知其志矣。人祇知先生終隱柴桑，安貧樂道，豈知卻別有心事在。賢者固不可測，英雄豪傑中人，安知不即學道中人耶！

【箋釋】

〔一〕《淮南子・泰族訓》：趙王遷流於房陵，思故鄉，作《山水》之謳，聞者莫不殞涕。荊軻西刺秦王，高漸離、宋意爲擊築而歌於易水之上，聞者莫不瞋目裂眥，髮植穿冠。

〔二〕《晉書・王濬傳》：陛下粗察臣之愚款，而識其欲自效之誠，是以授臣以方牧之任，委臣以征討之事。雖燕主之信樂毅，漢祖之任蕭何，無以加焉。受恩深重，死且不報，而以頑疏，舉錯失宜。陛下弘恩，財加切讓，惶怖怔營，無地自厝，願陛下明臣赤心而已。

〔三〕《史記・刺客列傳》：魯句踐已聞荊軻之刺秦王，私曰：「嗟乎！惜哉！其不講於刺劍之術也！甚矣吾不知人也！曩者吾叱之，彼乃以我爲非人也！」

〔四〕《逸樓論詩》：陶公稍帶俠氣，但渾厚不覺耳，《詠荊軻》《詠田子春》，已自露出。世人看陶公作一村農之長者而已。（見《清詩話三編》第二冊）

讀山海經十三首

　　陳倩父曰：《讀山海經》詩，借荒唐之語，吐坌湧之情，倡爲神怪，〔一〕可以意逆。

　　蔣丹厓曰：首篇言興會所至，覽傳觀圖，爲後十二首之綱，直是一段小引。以下七首，竟是遊仙詩。夸父而後五首，雜引刑天、巨猾，以喻共、鯀，言恃力爲惡，不可入仙也。雖使《山海經》事，恰合首篇「俯仰宇宙」，爲此寓言。

【箋釋】

〔一〕《采菽堂古詩選》卷十四：「倡爲神怪」作「相爲神怪」。

又，汪莘《滿江紅・自賦》：蘋已白，楓猶綠。鱸已晚，橙初熟。歎人間何事，稍如吾欲。五柳愛尋王母使，三閭好作《湘妃曲》。向飄風、凍雨返柴扉，騎黃犢。

孟夏草木長，繞屋樹扶疏。《上林賦》：垂條扶疏。〔一〕**眾鳥欣有託，吾亦愛吾廬。**〔二〕**既耕亦**一作「且」**已種，時還讀我書。窮巷隔深轍，頗迴故人車。**大路車馬行多，故轍跡深。「迴車」，言車到此，多迴去而不入也。按：《漢書》：張負隨陳平至其家，乃負郭窮巷，以席爲門，門外多長者車轍。〔三〕《韓詩外傳》：楚狂接輿妻曰：「門外車轍何其深。」〔四〕**歡言**一作「然」**酌春酒，摘我園中蔬。**訥甫云：歡言之言，乃語辭也，李注失之。**微雨從東來，好風與之俱。泛覽周王傳，流觀山海圖。**「泛覽」「流觀」四字，是所謂「讀書不求甚解」處也。**俯仰終宇宙，不樂復何如？**《莊子》：老聃曰：其疾也，俯仰之間，再撫四海之外。〔五〕

按，《周王傳》，即《穆天子傳》。太康二年，汲縣民傳發古塚所獲書，晉荀勗校定爲六卷。〔六〕

又按，《山海經》初見《漢志》，〔七〕劉歆校定爲一十八篇，云是伯益所撰。至晉郭璞爲之傳注，凡二十三篇。每卷有贊、圖、經，所志怪畫成圖者。〔八〕

陳仲醇曰：予謂淵明詩此篇最佳，詠歌再三，可想陶然之趣。「欲辨忘言」之句，稍涉巧，不必愈此。

陳倩父曰：發端六句，是首章起法，選語安雅。「窮巷」二句，意悲。屈子曰：「國無人莫我知兮」，尚友古人以此。「微雨」十字，此境蕭蕭，以自然爲佳，高於唐而不及漢。結語浩大，胸羅千古，調亦似《十九首》。

孫月峰曰：就淺景寫得入妙，大約皆以倘來得趣。

沈確士曰：觀物觀我，純乎元氣。

愚按：此篇是淵明偶有所得，自然流出，所謂不見斧鑿痕也。大約詩之妙，以自然爲造極。陶詩率近自然，而此首更令人不可思議，神妙極矣。

【箋釋】

〔一〕司馬相如《上林賦》：垂條扶疏，落英幡纚。紛溶箾蔘，猗狔從風。

〔二〕劉熙載《藝概‧詩概》：陶詩「吾亦愛吾廬」，我亦具物之情；「良苗亦懷新」，物亦具我之情也。

又，《逸樓論詩》：「眾鳥欣有託，吾亦愛吾廬」，真有道者之言也，覺老杜「意愜關飛動」、程子「萬物靜觀皆自得」，俱說得不妙。（見《清詩話三編》第二冊）

〔三〕《史記‧陳丞相世家》：陳丞相平者，陽武戶牖鄉人也。少時家貧，好讀書，有田三十畝，獨與兄伯居。伯常耕田，縱平使遊學。平為人長大美色。人或謂陳平曰：「貧何食而肥若是？」其嫂嫉平之不視家生產，曰：「亦食糠核耳。有叔如此，不如無有。」伯聞之，逐其婦而棄之。及平長，可娶妻，富人莫肯與者，貧者平亦恥之。久之，戶牖富人有張負，張負女孫五嫁而夫輒死，人莫敢娶。平欲得之。邑中有喪，平貧，侍喪，以先往後罷為助。張負既見之喪所，獨視偉平，平亦以故後去。負隨平至其家，家乃負郭窮巷，以弊席為門，然門外多有長者車轍。張負歸，謂其子仲曰：「吾欲以女孫予陳平。」張仲曰：「平貧不事事，一縣中盡笑其所為，獨奈何予女乎？」負曰：「人固有好美如陳平而長貧賤者乎？」卒與女。為平貧，乃假貸幣以聘，予酒肉之資以內婦。負誡其孫曰：「毋以貧故，事人不謹。事兄伯如事父，事嫂如母。」平既娶張氏女，齎用益饒，遊道日廣。《漢書‧張陳王周傳》所記事蹟與此相仿。

又，張九齡《送宛句趙少府》：「林下紛相送，多逢長者車」。趙執信《春日閒居雜興》：「晏家從近市，陳巷不容車」。

〔四〕《韓詩外傳》卷二：楚狂接輿躬耕以食。其妻之市未返。楚王使使者齎金百鎰，造門，曰：「大王使臣奉金百鎰，願請先生治河南。」接輿笑而不應。使者遂不得辭而去。妻從市而來，曰：「先生少而為義，豈將老而遺之哉？門外車軼，何其深也！」接輿曰：「今者王使使者齎金百鎰，欲使我治河南。」其妻曰：「豈許之乎？」曰：「未也。」妻曰：「君使不從，非忠也。從之，是遺義也。不如去之。」乃夫負釜甑，妻戴紝器，變易姓字，莫知其所之。《論語》曰：「色斯舉矣，翔而後集。」接輿之妻是也。《詩》曰：「逝將去汝，適彼樂土。適彼樂土，爰得我所。」

〔五〕《莊子‧在宥》：崔瞿問於老聃曰：「不治天下，安藏人心？」老聃曰：「女
　　　愼無攖人心。人心排下而進上，上下囚殺，淖約柔乎剛彊。廉劌雕琢，其
　　　熱焦火，其寒凝冰。其疾俛仰之間而再撫四海之外，其居也淵而靜，其動
　　　也縣而天。僨驕而不可繫者，其唯人心乎！」

〔六〕《穆天子傳》荀朂序：古文《穆天子傳》者，太康二年，汲縣不准盜發古塚
　　　所得書也。皆竹簡素絲編，以臣朂前所考定古尺，度其簡，長二尺四寸，
　　　以墨書，一簡四十字。汲者，戰國時魏地也。

　　　　　　　又，《隋書‧經籍志》卷二：《穆天子傳》六卷，汲塚書，郭璞注。

〔七〕《漢書‧藝文志》：《山海經》十三篇。

〔八〕《四庫全書總目》卷一百四十二《子部》五十二《小說家類》三：《山海經》
　　　（十八卷），晉郭璞注。卷首有劉秀校上奏，稱爲伯益所作。案，《山海經》
　　　之名，始見《史記‧大宛傳》，司馬遷但云：「《禹本紀》《山海經》所有怪
　　　物，余不敢言」，而未言爲何人所作。《列子》稱：「大禹行而見之，伯益知
　　　而名之，夷堅聞而誌之」，似乎即指此書而不言其名《山海經》。……《隋》
　　　《唐志》又有郭璞《山海經圖讚》二卷，今其贊猶載璞集中，其圖則《宋
　　　志》已不著錄，知久佚矣。

　　謹案：「既耕亦已種，時還讀我書」，是陶淵明鄉村生活最基本的內容，
它實際上體現的是中國社會延續了幾千年的傳統價值觀，其核心就是「耕」
「讀」。「耕」在前，「讀」在後；「耕」得其食，「讀」養其心、養其性；一
是物質的，一是精神的；「耕」關乎現實生存，是基礎；「讀」關乎精神生活
品質，是指向。「耕」與「讀」相輔相成、不可分離。「耕」與「讀」，代表
的是自力更生、是充滿生機的創造，既腳踏實地又志情高遠，既堅忍不拔又
有對過去、未來的深情關注。因爲「耕」，所以能「歡然酌春酒」；因爲「讀」，
所以能「俛仰終宇宙」。《自祭文》中的「載耘載耔，乃育乃繁。欣以素牘，
和以七絃」，表達的同樣是這個意思，耕作不忘讀書，讀書不忘耕作。「耕」
與「讀」事實上關乎一個人的生存品質，也關乎一個民族的生存品質。後世
爲人稱頌的「耕讀傳家」，應導源於陶淵明身體力行的人生實踐，它遠比虛
僞、充滿說教的什麼「孝友傳家」「忠義傳家」之類，更眞切具體，更具遠
見，更有活力，也更能落到生活、生命的實處。

　　玉臺一作「堂」，非。凌霞秀，王母怡一作「積」妙顏。天地共俱

生，不知幾何年。靈化無窮已，館宇非一山。高酣發新謠，寧效俗中言。按，《山海經》：玉山，王母所居。〔一〕又云：處崑崙之丘。〔二〕郭璞注云：王母亦自有離宮、別館，不專住一山也。《穆天子傳》：西王母宴穆王於瑤池之上，爲天子謠曰：「白雲在天，山際自出，道路悠遠，山川間之，將子無死，尚復能來？」穆王答曰：「予歸東土，和治諸夏，萬民平均，吾顧見女，比及三年，將復而野。」〔三〕

　　陳倩父曰：以王母與俗中人衡耶，相去固遠，何俟言？公自不同俗中人耳。三、四言高，五、六言大，并能極寫。

　　何義門曰：王母自謠耳，豈爲周王！亦自道一談一詠，與世俗了不相關也。

　　愚按：西王母乃國名。玉山，即《穆天子傳》謂之群玉之山，此山多玉石，因名。《爾雅》「四荒」曰：「觚竹、北戶、日下、西王母」。〔四〕《尚書·大傳》：「西王母來獻白玉琯。」《荀子》：「禹學於西王國」〔五〕是也。俗以爲神人，殊謬。今詩家因《山海經》，多以瑤池、仙境爲說，蓋亦詞人遊戲三昧，不妨前後相沿耳。其實事本荒唐，須活看。

【箋釋】

〔一〕《山海經·西山經》：又西北三百五十里，曰玉山，是西王母所居也。西王母其狀如人，豹尾虎齒而善嘯，蓬髮戴勝，是司天之厲及五殘。

〔二〕《山海經·大荒西經》：西海之南，流沙之濱，赤水之後，黑水之前，有大山，名曰崑崙之邱。有神，人面虎身，有文有尾，皆白，處之。其下有弱水之淵環之，其外有炎火之山，投物輒然。有人戴勝，虎齒，有豹尾，穴處，名曰西王母。此山萬物盡有。

〔三〕《穆天子傳》卷三：乙丑，天子觴西王母於瑤池之上。西王母爲天子謠，曰：「白雲在天，山陵自出。道里悠遠，山川間之。將子無死，尚能復來。」天子答之曰：「予歸東土，和治諸夏。萬民平均，吾顧見汝。比及三年，將後而野。」天子遂驅升於弇山，乃紀其跡於弇山之石，而樹之槐，眉曰「西王母之山」。

〔四〕《爾雅·釋地》：觚竹、北戶、西王母、日下，謂之四荒。九夷、八狄、七戎、六蠻，謂之四海。

〔五〕《荀子・大略》：舜曰：「維予從欲而治。」故禮之生，爲賢人以下至庶民
　　　也，非爲成聖也；然而亦所以成聖也，不學不成：堯學於居疇，舜學於務
　　　成昭，禹學於西王國。

　　迢遞槐一作「檟」江嶺，是謂元圃丘。西南望昆墟，「墟」，本作「虛」，
山下基也。一作「侖」，非。光氣難與儔。亭亭明玕照，琅玕也，石似珠者。
落落清瑤流。恨不及周穆，託乘一來遊。

　　按，《山海經》：槐江之山，其上多琅玕，實惟帝之平圃。南望崑崙，其
光熊熊，其氣魂魂，爰有瑤流，其清洛洛。〔一〕「平圃」，即「元圃」。《穆傳》：
天子銘跡於元圃之上。〔二〕崑崙，在今肅州南，故曰「南望」，二字舊本從
「山」，非。

　　陳倩父曰：總是遺世之志。

　　何義門曰：「落落清瑤流」，當作「洛洛清滛流」。按，《山海經》：「槐江
之山，爰有滛水，其清洛洛」。注：「水流下之貌」。「滛」，音「遙」。畢注：
謂仍當作「瑤水」，或作「搖」「滛」，皆非古字。

【箋釋】

〔一〕《山海經・西山經》：又西三百二十里，曰槐江之山。丘時之水出焉，而北
　　　流注於泑水。其中多蠃母，其上多青雄黃，多藏琅玕、黃金、玉，其陽多
　　　丹粟。其陰多采黃金銀。實惟帝之平圃，神英招司之，其狀馬身而人面，
　　　虎文而鳥翼，徇於四海，其音如榴。南望崑崙，其光熊熊，其氣魂魂。西
　　　望大澤，后稷所潛也。其中多玉，其陰多榣木之有若。北望諸毗，槐鬼離
　　　侖居之，鷹鸇之所宅也。東望恒山四成，有窮鬼居之，各在一搏。爰有淫
　　　水，其清洛洛。有天神焉，其狀如牛，而八足二首馬尾，其音如勃皇，見
　　　則其邑有兵。

〔二〕《穆天子傳》卷二：季夏丁卯，天子北升於舂山之上，以望四野，曰：「舂
　　　山，是唯天下之高山也。」孳木□華畏雪。天子於是取孳木華之實，持歸
　　　種之，曰：「舂山之澤，清水出泉，溫和無風，飛鳥百獸之所飲食，先王
　　　所謂縣圃。」天子於是得玉策枝斯之英，曰：「舂山，百獸之所聚也，飛
　　　鳥之所棲也。」爰有□獸，食虎豹，如麋而載骨盤□始如麕，小頭大鼻。
　　　爰有赤豹、白虎、熊羆、豺狼、野馬、野牛、山羊、野豕。爰有白鳥青雕，

執犬羊，食豕鹿。曰天子五日觀於舂山之上，乃爲銘跡於縣圃之上，以詔後世。

丹木生何許，迺在崟音「密」**山陽**。按，《穆天子傳》及李善注《文選》引，此直作「密山」。「崟」，即「密」字之壞。**黃花復朱實，食之壽命長。白玉凝素液，瑾瑜**玉最善者。「覲」「臾」兩音。**發奇光。豈伊君子寶，見重我軒黃**。一作「皇」。

按，《山海經》：崟山上，多丹木，黃花而赤實，食之不飢。丹水出焉，其中多白玉，是有玉膏，黃帝是食是饗。瑾瑜之玉爲良，潤澤而有光，君子服之，以禦不祥。〔一〕

陳倩父曰：調甚高古，吾愛吾寶耳。

【箋釋】

〔一〕《山海經·西山經》：又西北四百二十里，曰崟山。其上多丹木，員葉而赤莖，黃華而赤實，其味如飴，食之不飢。丹水出焉，西流注於稷澤，其中多白玉。是有玉膏，其原沸沸湯湯，黃帝是食是饗。

又，瑾瑜之玉爲良，堅粟精密，濁澤有而光。五色發作，以和柔剛。天地鬼神，是食是饗；君子服之，以禦不祥。

翩翩三青鳥，毛色奇一作「甚」**可憐。朝爲王母使，暮歸三危山。我欲因此鳥，具**一作「且」**向王母言。在世無所須，惟酒與長年**。一作「唯願此長年」，非。

按，《山海經》：三青鳥，主爲西王母取食。〔一〕又云：三危之山，三青鳥居之。〔二〕三危山，今在燉煌郡。《尚書》：竄三苗於三危，〔三〕是也。三青鳥，一名大鵹，一名少鵹，一名青鳥。〔四〕

陳倩父曰：放浪，太白每效之。酒以忘憂，長年欲何俟耶？抑自有所以壽者。

愚按：人世能長飲酒與享長年，何用別求神仙？以放筆寫諧趣，其襟懷概可想見。

【箋釋】

〔一〕《山海經・海內北經》：海內西北陬以東者。蛇巫之山，上有人操杯而東向
　　　立。一曰龜山。西王母梯几而戴勝杖。其南有三青鳥，為西王母取食。在
　　　崑崙虛北。

〔二〕《山海經・西山經》：又西二百二十里，曰三危之山，三青鳥居之。是山
　　　也，廣員百里。其上有獸焉，其狀如牛，白身四角，其豪如披蓑。

〔三〕《尚書・虞書・舜典》：流共工於幽州，放驩兜於崇山，竄三苗於三危，殛
　　　鯀於羽山，四罪而天下咸服。

〔四〕《山海經・大荒西經》：有三青鳥，赤首黑目，一名曰大鵹，一名少鵹，
　　　一名曰青鳥。

　　逍遙蕪皋上，杳然望扶木。洪柯百萬尋，森散覆暘谷。靈人侍
一作「待」丹池，朝朝為日浴。神景一登天，何幽不見燭。

　　按，《山海經》：大荒之中，有山。上有扶木，柱三百里，有谷曰暘谷，
上有扶木。〔一〕注云：扶桑在上暘谷。〔二〕《說文》作「崵」，《史記》舊本
作「湯谷」。「湯」「暘」「崵」，皆一也。海隅，夷地名。〔三〕「扶木」，一作
「榑木」。

　　陳倩父曰：無如長夜漫漫，何也？

【箋釋】

〔一〕《山海經・大荒東經》：大荒之中，有山名曰孽搖頵羝。上有扶木，柱三百
　　　里，其葉如芥。有谷曰溫源谷。湯谷上有扶木，一日方至，一日方出，皆
　　　載於烏。

〔二〕《山海經・海外東經》：湯谷上有扶桑，十日所浴，在黑齒北。居水中，有
　　　大木，九日居下枝，一日居上枝。

〔三〕《爾雅・釋地》：楚有雲夢。吳越之間有具區。齊有海隅。燕有昭余祁。鄭
　　　有圃田。

　　粲粲三株樹，寄生赤水陰。亭亭凌風桂，八幹共成林。靈鳳撫
雲舞，神鸞調玉音。雖非世上寶，爰得王母心。

按，《山海經》：三株樹，在厭火國北，生赤水上，其樹如柏，葉皆爲珠。一日其樹若彗。〔一〕桂林八樹在賁隅東。〔二〕八樹而成林，言其大也。載民之國，爰有歌舞之鳥，鸞鳥自歌，鳳鳥自舞。〔三〕賁隅，音「番禺」，今番禺縣。「載」，應作「戴」，音「秩」，亦音「替」。舊本作「載」，非。

陳倩父曰：夫世上寶安能得王母心哉？

【箋釋】

〔一〕見《山海經‧海外南經》。

〔二〕見《山海經‧海內南經》：桂林八樹在番隅東。郭璞注：「八樹而成林，言其大也」。

〔三〕《山海經‧大荒南經》：有載民之國。帝舜生無淫，降載處，是謂巫載民。巫載民盼姓，食穀，不績不經，服也；不稼不穡，食也。爰歌舞之鳥，鸞鳥自歌，鳳鳥自舞。爰有百獸，相群爰處。百穀所聚。

又，《山海經‧大荒西經》：西有王母之山、壑山、海山。有沃之國，沃民是處。沃之野，鳳鳥之卵是食，甘露是飲。凡其所欲其味盡存。爰有甘華、璇瑰、甘柤、瑤碧、白木、白柳、視肉、琅玕、白丹、青丹、多銀鐵。鸞鳳自歌，鳳鳥自舞，爰有百獸，相群是處，是謂沃之野。

自古皆有沒，何人得一作「何氏獨」**靈長。不死復不老，萬歲如平常。赤泉給我飲，員丘足我糧。方與三辰游，壽考豈渠央。**

按，《山海經》：不死民，在交脛國東，其人黑色，壽，不死。一日在穿匈國之東。〔一〕有員丘山，其上有不死樹，食之乃壽。亦有赤泉，飲之不老。〔二〕

陳倩父曰：兀然而來，甚奇。

又曰：自古有沒，富貴何足躭？然自有所以壽者在也。

愚按：人豈有不死者？惟有壽世之術，可以長恃。然縱至於不死、不老，以至萬歲，不異平常，則神仙亦屬尋常耳。何足貴哉？句有語妙。

【箋釋】

〔一〕《山海經‧海外南經》：交脛國在其東，其爲人交脛。一日在穿匈東。不死民在其東，其爲人黑色，壽，不死。一日在穿匈國東。

〔二〕張華《博物志》卷一：員丘山上有不死樹，食之乃壽。有赤泉，飲之不老。多大蛇，爲人害，不得居也。

又，《山海經·海內西經》：開明北有視肉、珠樹、文玉樹、玗琪樹、不死樹。

《列子·湯問》：珠玕之樹皆叢生，華實皆有滋味，食之皆不老不死。所居之人皆仙聖之種；一日一夕飛相往來者，不可數焉。

夸父誕宏志，乃與日競走。俱至虞淵下，「虞淵」，即禺谷，日所入也。夸父追日逮於此，今在虞淵。〔一〕**似若無勝負。神力既殊妙，傾河焉足有。餘跡寄鄧林，功竟在身後。**

按，《山海經》：夸父不量力，欲追日景，與日逐走。入日，渴。欲得飲，飲於河渭，河渭不足，北飲大澤，未至，道渴而死，棄其杖，化爲鄧林。〔二〕注：夸父者，神人之名也。其能及日景而傾河渭，豈以走飲哉？寄用於走飲耳。幾乎不疾而速，不行而至者矣。此以一體爲萬殊，存亡代謝，寄鄧林而遁形，惡得尋其靈化哉！〔三〕按，鄧林，即桃林。《列子》云：鄧林彌廣數十里。〔四〕蓋即《中山經》所云：夸父之山，北有桃林也。〔五〕其地則爲楚之北境云。〔六〕

陳倩父曰：身後有何功？此志不泯，即其功也已。〔七〕

何義門曰：妙在縱其詞以誇之，後人不窺此妙也。末二句，其爲誇也，死猶不悟。

【箋釋】

〔一〕《淮南子·天文訓》：日入於虞淵之汜，曙於蒙谷之浦，行九州七舍，有五億萬七千三百九里。

又，《淮南子·說林訓》：日出暘谷，入於虞淵，莫知其動，須臾之間，俛人之頸。

〔二〕見《山海經·海外北經》。

又，《山海經·大荒北經》：大荒之中，有山名曰成都載天。有人珥兩黃蛇，把兩黃蛇，名曰夸父。后土生信，信生夸父。夸父不量力，欲追日景，逮之於禺谷。將飲河而不足也，將走大澤，未至，死於此。應龍已殺

蚩尤，又殺夸父，乃去南方處之，故南方多雨。

〔三〕見《山海經・海外北經》郭璞注。

〔四〕《列子・湯問》：夸父不量力，欲追日影，逐之於隅谷之際。渴欲得飲，赴飲河渭。河渭不足，將走北飲大澤。未至，道渴而死。棄其杖，屍膏肉所浸，生鄧林。鄧林彌廣數千里焉。

　　謹案：溫本「數十里」，應爲「數千里」。

〔五〕見《山海經・中山經》：又西九十里，曰夸父之山，其木多棕枏，多竹箭，其獸多㸰牛、羬羊，其鳥多鷩，其陽多玉，其陰多鐵。其北有林焉，名曰桃林，是廣員三百里，其中多馬。湖水出焉，而北流注於河，其中多珚玉。

〔六〕《山海經・中山經》郭璞注：「桃林，今宏農湖縣閿鄉南谷中是也；饒野馬山羊山牛也。」

　　又，《山海經・海外北經》畢沅注：鄧林，即桃林也，「鄧」「桃」音相近。高誘注《淮南子》（《墜形篇》）：「鄧，猶木。」是也。《列子》（《湯問》）云：「鄧林彌廣數千里。」蓋即《中山經》（《中次六經》）所云：「夸父之山，北有桃林」矣。其地則爲楚之北境也。（引自《二十二子》畢沅校《山海經》卷九）

〔七〕《采菽堂古詩選》卷十四：身後亦何功？此志不泯，即其功也矣。

精衛銜微石一作「木」，**將以塡滄海。刑天舞干戚，**一作「形夭無千歲」，**猛志故常在。同物既無慮，化去不復悔。徒設在昔心，良辰詎可待？**

按，《山海經》：女娃，炎帝少女，游於東海，溺而不返，化爲精衛，俗呼帝女雀。常銜西山之木石，以堙東海。〔一〕

曾紘曰：余嘗評陶公詩，語造平淡而寓意深遠，外若枯槁，中實敷腴，眞詩人之冠冕也。平生頗愛此作，每以世無善本爲恨。因讀「形夭無千歲，猛志固常在」二句，疑其上下文義不甚相貫，遂取《山海經》參校，《經》中有云：「刑天，獸名也，口中好銜干戚而舞」。乃知此句是「刑天舞干戚」，故與「猛志固常在」相應。五字皆訛，蓋字書相近，無足怪者。因思宋宣獻言：「校書如拂如几上塵，旋拂旋生。」豈欺我哉？

何義門引周益公云：宣和末，臨漢曾紘謂「形夭無千歲」，當作「刑天

舞干戚」，某初喜其援證甚明。已而再味，前篇專詠夸父事，次篇亦當專詠精衛，不應旁及他獸。今觀康節只從舊本，則紘言似未可憑矣。按，尤延之所開《山海經》作「形天」。

陳倩父曰：「設心將若何」，此豈詠《山海經》耶？然固已無晨焉已矣！

愚按：《山海經》：「形天與帝至此爭神，帝斷其首，葬之常羊之山。乃以乳爲目，以臍爲口，操干戚以舞」。畢注云：舊本俱作「形天」。案，唐《等慈寺碑》正作「形夭」，依義，「夭」長於「天」，始知陶詩「形夭無千歲」，「千歲」則「干戚」之譌，「形夭」是也。據此則諸說互異，姑兩存之，以俟考。

【箋釋】

〔一〕《山海經‧北山經》：又北二百里，曰發鳩之山，其上多柘木。有鳥焉，其狀如烏，文首、白喙、赤足，名曰精衛，其鳴自詨。是炎帝之少女名曰女娃，女娃游於東海，溺而不返，故爲精衛。常銜西山之木石，以堙於東海。漳水出焉，東流注於河。

　　又，《述異記》卷上：昔炎帝女溺死於東海中，化爲精衛。偶海燕生子，生雌狀如精衛，生雄如海燕。今東海精衛誓水處，曾溺此川，誓不飲其水。一名誓鳥，一名冤禽，又名志鳥，俗呼帝女雀。

巨猾一作「危」肆威暴，欽𩿨音「丕」，一作「駓」。違帝旨。窫音「軋」窳強能變，祖本作「葆」江遂獨死。明明上天鑒，爲惡不可履。長枯固已劇，鵕鶼一作「鵕」，又作「雞鶼」。豈足恃。「鵕」，音「峻」，本作「駿」。「鶼」，音「宜」，或作「䴊」，鳳屬，鷩雉也。

按，《山海經》：鍾山神，其子曰鼓，是與欽䲹殺葆江於崑崙之陽，帝乃戮之鍾山之東，欽䲹化爲大鶚，鼓亦化爲鵕鳥，見即其邑大旱。〔一〕「窫窳」，龍首，居弱水中。注云：本蛇身人，而爲貳負臣所殺，復化成此物。〔二〕

陳倩父曰：不可如何，以筆誅之。今茲不然，以古徵之。人事既非，以天臨之。

愚按：「欽𩿨」，畢注云：章懷太子賢注《後漢書》引作「欽駓」。「欽」亦作「堪」，音同「𩿨」，當爲「壞」，或爲「負」，或借。「駓」，「𩿨」字俗寫也。莊子云：「堪壞襲崑崙」。《淮南子》作「欽負」，皆是。「祖江」，應作

「葆江」，或亦作「祖」。《呂氏春秋・本味篇》云：伊尹曰：「祖江之邱，名曰搖水」。張衡《思元賦》云：「弔祖江之見劉」。〔三〕自注：「祖江」，人名是也。「鶚」，雕屬，其狀如鴟。「鵕」，大鳥，其狀如鴟。二鳥二人所化，應作「鵕鶚」。末四句，援上天以警惡人，是憤極語，亦是無聊語。

【箋釋】

〔一〕《山海經・西山經》：又西北四百二十里，曰鍾山。其子曰鼓，其狀如人面而龍身，是與欽鵶殺葆江於崑崙之陽，帝乃戮之鍾山之東曰崡崖。欽鵶化爲大鶚，其狀如雕而黑文白首，赤喙而虎爪，其音如晨鵠，見則有大兵。鼓亦化爲鵕鳥，其狀如鴟，赤足而直喙，黃文而白首，其音如鵠，見即其邑大旱。

〔二〕《山海經・海內西經》：開明東有巫彭、巫抵、巫陽、巫履、巫凡、巫相，夾窫窳之尸，皆操不死之藥以距之。窫窳者，蛇身人面，貳負臣所殺也。

〔三〕張衡《思玄賦》：瞰瑤谿之赤岸兮，弔祖江之見劉。《文選》李善注：瞰，瞻也。瑤谿赤岸，謂鍾山東瑤岸也。祖江，人名也。劉，殺也。善曰：《山海經》曰：鍾山有子曰敷，其狀人面而龍身，欽鵶殺祖江於崑崙之陽。帝乃戮之於鍾山之東，曰瑤岸，欽鵶化爲大鶚。郭璞曰：「鵶」，音「丕」。「鶚」，音「愕」。

謹案：「思元」應爲「思玄」。

鵃鵝見城邑，「鵃鵝」，一作「鳴鵠」。**其國有放士。念彼懷生世，當時數來止。**一作「念彼懷王時，亦得數來止」。**青丘有奇鳥，自言獨見爾**一作「理」。**本爲迷者生，不以喻君子。**

按，《山海經》：柜山有鳥，其狀如鴟，其名曰鴸，見則其縣多放士。〔一〕注云：放，逐也。據此則「鵃鵝」當作「鴟鴸」。又按，青丘之山有鳥，其狀如鳩。〔二〕

陳倩父曰：此意極曲。君子非放士也。迷者不達，故須覺之。見放士，高君子，非以爲高，即長往之旨，定知是遠。

愚按：此首意頗難解，即陳評亦未甚了然。

【箋釋】

〔一〕《山海經·南山經》：南次二經之首，曰柜山，西臨流黃，北望諸毗，東望長右。英水出焉，西南流注於赤水，其中多白玉，多丹粟。有獸焉，其狀如豚，有距，其音如狗吠，其名曰狸力，見則其縣多土功。有鳥焉，其狀如鴟而人手，其音如痺，其名曰鴸鳥，其名自號也，見則其縣多放士。

〔二〕《山海經·南山經》：又東三百里，曰青丘之山，其陽多玉，其陰多青䨼。有獸焉，其狀如狐而九尾，其音如嬰兒，能食人，食者不蠱。有鳥焉，其狀如鳩，其音若呵，名曰灌灌，佩之不惑。

巖巖一作「悠悠」顯朝市，帝者慎一作「善」用才。何以廢共鯀，一作「鉉」，同「鯀」。重華為之來。仲文獻誠言，姜公乃見猜。臨沒告飢渴，當復何及哉！

按，《山海經》：祝融降處於江水，生共工。鯀竊帝之息壤，以堙洪水，帝令殺鯀於羽郊，鯀生禹。〔一〕

陳倩父曰：比似不倫，然細揆之，則甚倫。共鯀，指車無軸，重華緣此來，傷用人不得，無大節不奪者，託之以致傾。

張爾公曰：予讀《詠山海經》詩，頗類屈子《天問》，詞雖幽異離奇，似無深指。

黃皎菴曰：十三首中初首總冒，末為總結，餘皆分詠事物。超然作俗外之想，興古帝之思。蓋從晉室所由式微之故，引援故實，以寄慨世，非侈異聞也。

愚按：首章揭明，「俯仰宇宙」四字包括一切，下十二章俱從此出。借神仙荒怪之論，以發其悲憤不平之慨，此其大較也。然就《山海經》而言，事雖涉於荒渺無稽，余謂有天地便有鬼神，有鬼神便有事物。宇宙間何所不有，惟不見耳。然則上下古今，《山海》一經，豈盡荒唐之論哉？

【箋釋】

〔一〕《山海經·海內經》：洪水滔天。鯀竊帝之息壤以堙洪水，不待帝命。帝命祝融殺鯀於羽郊。鯀復生禹。帝乃命禹卒布土以定九州。

又，《山海經·海內經》：南祝融，獸身人面，乘兩龍。

擬挽歌辭三首

有生必有死，早終非命促。昨暮同爲人，今旦在—作「掩」鬼錄。魏文帝《書》：徐、陳、應、劉，一時俱逝。撰其遺文，都爲一集，觀其姓名，已爲鬼錄。〔一〕魂氣散何之，枯形寄空木。嬌兒索父啼，良友撫我哭。得失不復知，是非安能覺。千秋萬歲後，誰知榮於辱。《戰國策》：寡人萬歲千秋之後，誰與樂此。〔二〕但恨在世時，飲酒不得足。—作「常不足」。

陳倩父曰：言理極盡，故言哀極深。末故以放語，引令遠。

又曰：讀「得失」二句，可知一息尚存，得失、是非不容泯泯也。

愚按：起二句只是眼前道理，俗人見不到，偏說不出。末數語，喚醒世人，如夢初覺。

【箋釋】

〔一〕曹丕《與吳質書》：昔年疾疫，親故多離其災：徐、陳、應、劉，一時俱逝，痛何可言邪！昔日遊處，行則連輿，止則接席，何曾須臾相失！每至觴酌流行，絲竹并奏，酒酣耳熱，仰而賦詩。當此之時，忽然不自知樂也。謂百年已分，可長共相保，何圖數年之間，零落略盡，言之傷心！頃撰其遺文，都爲一集。觀其姓名，已爲鬼錄。追思昔遊，猶在心目。而此諸子，化爲糞壤，可復道哉！

〔二〕《戰國策·楚一》：楚王遊於雲夢，結駟千乘，旌旗蔽日，野火之起也若雲蜺，兕虎嗥之聲若雷霆，有狂兕牂車依輪而至，王親引弓而射，壹發而殪。王抽旃旄而抑兕首，仰天而笑曰：「樂矣，今日之遊也。寡人萬歲千秋之後，誰與樂此矣？」安陵君泣數行而進曰：「臣入則編席，出則陪乘。大王萬歲千秋之後，願得以身試黃泉，蓐螻蟻，又何如得此樂而樂之。」王大說，乃封壇爲安陵君。君子聞之曰：「江乙可謂善謀，安陵君可謂知時矣。」

在昔無酒飲，今但—作「且」湛空觴。春醪生—作「更」浮蟻，醪，汁滓酒也。張衡《南都賦》：浮蟻若萍。〔一〕何時更—作「復」能嘗。肴案盈我前，親舊哭我傍。欲語口無音，欲視眼無光。昔在高堂寢，今

宿荒草鄉。〔二〕一本有「荒草無人眠，極視正茫茫」二句。「極」，一又作「直」。
一朝出門去，「出門」，一作「相送」。歸來夜一作「良」未央。

　　陳倩父曰：起即承上章，下有作致。「春醪」句佳。「欲語」二句，奇創
出語，自古無言此者。〔三〕

【箋釋】

〔一〕張衡《南都賦》：酒則九醖甘醴，十旬兼清。醪敷徑寸，浮蟻若萍。其甘
　　　不爽，醉而不醒。

〔二〕陸機《挽歌詩三首》其三：重阜何崔嵬，玄廬竄其間。磅礴立四極，穹
　　　隆放蒼天。側聽陰溝湧，臥觀天井懸。廣霄何寥廓，大暮安可晨。人往有
　　　返歲，我行無歸年。昔居四民宅，今託萬鬼鄰。夕爲七尺軀，今成灰與塵。
　　　金玉素所佩，鴻毛今不振。豐肌饗螻蟻，妍姿永夷泯。壽堂延魑魅，虛無
　　　自相賓。螻蟻爾何怨？魑魅我何親？抆心痛荼毒，永歎莫爲陳。

〔三〕《采菽堂古詩選》卷十四：起即承上章，下作致。「春醪」句佳。「欲語」
　　　二句奇語，自古無言此者。

　　荒草何茫茫，白楊亦蕭蕭。《古詩》：四顧何茫茫，東風搖百草。〔一〕《楚
辭》：風颯颯兮木蕭蕭。〔二〕嚴霜九月中，送我出遠郊。《爾雅》：邑外曰郊。
〔三〕四面無人居，高墳正嶕嶢。《字林》：嶕嶢，高貌。馬爲仰天鳴，風
爲自蕭條。一作「鳥爲動哀鳴，林爲結風飆」。幽室一已閉，千年不復朝。
千年不復朝，賢達將一作「無」奈何。向來相送人，各自一作「已」還
其家。陸機《挽歌》：送子長夜臺。〔四〕親戚或餘悲，周云：「或」字妙。他人
亦已歌。死去何所道，託體同山阿。〔五〕人死爲灰，灰死爲土，所謂「同
山阿」也。

　　孫月峰曰：只是淺語，但以自挽爲奇耳。說得自自在在，不落哀境，是
達生死語，如此方合自挽歌。

　　陳倩父曰：一氣瀏蒞，《十九首》而外，在漢人亦不多得。又極似蔡中
郎《青青河畔草》一篇，似以神，此固神到之筆也。「千年不復朝」疊一句，
跌宕以振之，哀響之中發以壯調，然彌壯彌哀矣。「親戚或餘悲，他人亦已
歌」，非《十九首》安得此名句？

沈確士曰：即所謂「萬歲更相送，聖賢莫能度」也。〔六〕音調彌響，哀思彌深。

祁寬曰：昔人自作祭文、挽詩者多矣，或寓意騁辭，成於暇日。寬考次，靖節詩文乃絕筆於祭挽三篇，蓋出於屬纊之際者，辭情俱達，尤為精麗。其於晝夜之道，了然如此。古之聖賢，惟孔子、曾子能之，見於曳杖之歌、易簀之言。嗟夫！斯人沒七百年，未聞有稱贊及此者，因表而出之，附於卷末。

趙泉山曰：「嚴霜九月中，送我出遠郊」，與《自祭文》「律中無射之月」相符，知《挽歌辭》乃將逝之夕作。是以梁昭明採此辭入《選》，止題曰：「陶淵明挽歌」。而編次本集者不悟，乃題云《擬挽歌辭》。曾端伯云：「秦少遊將亡，效陶淵明自作哀挽」；王平甫亦云：「九月清霜送陶令」。此則挽辭決非擬作，從可知矣。

又曰：晉桓伊善挽歌，庾晞亦喜為挽歌，每自搖大鈴為唱，使左右齊和。袁山松遇出道，則好令左右作挽歌類，皆一時名流達士習尚如此，非如今之人例以為悼亡之語，惡言之也。

愚按：晉人慕清虛，尚曠達，諸所為《挽歌辭》，皆其一時習尚使然。然悉撰於閒暇、宴遊，相率而為放誕之舉。若如靖節於屬纊時，猶能作此達語，非生平有定力、定識，烏能得此宜？祁氏許其於晝夜之道了然，繼孔、曾之後而始有斯人也。三篇中末篇尤調高響絕，千百世下，如聞其聲，如見其情也。孫氏乃云：「只是淺語，但以自挽為奇。」豈知以淺語寫深思，更耐人咀味不盡爾，且疊句每易流於輕剽，看其「千年不復朝，賢達將奈何」二語，幽淒俯仰欲絕。周青輪謂其疊一句更慘，良然。孫氏反取其自在，又云「不落哀境」，甚矣！說詩之難也。

【箋釋】

〔一〕《古詩十九首·回車駕言邁》：回車駕言邁，悠悠涉長道。四顧何茫茫，東風搖百草。所遇無故物，焉得不速老。盛衰各有時，立身苦不早。人生非金石，豈能長壽考。奄忽隨物化，榮名以為寶。

〔二〕《楚辭·山鬼》：山中人兮芳杜若，飲石泉兮蔭松柏。君思我兮然疑作。雷填填兮雨冥冥，猿啾啾兮狖夜鳴。風颯颯兮木蕭蕭，思公子兮徒離憂。

〔三〕《爾雅·釋地》：邑外謂之郊，郊外謂之牧，牧外謂之野，野外謂之林，林外謂之坰。

〔四〕陸機《挽歌詩三首》其一：按轡遵長薄，送子長夜臺。呼子子不聞，泣子子不知。歎息重櫬側，念我疇昔時。三秋猶足收，萬世安可思。殉沒身易亡，救子非所能。含言言哽咽，揮涕涕流離。

〔五〕《逸樓論詩》：《自祭文》其旨達，《挽歌》三章則爲他人作也，其感深。至云：「千年不復朝，賢達將奈何？向者相送人，各自歸其家。親戚或餘悲，他人亦已歌。」何其哀也。雖然，不歸家又將奈何？既死矣，悲與歌何有於我哉！（見《清詩話三編》第二冊）

〔六〕《古詩十九首·驅車上東門》：驅車上東門，遙望郭北墓。白楊何蕭蕭，松柏夾廣路。下有陳死人，杳杳即長暮。潛寐黃泉下，千載永不寤。浩浩陰陽移，年命如朝露。人生忽如寄，壽無金石固。萬歲更相送，賢聖莫能度。服食求神仙，多爲藥所誤。不如飲美酒，被服紈與素。

　　謹案：陶淵明《擬挽歌辭三首》，可以與《自祭文》對讀，以全面瞭解陶淵明對生死的態度。《自祭文》全文如下：

歲惟丁卯，律中無射。天寒夜長，風氣蕭索，鴻雁于征，草木黃落。陶子將辭逆旅之館，永歸於本宅。故人悽其相悲，同祖行於今夕。羞以嘉蔬，薦以清酌。候顏已冥，聆音愈漠。嗚呼哀哉！

茫茫大塊，悠悠高旻，是生萬物，余得爲人。自余爲人，逢運之貧，簞瓢屢罄，絺綌冬陳。含歡谷汲，行歌負薪，翳翳柴門，事我宵晨。春秋代謝，有務中園。載耘載籽，迺育迺繁。欣以素牘，和以七絃。冬曝其日，夏濯其泉。勤靡餘勞，心有常閒。樂天委分，以至百年。惟此百年，夫人愛之。懼彼無成，愒日惜時。存爲世珍，歿亦見思。嗟我獨邁，曾是異茲。寵非己榮，涅豈吾緇。捽兀窮廬，酣飲賦詩。識運知命，疇能罔眷？余今斯化，可以無恨。壽涉百齡，身慕肥遁。從老得終，奚所復戀。寒暑逾邁，亡既異存。外姻晨來，良友宵奔。葬之中野，以安其魂。窅窅我行，蕭蕭墓門。奢恥宋臣，儉笑王孫。廓兮已滅，慨焉已遐。不封不樹，日月遂過。匪貴前譽，孰重後歌。人生實難，死如之何。嗚呼哀哉！

　　《自祭文》是陶淵明自己的《安魂曲》，深邃，沉潛，安詳。只有懷有大愛者，對死方能如此深情。蘇軾說：「讀淵明《自祭文》，出妙語於纊息之餘，豈涉死生之流哉！」（陳秀明編《東坡文談錄》）張自烈也說：「今人畏

死戀生，一臨患難，雖義當捐軀，必希苟免，且有纘息將絕，眷眷妻孥田舍，若弗能割者，嗟乎！何其愚哉！淵明非止脫去世情，直能認取故我，如『奚所復戀』，『可以無恨』，此語非淵明不能道」（《箋注陶淵明集》卷六）。清人祁寬說：「昔人自作祭文、挽詩者多矣，或寄意騁詞，成於暇日。靖節絕筆二篇（指《自祭文》《擬挽歌辭三首》），蓋出於屬纊之際，辭情俱達，其於晝夜之道，了然如此」（鍾秀《陶靖節記事詩品》卷一）。所謂「屬纊」，是用新棉放在臨死之人的鼻子前以驗證其是否斷氣，這當然不是說《自祭文》《挽歌詩》作於詩人臨死之時，而是指作於詩人死去的當年。梁啓超先生《陶淵明》一書把「勤靡餘勞，心有常閒。樂天委分，以至百年」十六個字，作爲對「淵明先生人格的總贊」。通達、徹悟，樂命知天，讓陶淵明不僅成爲眞正意義上的智者，而且心中充滿欣慰，一片寧靜。

桃花源詩并記〔一〕

按，《一統志》：湖廣常德府：秦曰黔中，漢曰武陵。領縣四。桃源，漢沅南地，屬武陵。

晉太元中，武陵人捕魚爲業。緣溪行，忘路之遠近，忽逢桃花林，夾岸數百步，中無雜樹，芳草鮮美，落英繽紛。漁人甚異之，復前行，欲窮其林。林盡水源，便得一山，山有小口，髣髴若有光，便捨船，從口入，初極狹，纔通人。復行數十步，豁然開朗，土地平曠，屋舍儼然，有良田、美池、桑竹之屬。阡陌交通，雞犬相聞。其中往來種作，男女衣著，悉如外人，黃髮垂髫，并怡然自樂。見漁人，乃大驚，問所從來，具答之。便要還家，設酒殺雞作食。村中聞有此人，咸來問訊，自云先世避秦時亂，率妻子、邑人來此絕境，不復出焉，遂於外人間隔。問今是何世，乃不知有漢，無論魏、晉。一本有「等也」二字。周云：語有深諷。此人一一爲具言所聞，皆歎惋。餘人各復延至其家，皆出酒食。停數日，辭去。此中人語云：一本無「語」字。「不足爲外人道也」。既出，得其船，便扶一作「於」向路，處處誌之。及郡下，詣太守，劉歆也。說如此，太守即遣人隨其往，尋向所誌，遂迷，不復得路。南陽

劉子驥，高尚士也，聞之，欣然欲一作「親」，又作「規」。往，一有「遊焉」二字。未果。尋病終，後遂無問津者。

何義門曰：此文極古。

又曰：「率妻子、邑人來此絕境」，既曰「邑人」，則先世所謂彼都人士者也。

【箋釋】

〔一〕李公煥《箋注陶淵明集》卷五：桃源，《經》曰：桃源山，在縣南一十里西北，乃沅水曲流而南有障山，東帶鈔鑼溪，周回三十有二里，所謂桃花源也。

又，王昌齡《武陵開元觀黃煉師院三首》：松間白髮黃尊師，童子燒香禹步時。欲訪桃源入溪路，忽聞雞犬使人疑。　先賢盛說桃花源，塵忝何堪武陵郡。聞道秦時避地人，至今不與人通問。　山觀空虛清靜門，從官役吏擾塵喧。暫因問俗到眞境，便欲投誠依道源。

包融《武陵桃源送人》：武陵川徑入幽遐，中有雞犬秦人家。先時見者爲誰耶，源水今流桃復花。

李白《贈從弟南平太守之遙二首》其二：東平與南平，今古兩步兵。素心愛美酒，不是顧專城。謫官桃源去，尋花幾處行。秦人如舊識，出戶笑相迎。

武元衡《桃源行送友》：武陵川徑入幽遐，中有雞犬秦人家，家傍流水多桃花。桃花兩邊種來久，流水一通何時有。垂條落蕊暗春風，夾岸芳菲至山口。歲歲年年能寂寥，林下青苔日爲厚。

權德輿《桃源篇》：小年嘗讀桃源記，忽覿良工施繪事。岩徑初欣繚繞通，溪風轉覺芬芳異。一路鮮雲雜彩霞，漁舟遠遠逐桃花。漸入空濛迷鳥道，寧知掩映有人家。龐眉秀骨爭迎客，鑿井耕田人世隔。不知漢代有衣冠，猶說秦家變阡陌。石髓雲英甘且香，仙翁留飯出青囊。相逢自是松喬侶，良會應殊劉阮郎。內子閒吟倚瑤瑟，玩此沈沈銷永日。忽聞麗曲金玉聲，便使老夫思閣筆。

劉禹錫《遊桃源一百韻》：淵明著前志，子驥思遠跖。寂寂無何鄉，密爾天地隔。金行太元歲，漁者偶探賾。尋花得幽蹤，窺洞穿暗隙。依微

聞雞犬，豁達值阡陌。居人互將迎，笑語如平昔。廣樂雖交奏，海禽心不
懌。揮手一來歸，故溪無處覓。

劉禹錫《桃源行》：漁舟何招招，浮在武陵水。拖綸擲餌信流去，誤
入桃源行數里。清源尋盡花綿綿，踏花覓徑至洞前。洞門蒼黑煙霧生，暗
行數步逢虛明。俗人毛骨驚仙子，爭來致詞何至此。須臾皆破冰雪顏，笑
言委曲問人間。因嗟隱身來種玉，不知人世如風燭。筵羞石髓勸客餐，燈
爇松脂留客宿。雞聲犬聲遙相聞，曉色蔥籠開五雲。漁人振衣起出戶，滿
庭無路花紛紛。翻然恐失鄉縣處，一息不肯桃源住。桃花滿溪水似鏡，塵
心如垢洗不去。仙家一出尋無蹤，至今水流山重重。

張喬《尋桃源》：武林春草齊，花影隔澄溪。路遠無人去，山空有鳥
啼。水垂青靄斷，松偃綠蘿低。世上迷途客，經茲盡不迷。

靈一《題黃公陶翰別業》（一作處一詩，一作蘇廣文詩，題云《自商
山宿陶令隱居》）：聞說花源堪避秦，幽尋數月不逢人。煙霞洞裏無雞犬，
風雨林間有鬼神。黃公石上三芝秀，陶令門前五柳春。醉臥白雲閑入夢，
不知何物是吾身。

嬴氏亂天紀，賢者避其世。按，《秦本紀》：自太戊以下，中衍之後，遂
世有功，以佐殷國，故嬴姓多顯，遂爲諸侯。〔一〕「天紀」，曆數也。《尚書》云：儆
擾天紀。〔二〕**黃綺之商山，伊人亦云逝。往跡浸復湮，來徑遂蕪廢。
相命肆**一作「肆」**農耕，日入從所憩**。「肆」，習也。「憩」，息也。《擊壤歌》：
日入而息。〔三〕**桑竹垂餘蔭，菽稷隨時藝。春蠶收長絲，秋熟靡王稅**。
「藝」，種也。「靡」，無也。**荒路暧交通，**「暧」，暗貌。**雞犬互鳴吠。俎豆
猶古法，衣裳無新製。童孺縱行歌，斑白歡遊詣**。「詣」，往也。**草榮
識節和，木衰知風厲。雖無紀曆誌，四時自成歲。怡然有餘樂，
于何勞智慧。奇蹤隱五百，一朝敞神界**。「五百」，謂自秦至晉五百餘年
也。「敞」，高顯也。**淳薄既異源，旋復還幽蔽**。「蔽」，一作「閉」，即序所云
「迷，不復得路」也。**借問游方士，焉測塵囂外**。宋本作「塵外地」。**顧言
躡輕風，高舉尋吾契**。《晉（書）‧劉琨傳》：南北迥邈，合契一致。〔四〕

唐子西曰：唐人詩云：「山僧不解數甲子，一葉落知天下秋」。及觀淵明

詩云：「雖無紀曆誌，四時自成歲」，便覺唐人費力如此。如《桃花源記》言「尚不知有漢，無論魏、晉」，可見造語簡妙。蓋晉人不造語，而淵明其尤也。

　　東坡曰：世傳桃源事，多過其實。考淵明所記，止言「先世避秦亂」來此，則漁人所見似是其子孫，非秦人不死者也。又云「殺雞作食」，豈有仙而殺者乎？舊說南陽有菊水，水甘而芳，居民三十餘家，飲其水皆壽，或至百二三十歲。蜀青城山老人村，有五世孫者，道極險遠，尚不識鹽醯，而溪中多枸杞，根如龍蛇，飲其水，故壽。近歲道稍通，漸能致五味，而壽益衰。桃源蓋此比也。使武陵太守得至焉，則已化為爭奪之場久矣。常意天壤間若此者甚眾，不獨桃源也。

　　張爾公曰：東坡不悟《桃源記》，卻從南陽青城覓蹊徑，直是夢中說夢。至所云「豈有仙而殺者乎」，此又兒女子癡語。淵明聞此必大笑，東坡不是解人。

　　陳倩父曰：起借黃、綺作證，生一姿態，使若實有此事。然中段極力摹寫境地不恒，總不欲似俗中耳。「桑竹」十句，字字生動；「草榮」四句，有作意；「怡然」二句，見本懷，深嫉智詐也。

　　何義門曰：「亂天紀」，謂以十月為正，舉一端以概其餘也。「雖無紀曆誌」句，與「亂天紀」相對，兼收足遯世。

　　又曰：「怡然有餘樂」二句，暗藏「淳」字。「于何勞智慧」，世外之淳也。「彌縫使其淳」，名教中之淳也。

　　沈確士曰：此即羲皇之想也，必辨其有無，殊為多事。

　　愚按：蔣本謂淵明《桃源記》，是借此發揮胸次，非真述其事。大抵漁人不近俗，故託言漁人耳。「緣溪」一段，寫得行止自如，是何等人品！「開朗」一段，寫出蕭野氣象，即在人間，故曰「悉如外人」。獨言「避秦」，秦之先三代也，明明自謂與三代相接。且看詩中「桑竹」以下十餘句，居然寫出一幅太平村落、上古衣冠境象，即所謂羲皇上人之意。謂其有，何必真有；謂其無，何必真無。讀古人詩，往往於索解之下，正當以不即不離求之，固不獨陶詩為然也。至謂記言太元中事，詩云：「奇蹤隱五百」，韓退之《桃源圖》詩以為六百年。洪慶善又云：自始皇三十三年，築長城；明年，焚詩書；又明年，坑儒生；三十七年，胡亥立；三年而滅於漢。二漢四百二十五年，而為魏四十五年，而為晉至孝武寧康三年，通五百八十八年。明年，改元太

元，至太元十二年，乃及六百年。趙泉山云：靖節、退之雖各舉其歲，盈數要以六百載爲近。實桃花源事，當在孝武帝太元十三年，丁亥前數年間。任安貧《武陵記》，直據「奇蹤隱五百」之語，改爲太康中。彼不知靖節所記劉子驥者，正太元時人也。予謂考據年代，自應以六百年爲近。然事之有無，尚且不必深辨，奚必區區於年數之多寡哉？沈評得之矣。

【箋釋】

〔一〕《史記‧秦本紀》：費昌當夏桀之時，去夏歸商，爲湯御，以敗桀於鳴條。大廉玄孫曰孟戲、中衍，鳥身人言。帝太戊聞而卜之使御，吉，遂致使御而妻之。自太戊以下，中衍之後，遂世有功，以佐殷國，故嬴姓多顯，遂爲諸侯。

〔二〕《尚書‧夏書‧胤征》：惟時羲和顛覆厥德，沈亂於酒，畔官離次，俶擾天紀，遐棄厥司，乃季秋月朔，辰弗集於房，瞽奏鼓，嗇夫馳，庶人走，羲和尸厥官罔聞知，昏迷於天象，以干先王之誅。《政典》曰：「先時者殺無赦，不及時者殺無赦。」

〔三〕郭茂倩《樂府詩集‧雜歌謠辭一》卷八十三：《帝王世紀》曰：帝堯之世，天下大和，百姓無事。有八九十老人擊壤而歌：日出而作，日入而息。鑿井而飲，耕田而食。帝何力於我哉？

〔四〕《晉書‧劉琨傳》：《報劉琨勸進令》：公受奕世之寵，極人臣之位，忠允義誠，精感天地。實賴遠謀，共濟艱難。南北迴邈，同契一致，萬里之外，心存咫尺。

謹案：桃花源社會理想的誕生，是陶淵明長期、反復、艱苦探索的結果。陶淵明吸取了《禮記》大同社會「天下爲公」「人不獨親其親，不獨子其子，使老有所終，壯有所用，幼有所長」（《禮運‧第九》）的博愛友善，而揚棄了「選賢與能」之爭競；吸取了老子「小國寡民，使有什伯之器而不用」、「甘其食，美其服，安其居，樂其俗」（《老子‧第八十章》）的自然純樸，而揚棄了「鄰國相望，雞犬之聲相聞，民至老死不相往來」的隔絕與「絕仁棄義」的蒙昧。此外，莊子說的「樸素而民性得」的「至德之世」（《莊子‧馬蹄》）、列子描繪的「其國無師長，自然而已；其民無嗜欲，自然而已」的「華胥氏之國」（《列子‧黃帝》）以及阮籍「無君而庶物定，無臣而萬物理」（《大人

先生傳》）、鮑敬言「古者無君，勝於今世」（《抱朴子・詰鮑》）等思想，都被陶淵明合理地吸收、採用。陶淵明全面總結了前代有關理想社會的理論和思想，在此基礎上，通過故事形式將其表現得更鮮明具體，更有感召力和說服力。更重要的是，桃花源理想的誕生，與陶淵明目覩戰亂及其給老百姓帶來的深重災難、自己勉力躬耕仍免不了飢寒的切身感受有密切關係。清人邱嘉穗說桃花源理想「設想甚奇，直於污濁世界中另闢一天地，使人神游於黃、農之代。公蓋厭塵網而慕淳風，故嘗自命爲無懷、葛天氏之民，而此記即其寄託之意」（《東山草堂陶詩箋》卷五），陶淵明是以理想中的古樸社會來比照、映襯當時社會的紛亂、污濁、傾軋，以此否定其存在的合理性，體現了一個詩人應有的社會責任和批判精神。

聯句

　　鳴雁乘風飛，去去當何極。念彼窮居士，如何不歡息。淵明。雖欲騰九萬，扶搖竟何力。遠招王子喬，雲駕庶可餝。愔之。顧侶正徘徊，離離翔天側。霜露豈不切，務從忘愛翼。循之。高柯濯條干，遠眺同天色。思絕慶未看，從使生迷惑。淵明。

【箋釋】

〔一〕此篇見李公煥《箋注陶淵明集》卷四。

附　錄

歸去來兮辭 并序

　　余家貧，耕植不足以自給。幼稚盈室，瓶無儲粟，生生所資，未見其術。親故多勸余爲長吏，脫然有懷，求之靡途。會有四方之事，諸侯以惠愛爲德，家叔以余貧苦，遂見用於小邑。於時風波未靜，心憚遠役。彭澤去家百里，公田之利，足以爲酒，故便求之。及少日，眷然有歸與之情。何則？質性自然，非矯厲所得。飢凍雖切，違己交病。嘗從人事，皆口腹自役。於是悵然慷慨，深愧平生之志。猶望一稔，當斂裳宵逝。尋程氏妹喪於武昌，情在駿奔，自免去職。仲秋至冬，在官八十餘日。〔一〕因事順心，命篇曰《歸去來兮》。乙巳歲十一月也。

　　歸去來兮，田園將蕪胡不歸？既自以心爲形役，奚惆悵而獨悲！悟以往之不諫，知來者之可追。實迷途其未遠，覺今是而昨非。舟遙遙以輕颺，風飄飄而吹衣。問征夫以前路，恨晨光之熹微。乃瞻衡宇，載欣載奔。僮僕歡迎，稚子候門。三逕就荒，松菊猶存。攜幼入室有酒盈罇。飲壺觴以自酌，眄庭柯以怡顏。倚南窗以寄傲，審容膝之易安。園日涉以成趣，門雖設而常關。策扶老以流憩，時矯首而遐觀。雲無心而出岫，鳥倦飛而知還。景

－175－

翳翳以將入，撫孤松而盤桓。歸去來兮，請息交以絕遊。世與我而相違，復駕言兮焉求？悅親戚之情話，樂琴書以消憂。農人告余以春及，將有事於西疇。或命巾車，或棹孤舟。既窈窕以尋壑，亦崎嶇而經丘。木欣欣以向榮，泉涓涓而始流。善萬物之得時，感吾生之行休。已矣乎，寓形宇內復幾時？曷不委心任去留！胡為乎遑遑欲何之？富貴非吾願，帝鄉不可期。懷良辰以孤往，或植杖而耘耔。登東皋以舒嘯，臨清流而賦詩。聊乘化以歸盡，樂夫天命復奚疑。〔二〕

歐陽文忠曰：晉無文章，惟陶淵明《歸去來兮辭》一篇而已。

李格非曰：陶淵明《歸去來兮辭》，沛然如從肺腑中流出，不見有斧鑿痕。

朱文公曰：其詞義夷曠蕭散，雖託楚聲，而無尤怨切蹙之病。

休齋曰：詩變而為騷，騷變而為辭，皆可歌也。詞則兼《詩》《騷》之聲，而尤簡邃焉者。漢武帝作《秋風辭》，一章三易韻，其節短，其聲哀，此詞之權輿乎？陶淵明罷彭澤令，賦《歸去來》而自命曰辭，迨令人歌之，頓挫抑揚，自協聲韻。蓋其辭高甚，晉、宋而下，欲追躡之不能。然《秋風詞》盡蹈襲《楚辭》，未甚敷暢。《歸去來》則自出機杼，所謂無首無尾，無始無終，前非歌而後非辭，欲斷而復續，將作而遽止，謂洞庭鈞天而不澹，謂霓賞羽衣而不綺。此其所以超乎先秦之世而與變同範也。

【箋釋】

〔一〕《天工開物·乃粒》：凡秧既分栽後，早者七十日即收穫（粳有「救公飢」「喉下急」，糯有「金包銀」之類，方語百千，不可殫述）。

　　謹案：陶淵明「在官八十餘日」，徘徊不能離去原因之一，疑為等待收穫稻穀，所謂「猶望一稔」。

〔二〕《歸去來兮辭并序》是陶淵明徹底告別官場、永不再仕的宣言，對於瞭解陶淵明的人格和思想有著不可忽視的價值。在中國文學史上，陶淵明第一次以辭賦的形式，把隱居的意義作了深刻、全面、真實的闡釋，并將其提升到了完全自覺、有理性的高度，從中展現了自己全部的思想和人格，讓我們體驗到了心靈之真的分量。梁啓超先生說：「淵明這篇文，把他求官

棄官的事實始末和動機赤裸裸照寫出來，一毫掩飾也沒有，這樣的人，才是『真人』；這樣的文藝，才是『真文藝』；「雖極簡單極平淡，卻是淵明全人格最忠實的表現」(《陶淵明》)。後人對陶淵明「不爲五斗米折腰」、辭官歸田多有贊美：

顏延之《陶徵士誄并序》：賦詩歸來，高蹈獨善。亦既超曠，無適非心。

王十朋《觀淵明畫像》：瀟灑風姿太絕塵，寓形宇內任天真。絃歌只用八十日，便作田園歸去人。

王安石《題致政孫學士歸來亭》：彭澤陶潛歸去來，素風千歲出塵埃。

蘇軾《哨遍》：陶淵明賦《歸去來》，有其詞而無其聲。余治東坡，築雪堂於上，人俱笑其陋，獨鄱陽董毅夫過而悅之，有卜鄰之意。乃取《歸去來》之詞，稍加檃括，使就聲律，以遺毅夫，使家僮歌之，時相從於東坡。釋耒而和之，扣牛角而爲之節，不亦樂乎：爲米折腰，因酒棄家，口體交相累。歸去來，誰不遣君歸？覺從前皆非今是。露未晞，征夫指予歸路，門前笑語喧童稚。嗟舊菊都荒，新松暗老，吾年今已如此。但小窗容膝閉柴扉，策杖看孤雲暮鴻飛。雲出無心，鳥倦知還，本非有意。噫！歸去來兮，我今忘我兼忘世。親戚無浪語，琴書中有真味。步翠麓崎嶇，泛溪窈窕，涓涓暗谷流春水。觀草木欣榮，幽人自感，吾生行且休矣！念寓形宇內復幾時，不自覺惶惶欲何之？委吾心、去留誰計？神仙知在何處？富貴非吾志。但知臨水登山嘯詠，自引壺觴自醉。此生天命更何疑，且乘流、遇坎還止。

葉夢得《念奴嬌·南歸渡揚子作，雜用淵明語》：故山漸近，念淵明歸意，脩然誰論。歸去來兮秋已老，松菊三徑猶存。稚子歡迎，飄飄風袂，依約舊衡門。琴書蕭散，更欣有酒盈樽。　　惆悵萍梗無根，天涯行已遍，空負田園。去矣何之窗戶小，容膝聊倚南軒。倦鳥知還，晚雲遙映，山氣欲黃昏。此還真意，故應欲辨忘言。

林正大《括酹江月》：問陶彭澤，有田園活計，歸來何晚。昨夢皆非今覺是，實迷途其未遠。松菊猶存，壺觴自酌，寄傲南窗畔。閒雲出岫，更看飛鳥投倦。歸去請息交遊，駕言焉往，獨把琴書玩。孤棹巾車丘壑趣，物與吾生何恨。宇內寓形，帝鄉安所，富貴非吾願。樂夫天命，聊乘化以

歸盡。

李曾伯《沁園春·和鄧季謙通判爲壽韻》：老子家山，近古蘇州，有監本呆。歎長途荷擔，斯宜已矣，急湍鼓枻，豈不危哉？我愛陶潛，休官彭澤，爲三徑荒蕪歸去來。君恩重，奈邊戈未偃，閫轂猶推。

米友仁《念奴嬌·裁成淵明歸去來辭》：闌干倚處。戲裁成、彭澤當年奇語。三徑荒涼懷舊里，我欲扁舟歸去。鳥倦知還，寓形宇內，今已年如許。小窗容膝，要尋情話親侶。　郭外粗有西疇，故園松菊，日涉方成趣。流水涓涓千澗上，雲繞奇峰無數。窈窕經丘，風清月瞭，時看煙中雨。蕭然巾岸，引觴寄傲衡宇。

辛棄疾《新荷葉·再題傅岩叟悠然閣》：千載襟期。高情想像當時。小閣橫空，朝來翠撲人衣。是中眞趣，問騁懷、遊目誰知。無心出岫，白雲一片孤飛。

又，《賀新郎·再用前韻》：鳥倦飛還矣。笑淵明、瓶中儲粟，有無能幾。蓮社高人留翁語，我醉甯論許事。試沽酒、重斟翁喜。一見蕭然音韻古，想東籬、醉臥參差是。千載下，竟誰似。

楊萬里《歸去來兮引》：農家貧甚訴長飢。幼稚滿庭闈。正坐瓶無儲粟，漫求爲吏東西。　偶然彭澤近鄰圻。公秫滑流匙。葛巾勸我求爲酒，黃菊怨、冷落東籬。五斗折腰，誰能許事，歸去來兮。　老圃半榛茨。山田欲蒺藜。念心爲形役又奚悲。獨惆悵前迷。不諫後方追。覺今來是了，覺昨來非。　扁舟輕颺破朝霏。風細漫吹衣。試問征夫前路，晨光小，恨熹微。乃瞻衡宇戴賓士。迎候滿荊扉。已荒三徑存松菊，喜諸幼、入室相攜。有酒盈尊，引觴自酌，庭樹遣顏怡。　容膝易安棲。南窗寄傲睨。更小園日涉趣尤奇。盡雖設柴門，長是閉斜暉。縱遐觀矯首，短策扶持。　浮雲出岫豈心思。鳥倦亦歸飛。翳翳流光將入，孤松撫處淒其。

息交絕友塹山溪。世與我相違。駕言復出何求者，曠千載、今欲從誰。親戚笑談，琴書觴詠，莫遣俗人知。　邂逅又春熙。農人欲載葍。告西疇有事要耘耔。容老子舟車，取意任委蛇。歷崎嶇窈窕，丘壑隨宜。　欣欣花木向榮滋。泉水始流漸。萬物得時如許，此生休笑吾衰。　寓形宇內幾何時。豈問去留爲。委心任運無多慮，顧皇皇、將欲何之。大化中間，

乘流歸盡，喜懼莫隨伊。　　富貴本危機。雲鄉不可期。趁良辰、孤往恣遊嬉。獨臨水登山，舒嘯更哦詩。除樂天知命，了復奚疑。

鄭思肖《陶淵明對菊圖》：彭澤歸來老歲華，東籬盡可了生涯。誰知秋意凋零後，最耐風霜有此花。

盍志學〔雙調〕《蟾宮曲》：陶淵明自不合時，採菊東籬，爲賦新詩。獨對南山，泛秋香有酒盈巵。一個小顋顋彭澤縣兒，五斗米懶折腰肢。樂以琴詩，暢會尋思。萬古流傳，賦《歸去來辭》。

徐再思〔黃鐘〕《紅錦袍》：那老子覷功名如夢蝶，五斗米腰懶折，百里侯心便捨。十年事可嗟，九日酒須賒，種著三徑黃花，栽著五株楊柳，望東籬歸去也。

無名氏〔小石調〕《歸來樂》：罷罷耍耍，茫茫世界盡寬大。五斗米折不得彭澤腰，一碗飯受不得淮陰胯。種幾畝邵平瓜，卜幾文君平卦。哈哈，快活煞！心窩裏無牽掛，耳跟廂沒嘈雜。哈哈，世上人勞勞堪訝！

宋人將陶淵明的「歸去來」與杜鵑的啼鳴相聯繫，寫下了許多讓人深深感動的詩句。杜鵑啼鳴和陶淵明歸去的相和，更爲陶淵明的歸去染上了一層悲壯色彩，給人以深深的震撼，錢鍾書認爲，「宋人復以陶潛賦《歸去來兮》，而子規啼『不如歸去！』遂撮合爲文字眷屬」；「向來話陶，無及此者」（《管錐編》第四冊《全晉文》卷一一一），如：

洪咨夔《題楚城靖節祠》：不如歸去來兮好，百年聞風只杜鵑。

趙蕃《晨起聞杜鵑》：杜鵑我豈不知歸，淵明政爲飢驅去。

李龏《杜鵑》：血滴成花不自歸，銜悲猶泣在天涯。秋聲更比春聲苦，除去淵明勸得誰？

無名氏《子規》：剛道故鄉如此好，其如遊子不歸何？自從五柳先生死，空染千山血淚多。

趙子櫟《杜鵑》：杜鵑不是蜀天子，前身定是陶淵明。

方岳《沁園春·賦子規》：汀洲杜若誰尋。想朝鶴怨兮猿夜吟。甚連天芳草，淒迷離恨，拂簾香絮，撩亂深心。汝亦知乎，吾今倦矣，甕有餘春可共斟。歸來也！問淵明以後，誰是知音？

劉因《啼鳥》：幾日春陰幾日晴，喚來山鳥話平生。杜鵑解道淵明語，

只少鷦鴣相和鳴。

《柳亭詩話》卷三十：劉靜修《題歸去來圖》：「淵明豪氣昔未除，翱翔八表陵大衢。歸去荒徑手自鋤，草中恐生劉寄奴。」詠淵明者多矣，如此著想，千古無偶。（見《清詩話三編》第一冊）

五柳先生傳并讚

先生不知何許人也，亦不詳其姓字。宅邊有五柳樹，因以爲號焉。閒靜少言，不慕榮利。好讀書，不求甚解；每有會意，便欣然忘食。性嗜酒，家貧不能常得。親舊知其如此，或置酒而招之。造飲輒盡，期在必醉。既醉而退，曾不吝情去留。環堵蕭然，不蔽風日。短褐穿結，簞瓢屢空，晏如也。常著文章自娛，頗示己志。忘懷得失，以此自終。

贊曰：黔婁有言：「不戚戚於貧賤，不汲汲於富貴。」其言茲若人之儔乎？酣觴賦詩，以樂其志。一作「酒酣自得，賦詩樂志」。無懷氏之民歟？葛天氏之民歟？

【箋釋】

王維《戲贈張五弟諲三首》其二：秋風自蕭索，五柳高且疏。望此去人世，渡水向吾廬。

又，《輞川閒居贈裴秀才迪》：寒山轉蒼翠，秋水日潺湲。倚杖柴門外，臨風聽暮蟬。渡頭餘落日，墟里上孤煙。復值接輿醉，狂歌五柳前。

《田園樂七首》其五：山下孤煙遠村，天邊獨樹高原。一瓢顏回陋巷，五柳先生對門。

李白《戲贈鄭溧陽》：陶令日日醉，不知五柳春。素琴本無絃，漉酒用葛巾。清風北窗下，自謂羲皇人。何時到栗里，一見平生親。

劉長卿《贈秦系徵君》：群公誰讓位，五柳獨知貧。惆悵青山路，煙霞老此人。

韓翃《送別鄭明府》：勸君不得學淵明，且策驢車辭五柳。

　　趙嘏《贈王明府》：五柳逢秋影漸微，陶潛戀酒不知歸。但存物外醉鄉在，誰向人間問是非。

　　汪遵《彭澤》：鶴愛孤松雲愛山，宦情微祿免相關。栽成五柳吟歸去，漉酒巾邊伴菊閒。

　　司空圖《歌者十二首》其六：五柳先生自識微，無言共笑手空揮。胸中免被風波撓，肯爲螳螂動殺機。

　　徐夤《閒》：不管人間是與非，白雲流水自相依。一瓢掛樹傲時代，五柳種門吟落暉。江上翠蛾遺佩去，岸邊紅袖採蓮歸。客星辭得漢光武，卻坐東江舊蘚磯。

　　司空圖《楊柳枝》：陶家五柳簇衡門，還有高情愛此君。何處更添詩境好，新蟬欹枕每先聞。

　　辛棄疾《洞仙歌‧訪泉於期師，得周氏泉，爲賦》：飛流萬壑，共千巖爭秀。孤負平生弄泉手。歎輕衫短帽，幾許紅塵，還自喜，濯髮滄浪依舊。　　人生行樂耳，身後虛名，何似生前一杯酒。便此地、結吾廬，待學淵明，更手種、門前五柳。且歸去、父老約重來，問如此青山，定重來否。

　　又，陳寅恪《陶淵明之思想與清談之關係》：「《五柳先生傳》爲淵明自傳之文。文字雖甚短，而述性嗜酒一節最長。嗜酒非僅實錄，如見於詩文中《飲酒》《止酒》《述酒》及其關涉酒之文字，乃遠承阮、劉之遺風，實一種與當時政權不合作態度之表示」。（見《金明館叢稿初編》）

讀史述九章

　　余讀《史記》，有所感而述之。

夷齊〔一〕

　　二子讓國，相將海隅。天人革命，絕景窮居。採薇高歌，慨想黃虞。貞風凌俗，爰感儒夫。

【箋釋】

〔一〕《太史公自序》：末世爭利，維彼奔義；讓國餓死，天下稱之。作《伯夷列

傳》第一。

　　又，《史記‧伯夷列傳》：伯夷、叔齊，孤竹君之二子也。父欲立叔齊，及父卒，叔齊讓伯夷。伯夷曰：「父命也。」遂逃去。叔齊亦不肯立而逃之。國人立其中子。於是伯夷、叔齊聞西伯昌善養老，盍往歸焉。及至，西伯卒，武王載木主，號為文王，東伐紂。伯夷、叔齊叩馬而諫曰：「父死不葬，爰及干戈，可謂孝乎？以臣弒君，可謂仁乎？」左右欲兵之。太公曰：「此義人也。」扶而去之。武王已平殷亂，天下宗周，而伯夷、叔齊恥之，義不食周粟，隱於首陽山，採薇而食之。及餓且死，作歌。其辭曰：「登彼西山兮，採其薇矣。以暴易暴兮，不知其非矣。神農、虞、夏忽焉沒兮，我安適歸矣？於嗟徂兮，命之衰矣！」遂餓死於首陽山。

箕子〔一〕

　　去鄉之感，猶有遲遲。矧伊代謝，觸物皆非。哀哀箕子，云胡能夷。狡童之歌，悽矣其悲。

【箋釋】

〔一〕《史記‧殷本紀》：紂愈淫亂不止。微子數諫不聽，乃與大師、少師謀，遂去。比干曰：「為人臣者，不得不以死爭。」乃強諫紂。紂怒曰：「吾聞聖人心有七竅。」剖比干，觀其心。箕子懼，乃詳狂為奴，紂又囚之。殷之大師、少師乃持其祭樂器奔周。周武王於是遂率諸侯伐紂。紂亦發兵距之牧野。甲子日，紂兵敗。紂走入，登鹿臺，衣其寶玉衣，赴火而死。周武王遂斬紂頭，縣之白旗。殺妲己。釋箕子之囚，封比干之墓，表商容之閭。

管鮑〔一〕

　　知人未易，相知實難。淡美初交，利乖歲寒。管生稱心，鮑叔必安。奇情雙亮，令名俱完。

【箋釋】

〔一〕《史記‧管晏列傳》：管仲曰：「吾始困時，嘗與鮑叔賈，分財利多自與，

鮑叔不以我爲貪，知我貧也。吾嘗爲鮑叔謀事而更窮困，鮑叔不以我爲愚，知時有利不利也。吾嘗三仕三見逐於君，鮑叔不以我爲不肖，知我不遭時也。吾嘗三戰三走，鮑叔不以我爲怯，知我有老母也。公子糾敗，召忽死之，吾幽囚受辱，鮑叔不以我爲無恥，知我不羞小節而恥功名不顯於天下也。生我者父母，知我者鮑子也。」鮑叔既進管仲，以身下之。子孫世祿於齊，有封邑者十餘世，常爲名大夫。天下不多管仲之賢，而多鮑叔能知人也。

程杵〔一〕

遺生良難，士爲知己。望義如歸，允伊二子。程生揮劍，懼茲餘恥。令德永聞，百代見紀。

【箋釋】

〔一〕《史記·趙世家》：屠（岸賈）不請而擅與諸將攻趙氏於下宮，殺趙朔、趙同、趙括、趙嬰齊，皆滅其族。趙朔妻成公姊，有遺腹，走公宮匿。趙朔客曰公孫杵臼，杵臼謂朔友人程嬰曰：「胡不死？」程嬰曰：「朔之婦有遺腹，若幸而男，吾奉之；即女也，吾徐死耳。」居無何，而朔婦免身，生男。屠岸賈聞之，索於宮中。夫人置兒絝中，祝曰：「趙宗滅乎，若號；即不滅，若無聲。」及索，兒竟無聲。已脫，程嬰謂公孫杵臼曰：「今一索不得，後必且復索之，奈何？」公孫杵臼曰：「立孤與死孰難？」程嬰曰：「死易，立孤難耳。」公孫杵臼曰：「趙氏先君遇子厚，子強爲其難者，吾爲其易者，請先死。」乃二人謀取他人嬰兒負之，衣以文葆，匿山中。程嬰出，謬謂諸將軍曰：「嬰不肖，不能立趙孤。誰能與我千金，吾告趙氏孤處。」諸將皆喜，許之，發師隨程嬰攻公孫杵臼。杵臼謬曰：「小人哉程嬰！昔下宮之難不能死，與我謀匿趙氏孤兒，今又賣我。縱不能立，而忍賣之乎！」抱兒呼曰：「天乎天乎！趙氏孤兒何罪？請活之，獨殺杵臼可也。」諸將不許，遂殺杵臼與孤兒。諸將以爲趙氏孤兒良已死，皆喜。然趙氏眞孤乃反在，程嬰卒與俱匿山中。

七十二弟子〔一〕

恂恂舞雩，〔二〕莫曰匪賢。俱映日月，共餐至言。慟由才難，

感爲情牽。回也早夭,賜獨長年。

【箋釋】

〔一〕《史記·孔子世家》:孔子以《詩》《書》《禮》《樂》教,弟子蓋三千焉,身
　　通六藝者七十有二人。如顏濁鄒之徒,頗受業者甚眾。

〔二〕《論語·先進》:子曰:「何傷乎?亦各言其志也。」曰:「莫春者,春服既
　　成,冠者五六人,童子六七人,浴乎沂,風乎舞雩,詠而歸。」夫子喟然
　　歎曰:「吾與點也!」

屈賈

進德修業,將以及時。如彼稷契,孰不願之。嗟乎二賢,違世
多疑。候詹寫志,感鵩獻辭。〔一〕

【箋釋】

〔一〕《史記·屈原賈生列傳》:屈原者,名平,楚之同姓也。爲楚懷王左徒。博
　　聞強志,明於治亂,嫻於辭令。入則與王圖議國事,以出號令;出則接遇
　　賓客,應對諸侯。王甚任之。

　　　上官大夫與之同列,爭寵而心害其能。懷王使屈原造爲憲令,屈平
　　屬草稿未定。上官大夫見而欲奪之,屈平不與,因讒之曰:「王使屈平爲
　　令,眾莫不知,每一令出,平伐其功,以爲『非我莫能爲』也。」王怒而
　　疏屈平。屈平疾王聽之不聰也,讒諂之蔽明也,邪曲之害公也,方正之不
　　容也,故憂愁幽思而作《離騷》。

　　　孝文帝初即位,謙讓未遑也。諸律令所更定,及列侯悉就國,其說
　　皆自賈生發之。於是天子議以爲賈生任公卿之位。絳、灌、東陽侯、馮敬
　　之屬盡害之,乃短賈生曰:「雒陽之人,年少初學,專欲擅權,紛亂諸事。」
　　於是天子後亦疏之,不用其議,乃以賈生爲長沙王太傅。

　　　賈生爲長沙王太傅。三年,有鴞飛入賈生舍,止於坐隅。楚人命鴞
　　曰「服」。賈生既以適居長沙,長沙卑濕,自以爲壽不得長,傷悼之,乃
　　爲賦以自廣。

韓非

　　豐狐隱穴，以文自殘。君子失時，白首抱關。巧行居災，枝辯召患。〔一〕哀矣韓生，竟死《說難》。〔二〕

【箋釋】

〔一〕謹案：「枝」，李公煥《箋注陶淵明集》卷五作「忮」。「忮」，違逆、不聽從。

〔二〕《史記・老子韓非列傳》：（韓）非見韓之削弱，數以書諫韓王，韓王不能用。於是韓非疾治國不務脩明其法制，執勢以御其臣下，富國彊兵而以求人任賢，反舉浮淫之蠹而加之於功實之上。以爲儒者用文亂法，而俠者以武犯禁。寬則寵名譽之人，急則用介冑之士。今者所養非所用，所用非所養。悲廉直不容於邪枉之臣，觀往者得失之變，故作《孤憤》《五蠹》《內外儲》《說林》《說難》十餘萬言。然韓非知說之難，爲《說難》書甚具，終死於秦，不能自脫。

　　又，《太史公自序》：七年而太史公遭李陵之禍，幽於縲絏。乃喟然而歎曰：「是余之罪也夫！是余之罪也夫！身毀不用矣。」退而深惟曰：「夫《詩》《書》隱約者，遂其志之思也。昔西伯拘羑里，演《周易》；孔子戹陳蔡，作《春秋》；屈原放逐，著《離騷》；左丘失明，厥有《國語》；孫子臏腳，而論《兵法》；不韋遷蜀，世傳《呂覽》；韓非囚秦，《說難》《孤憤》；《詩》三百篇，大抵賢聖發憤之所爲作也。此人皆意有所鬱結，不得通其道也，故述往事，思來者。」

魯二儒〔一〕

　　按，「二儒」：孟子，荀卿也。見韓退之《進學解》。〔二〕

　　易代隨時，迷變則愚。介介若人，特爲貞夫。德不百年，汙我詩書。〔一〕逝然不顧，被褐幽居。

【箋釋】

〔一〕《史記・劉敬叔孫通列傳》：漢五年，已并天下，諸侯共尊漢王爲皇帝於定陶，叔孫通就其儀號。高帝悉去秦苛儀法，爲簡易。群臣飲酒爭功，醉或妄呼，拔劍擊柱，高帝患之。叔孫通知上益厭之也，說上曰：「夫儒

者難與進取，可與守成。臣願徵魯諸生，與臣弟子共起朝儀。」高帝曰：「得無難乎？」叔孫通曰：「五帝異樂，三王不同禮。禮者，因時世人情爲之節文者也。故夏、殷、周之禮所因損益可知者，謂不相復也。臣願頗採古禮與秦儀雜就之。」上曰：「可試爲之，令易知，度吾所能行爲之。」於是叔孫通使徵魯諸生三十餘人。魯有兩生不肯行，曰：「公所事者且十主，皆面諛以得親貴。今天下初定，死者未葬，傷者未起，又欲起禮樂。禮樂所由起，積德百年而後可興也。吾不忍爲公所爲。公所爲不合古，吾不行。公往矣，無汙我！」叔孫通笑曰：「若眞鄙儒也，不知時變。」

〔二〕韓愈《進學解》：昔者孟軻好辯，孔道以明，轍環天下，卒老於行；荀卿守正，大論是弘，逃讒於楚，廢死蘭陵。是二儒者，吐辭爲經，舉足爲法，絕類離倫，優入聖域。其遇於世何如也？

謹案：韓文中「二儒」非陶淵明所詠「魯二儒」，溫「按」謬矣。

張長公〔一〕

遠哉長公，蕭然何事？世路多端，皆爲我異。斂轡朅來，獨養其志。寢跡窮年，誰知斯意。

東坡曰：《讀史述》九章，《夷齊》《箕子》蓋有感而云。去之五百餘載，吾猶識其意也。

葛常之曰：淵明《讀史九章》，皆有深意。其憂彰彰者，《夷齊》《箕子》《魯二儒》三篇。《夷齊》云：「天人革命，絕景窮居。貞風凌俗，爰感儒夫」；《箕子》云：「去鄉之感，猶有遲遲。矧伊代謝，觸物皆非」；《魯二儒》云：「易代隨時，迷變則愚。介介若人，特爲貞夫」。由是觀之，淵明委身窮巷，甘黔婁之貧而不自悔者，豈非以恥事二姓而然耶？

【箋釋】

〔一〕《史記・張釋之馮唐列傳》：張廷尉事景帝歲餘，爲淮南王相，猶尚以前過也。久之，釋之卒。其子曰張摯，字長公，官至大夫，免。以不能取容當世，故終身不仕。

陶詩彙評跋

　　查初白云：陶詩宋以前無注者，至湯東澗始發明一二，而未詳。〔一〕元初詹若麟居近柴桑，因遍訪故跡，考其歲月，本其事蹟，以箋釋其詩。吳草廬爲之序，比於紫陽之注《楚騷》。〔二〕當時必有刻本，而今不可得已。據此則東澗而下，注陶者當以詹爲最，惜其不傳。而詹氏論陶之說，亦罕見於他本。厥後論注，雖代不乏人，然或附於合選，或別爲箋釋，或偶爲論說，每苦缺而不全。予生平喜讀陶詩，近年家居多暇，適齋中所藏陶集數家，時加檢閱，尤愛蔣丹崖薰所評之本，〔三〕而其壻周青輪文焜參訂殊精，且於其末附以東坡和陶諸詩，惟未經箋釋，頗嫌簡略。此外如陳倩父祚明，〔四〕聞人訥甫倓，〔五〕選評精當，皆於陶旨有深契焉者。因并集前後諸家論說，分爲四卷，名曰彙評。於卷末附以《歸去來兮辭》《五柳先生傳贊》《讀史述九章》，其他文不及悉載，仍綴以東坡和陶，并集諸家箋釋，分列四卷續附於後，使閱者讀之了然，亦以見兩賢後先同調、千載神交，誠非偶爾，非敢侈言評論也。至靖節全集溯自梁昭明太子，嘗手葺爲編，序而傳之。歲久，頗爲後人訛亂，其改竄者什居二三，自北齊楊休之、宋丞相庠等，前後綜輯讎校，不下數十家，〔六〕曾未見其完正。惟前明琅琊焦氏竑所遺新安吳甫卿汝紀代刻之本，〔七〕校訛訂謬頗稱完善。近復得毛氏所刻蘇本，〔八〕相傳文忠景仰陶公，不獨和其詩，又手書其集，以入墨板，其後燬於火。此本筆法宛摹蘇體，似從蘇本翻雕者，然年湮世遠，無論眞贗，悉屬難分。觀其卷末，附以《聖賢群輔》之目，且有《八儒》《二墨》之條，與昭明舊本迥異，似爲後人贅附無疑。摹刻雖工，竊不取焉。但以海內至廣，諸家箋刻甚眾，僻處陬隅，計未獲見者，正復不少。姑就予所見聞如此，略爲論列一二，以俟博雅君子。

　　　　嘉慶九年甲子上巳日識於蓮溪之聽松草閣謙山居士溫汝能謹跋

【箋釋】

〔一〕湯漢《陶靖節先生詩注・自序》：陶公詩精深高妙，測之愈遠，不可漫觀也。不事異代之節，與子房五世相韓之義同。既不爲徂擊震動之舉，又時無漢祖者可託以行其志，故每寄情於首陽、易水之間。又以荊軻繼二疏、三良而發詠，所謂「撫已有深懷，履運增慨然」。讀之，亦可以深悲其志也已。平生危行遜言，至《述酒》之作，始直吐忠憤，然猶亂以廋詞。千載之下，讀者不省爲何語，是此翁所深致意者。迄不得白於後世，尤可以使人增欷而累歎也。余偶窺見其指，因加箋釋，以表暴其心事。及他篇有可發明者，亦并著之。文字不多，乃令繕寫模傳，與好古通微之士共商略焉。又按，詩中言本志少，說「固窮」多。夫惟忍於飢寒之苦，而後能存節義之閑，西山之所以有餓夫也。世士貪榮祿、事豪奢而高談名義，自方於古之人，余未之信也。淳祐初元（1241）九月九日，鄱陽湯漢敬書。（陶澍注《陶靖節集・諸本序錄》）

湯漢（1202～1272），字伯紀，號東澗，饒州安仁人。淳祐四年（1244）進士。其《陶靖節先生詩》四卷、補注一卷，有宋刻本，現藏國家圖書館。湯漢首創陶詩注釋，以史證詩，發明陶詩微旨，在陶詩學史上有劃時代意義。（參見鄧小軍《詩史釋證》，中華書局 2004 年版，第 104 頁）

〔二〕《詹若麟陶淵明集補注》：吳澄序云：吳鄉詹麒若麟，因湯所注而廣之，考其時，考其地，原其序以推其志意，於是屈、陶二子之心，粲然暴白於千載之下。若麟之功，蓋不減朱子也。（陶澍注《陶靖節集・諸本序錄》）

吳澄（1249～1333），字幼清，撫州崇安人。題其屋爲「草廬」，人稱「草廬先生」。其《彭澤遇成之之京都》詩曰：「顧予白髮歸來晚，羞過淵明五柳莊」。（《元詩選》初集《草廬集》）

〔三〕蔣丹崖薰，即蔣薰（1610～1693），字丹崖，浙江海寧人，明崇禎九年（1636）舉人，擅詩，有評注《陶淵明詩集》。

〔四〕陳倩父祚明，即陳祚明（1623～1674），字胤倩，號稽留山人，浙江仁和人。其書室號采菽堂，有《采菽堂古詩選》三十八卷，陶淵明詩悉數收入。

〔五〕聞人訥甫俧，即聞人俧，有《古詩箋》三十二卷。

〔六〕《四庫全書總目提要》卷一四八《集部・別集類一》：《陶淵明集》（八卷），內府藏本，晉陶潛撰。案，北齊陽休之序錄潛集行世凡三本。一本八卷，

無序。一本六卷，有序目，而編比顛亂，兼復闕少。一本爲蕭統所撰（案，
古人編錄之書亦謂之撰，故《文選》舊本皆題梁昭明太子撰，而徐陵《玉
臺新詠・序》亦稱撰錄豔歌凡爲十卷。休之稱潛集爲統撰，蓋沿當日之稱，
今亦仍其舊文），亦八卷，而少《五孝傳》及《四八目》。《四八目》即《聖
賢群輔錄》也。休之參合三本，定爲十卷，已非昭明之舊。又，宋庠《私
記》稱《隋・經籍志》潛集九卷，又云梁有五卷，錄一卷。《唐志》作五
卷。庠時所行，一爲蕭統八卷本，以文列詩前。一爲陽休之十卷本。其他
又數十本，終不知何者爲是。晚乃得江左舊本，次第最若倫貫。今世所行，
即庠稱江左本也。然昭明太子去潛世近，已不見《五孝傳》《四八目》，不
以入集，陽休之何由續得？且《五孝傳》及《四八目》所引《尚書》自相
矛盾，決不出於一手，當必依託之文，休之誤信而增之。以後諸本，雖卷
帙多少，次第先後，各有不同，其竄入僞作，則同一轍，實自休之所編始。
庠《私記》但疑《八儒》《三墨》二條之誤，亦考之不審矣。今《四八目》
已經睿鑒指示，灼知其贗，別著錄於子部類書而詳辨之。其《五孝傳》文
義庸淺，決非潛作。既與《四八目》一時同出，其贗亦不待言。今并刪除。
惟編潛詩文仍從昭明太子爲八卷。雖梁時舊第今不可考，而黜僞存眞，庶
幾猶爲近古焉。

　　謹案：「楊休之」，應爲「陽休之」。

〔七〕《陶靖節先生集》八卷，《附錄》一卷。明萬曆三十一年（1603）焦竑授吳
　　　汝紀重刻宋本。

〔八〕《陶淵明集》十卷。北宋蘇軾寫，北宋宣和四年（1122）王仲良刻，南宋
　　　紹興十年（1140）杭州或浙江地區影刻，清康熙三十三年（1694）毛氏汲
　　　古閣摹刻，清嘉慶十二年（1807）京江魯銓影刻，簡稱「蘇寫本」。據南
　　　宋胡仔《苕溪漁隱叢話・後集》卷三《陶靖節》：「余家藏《靖節文集》，
　　　乃宣和壬寅王仲良厚之知信陽日所刻，字大，尤便老眼；字畫乃學東坡書，
　　　亦臻其妙，殊爲可愛。不知此板兵火之餘今尚存否？厚之有後序云：「《陶
　　　集》世行數本，互有舛謬。今詳加審訂：其本無二意，不必俱存，如『亂』
　　　一作『乱』，『禮』一作『礼』，『游』一作『遊』，『余』一作『予』者；復
　　　有字畫近似，傳寫相襲，失於考究，如以『庫鈞』爲『庾鈞』，『丙曼容』
　　　爲『丙曼客』，『八及』爲『八友』者，凡所改正，二百六十有六。」由此

可知，王仲良字厚之，曾於北宋徽宗宣和四年壬寅（1122）任京西北路信陽軍（今河南省信陽市）太守。

陶淵明年譜

　　有關陶淵明的年譜，現存較爲重要的有：宋人王質《栗里譜》、吳仁傑《陶靖節先生年譜》、清人顧易《柳村譜陶》、丁晏《晉陶靖節年譜》、陶澍《陶靖節年譜考異》、楊希閔《晉陶徵士年譜》、近人梁啓超《陶淵明年譜》、古直《陶靖節年譜》、李華《陶淵明年譜辯證》、龔斌《陶淵明生平及作品繫年》、〔日〕岡村繁《陶淵明年表》。本年譜主要根據以上年譜以及王瑤編注《陶淵明集》（人民文學出版社 1956 年版），刪繁就簡，合併重複，并依照著者自己對陶淵明的研究所得，對陶淵明生平事蹟重新加以編排。史實編排，主要依據《晉書》《宋書》及翦伯贊主編《中外歷史年表》（中華書局 1961年新一版）。

晉哀帝興寧三年乙丑（365 年）　一歲

　　關於陶淵明的生年各書均無記載。顏延之《陶徵士誄并序》：「元嘉四年月日，卒於尋陽縣之某里」；《宋書·隱逸傳》：「潛元嘉四年卒，時年六十三」。蕭統《陶淵明傳》《晉書·隱逸傳》《南史·隱逸傳》與《宋書·隱逸傳》記載相同，均爲六十三歲。元嘉四年，是西元 427 年。據此推溯 62 年，則陶淵明當生於西元 365 年，即晉哀帝興寧三年。陶淵明的生卒年應爲（365～427），享年六十三歲。

　　本年釋道安（312～385）五十二歲。道安爲慧遠（334～416）之師。東晉太元三年（378）前秦軍陷襄陽，道安爲前秦所留。慧遠率弟子數十人下荊州，途經尋陽，見匡廬清靜，遂不復他往，後住持東林寺多年。

晉廢帝太和元年丙寅（366 年） 二歲

支遁（314～366）卒。支遁為東晉名僧，善談玄理。

晉廢帝太和二年丁卯（367 年） 三歲

晉廢帝太和三年戊辰（368 年） 四歲

本年程氏妹生。《祭程氏妹文》說：「慈妣早世，時尚孺嬰。我年二六，爾才九齡」。知陶淵明長程氏妹三歲。

晉廢帝太和四年己巳（369 年） 五歲

四月，桓溫督步騎五萬北伐前燕慕容暐。

九月，桓溫糧盡退兵，慕容垂乘機追擊，桓溫打敗，死三萬餘人。

晉廢帝太和五年庚午（370 年） 六歲

晉簡文帝咸安元年辛未（371 年） 七歲

十一月，桓溫廢廢帝為東海王，立丞相會稽王司馬昱為帝，是為簡文帝。

孫綽卒（314～371）。孫綽為東晉玄言詩代表作家，亦能賦，有《遊天臺山賦》。

晉簡文帝咸安二年壬申（372 年） 八歲

本年父喪。《祭從弟敬遠文》說：「相及齠齔，并罹偏咎」，可證明陶淵明幼年喪父；《韓詩外傳》：「男子八月生齒，八歲而齠齒；女子七月生齒，七歲而齔齒」。「齠齔」（tiáo chèn），指童年。「偏咎」，偏喪，指喪父。

七月，簡文帝病死，子司馬昌明立，是為孝武帝。

晉孝武帝甯康元年癸酉（373 年） 九歲

《晉書・孝武帝紀》載：秋七月己亥，桓溫薨。「庚戌，進右將軍桓豁為征西將軍。以江州刺史桓沖為中軍將軍，都督揚、豫、江三州諸軍事、揚州刺史，鎮姑孰。」

晉孝武帝甯康二年甲戌（374 年） 十歲

晉破苻堅兵於墊口。

晉孝武帝甯康三年乙亥（375 年） 十一歲

晉孝武帝太元元年丙子（376 年） 十二歲

本年庶母（程氏妹生母）死。《祭程氏妹文》說：「慈妣早世，我年二六」。

晉孝武帝太元二年丁丑（377 年） 十三歲

《晉書·孝武帝紀》載：「閏月壬午，地震。甲申，暴風，折木發屋。」
「夏四月己酉，雨雹。」

晉孝武帝太元三年戊寅（378 年） 十四歲

《晉書·孝武帝紀》載：「三月乙丑，雷雨，暴風，發屋折木。」「六月，
大水。」

二月，苻堅遣將侵沔中；四月，圍洛陽；七月，又遣將侵淮北。

晉孝武帝太元四年己卯（379 年） 十五歲

《晉書·孝武帝紀》載：「四年春正月辛酉，大赦，郡縣遭水旱者減租
稅。」「三月，大疫。壬戌，詔曰：『狡寇縱逸，藩守傾沒，疆場之虞，事兼
平日。其內外眾官，各悉心戮力，以康庶事。又年穀不登，百姓多匱。其詔
御所供，事從儉約，九親供給，眾官廩俸，權可減半。凡諸役費，自非軍國
事要，皆宜停省，以周時務。』」「六月，大旱。」

此記載說明，陶淵明少年遭遇貧困，不僅緣於家境衰落，還有自然災害。

晉孝武帝太元五年庚辰（380 年） 十六歲

《晉書·孝武帝紀》載：「夏四月，大旱。癸酉，大赦五歲刑以下。」「五
月，大水。以司徒謝安為衛將軍、儀同三司。」「六月甲寅，震含章殿四柱，
并殺內侍二人。甲子，以比歲荒儉，大赦。自太元三年（378）以前逋租宿
債皆蠲除之。其鰥寡窮獨孤老不能自存者，人賜米五斛」。

晉孝武帝太元六年辛巳（381 年） 十七歲

從弟敬遠約生於本年。

本年佛學大師道安的弟子慧遠來廬山弘法。湯用彤《漢魏兩晉南北朝佛教史》（上冊）：「陳舜俞《廬山記》引《十八高賢傳》，謂太元六年（慧遠）至潯陽」（中華書局 1983 年版，第 245 頁）。

《晉書・孝武帝紀》載：「六年春正月，帝初奉佛法，立精舍於殿內，引諸沙門以居之。丁酉，以尚書謝石爲尚書僕射。初置督運御史官。」「夏六月庚子朔，日有蝕之。揚、荊、江三州大水。己巳，改制度，減煩費，損吏士員七百人。」「秋七月丙子，赦五歲刑已下。甲午，交址太守杜瑗斬李遜，交州平。大饑。」「冬十一月己亥，以鎮軍大將軍郗愔爲司空。會稽人檀元之反，自號安東將軍，鎮軍參軍謝藹之討平之。」此記載說明，陶淵明青少年時期，自然災害與社會動亂頻仍。

晉孝武帝太元七年壬午（382 年） 十八歲

晉孝武帝太元八年癸未（383 年） 十九歲

八月，前秦符堅大發兵分道南侵，企圖滅晉。

《晉書・孝武帝紀》載：本年十月，謝石、謝玄諸軍與符堅在淝水（亦稱「肥水」，源出今安徽合肥市西北將軍嶺，西北流入壽縣境，最終南入淮河）南大戰，處於劣勢的東晉打敗了前秦符堅的「百萬大軍」，又乘勢北伐，收復了徐、兗、青、司、豫、梁六州。這是偏安的東晉王朝第一次在軍事上取得的巨大勝利，給十九歲的陶淵明以積極的影響。戰後北方重新陷於分裂，東晉王朝得以暫時安寧。

十二月，開酒禁。增民米稅，口五石。

本年荊州刺史桓沖任江州刺史。

晉孝武帝太元九年甲申（384 年） 二十歲

八月，謝玄等分道攻秦，連下河南諸縣。

時事紛亂，詩人生活艱難。《怨詩楚調示龐主簿鄧治中》：「弱冠逢世阻，始室喪其偏」，《禮記・曲禮》：「人生二十曰弱冠」；古代男子二十歲而行冠禮，體猶未壯，故曰「弱冠」。《有會而作并序》：「弱年逢家乏」；「弱年」，

弱冠之年。

本年陶淵明的好友顏延之（384～456）生。

本年桓伊任江州刺史。

晉孝武帝太元十年乙酉（385年） 二十一歲

本年，會稽王司馬道子專政，謝安受排擠；八月，謝安（320～385）卒，東晉亂敗自此始。

《晉書·孝武帝紀》載：「五月，大水。苻堅留太子宏守長安，奔於五將山。」「六月，宏來降，慕容沖入長安。」「秋七月，苻丕自枋頭西走，龍驤將軍檀玄追之，爲丕所敗。旱，饑。」

本年釋道安（312或314～385）卒。

本年山水詩人謝靈運（385～433）生。後世以「陶謝」并稱，見出二人的深遠影響。杜甫說：「陶謝不枝梧，風騷共推激」（《夜聽許十損誦詩愛而有作》），「焉得思如陶謝手，令渠述作與同遊」（《江上值水如海勢聊短述》）。

晉孝武帝太元十一年丙戌（386年） 二十二歲

本年拓拔珪自立爲代王，改國號魏，北魏開國。

本年江州刺史桓伊爲慧遠立東林寺。湯用彤《漢魏兩晉南北朝佛教史》（上冊）第十一章《釋慧遠·慧遠東止廬山》：「按：桓伊於太元九年爲江州刺史，曾移鎮尋陽，約至十七年卒（參見《晉書》本傳，《晉略方鎮表》）。東林寺之立，蓋在此諸年中（陳舜俞《廬山記》謂龍泉精舍距東林寺十五里而遠）。陳舜俞《記》引《十八高賢傳》，謂寺成於太元十一年（西元386年），或實錄也」（中華書局1983年版，第246頁）。《晉廬山東林寺慧遠法師傳》載：釋慧永先慧遠到廬山，住西林寺，「永與遠同門舊好，遂要遠同止。永謂刺史桓伊曰：『遠公方當弘道，今徒屬已廣，而來者方多。貧道所棲褊狹，不足相處，如何？』桓乃爲遠復於山東更立房殿，即東林是也。遠創造精舍，洞盡山美，卻負廬山香爐之峰，傍帶瀑布之壑。仍石疊基，即松栽構，清泉環階，白雲滿室。復於寺內別置禪林，森樹煙凝，石徑苔合，凡在瞻履，皆神清而氣肅焉」（《高僧傳》卷六，見《廬山慧遠法師文鈔》）。

本年王獻之（344～386）卒。

晉孝武帝太元十二年丁亥（387年） 二十三歲

晉孝武帝太元十三年戊子（388年） 二十四歲

本年謝玄（343～388）卒。

晉孝武帝太元十四年己丑（389年） 二十五歲

晉孝武帝太元十五年庚寅（390年） 二十六歲

晉永嘉人李耽起兵，未幾敗死。

晉孝武帝太元十六年辛卯（391年） 二十七歲

慧遠在廬山東林寺弘法。湯用彤《漢魏兩晉南北朝佛教史》（上冊）第十一章《釋慧遠‧慧遠年曆》：「晉孝武帝太元十六年（西元391年），年五十八歲。僧伽提婆南止廬阜，在南山精舍。遠公請出《阿毗曇心》（見《祐錄》十，經序）。時遠已居東林寺（遠遷東林不知何年。惟寺立於桓伊爲刺史時，即自太元九年至十七年中）」（中華書局1983年版，第243頁）。

本年王凝之任江州刺史。

晉孝武帝太元十七年壬辰（392年） 二十八歲

《晉書‧孝武帝紀》載：「十二月己未，地震。是歲，自秋不雨，至於冬。」

本年長子儼生。《與子儼等疏》中說：「汝等雖不同生」，知長子儼必爲前妻所生。《怨詩楚調示龐主簿鄧治中》中說：「始室喪其偏」，「始室」，指三十歲；「喪其偏」，此處指喪妻。因知得長子儼必在三十歲以前。又，《責子》詩中說共有五男兒，當時儼十六歲，阿宣十四歲，雍、端皆十三，通近九歲，因知得長子儼必不能距三十歲過遠（《陶淵明集》，王瑤編注，人民文學出版社1956年版，第3頁）。

晉孝武帝太元十八年癸巳（393年） 二十九歲

《晉書‧孝武帝紀》載：「十八年春正月癸亥朔，地震。二月乙未，地又

震。三月，翟釗寇河南。夏六月己亥，始興、南康、盧陵大水，深五丈。秋七月，旱。」始興（今廣東始興縣）、南康（轄境相當今江西贛州地區）、盧陵（今江西吉水縣）。

本年陶淵明離開了田園，做了江州祭酒，不久即辭歸。這是他第一次出仕。《陶徵士誄并序》說他「藜菽不給，母老子幼」；《宋書・隱逸傳》說他「親老家貧，起爲州祭酒，不堪吏職，少日，自解歸。州召主簿，不就」。《飲酒二十首》（其十九）說：「疇昔苦長飢，投耒去學仕。將養不得節，凍餒固纏己。是時向立年，志意多所恥。遂盡介然分，終死歸田里。」「向立年」，將近三十歲；《論語・爲政》：「三十而立」。

晉孝武帝太元十九年甲午（394年） 三十歲

本年喪妻。

陶淵明大約在二十歲以後結婚，但不久妻子就去世了。《怨詩楚調示龐主簿鄧治中》說：「弱冠逢世阻，始室喪其偏」，「始室」，指三十歲，《禮記・內則》：「三十而有室，始理男事」，「四十始仕」。「喪其偏」，指喪妻。依照前人的解釋，將「弱冠」「始室」理解爲順接，這兩句詩的意思就是，弱冠時始有室，旋又喪偶。

陶淵明後續娶翟氏爲妻。蕭統《陶淵明傳》說：「其妻翟氏，亦能安勤苦，與其同志」；《南史・隱逸傳》說：「其妻翟氏，志趣亦同，能安苦節。夫耕於前，妻鋤於後云」。陶淵明有五個兒子，長子儼，小名阿舒，可以肯定是前妻所生；其餘四子大約爲翟氏所生。

晉孝武帝太元二十年乙未（395年） 三十一歲

《晉書・孝武帝紀》載：「夏六月，荊、徐二州大水。」「十一月，魏王拓拔珪擊慕容垂子寶於柔穀，敗之。」

晉孝武帝太元二十一年丙申（396年） 三十二歲

《晉書・孝武帝紀》載：「二十一年春正月，造清暑殿。三月，慕容垂攻平城，拔之。夏四月，新作永安宮。丁亥，雨雹。慕容垂死，子寶嗣僞位。五月甲子，以望蔡公謝琰爲尚書左僕射。大水。六月，呂光僭即天王位。秋九月庚申，帝崩於清暑殿，時年三十五。葬隆平陵。」孝武帝死後，太子司

馬德宗繼位，爲晉安帝。

本年戴逵（？～396）卒。戴逵爲著名畫家、雕塑家。

晉安帝隆安元年丁酉（397 年） 三十三歲

本年四月，世家大族王皇后之兄、兗州刺史王恭等起兵以討伐王國寶，反對會稽王司馬道子擅權，晉開始內亂。見《晉書·安帝傳》及《王恭傳》。

本年王愉任江州刺史。

晉安帝隆安二年戊戌（398 年） 三十四歲

十二月，晉中領軍司馬元顯殺五斗米道首領、故新安太守孫泰，泰兄子恩逃入海。

本年，王恭第二次進攻建康。廣州刺史桓玄、荊州刺史殷仲堪、雍州刺史楊佺期等起兵回應。結果王恭兵敗而死，桓玄、殷仲堪聞訊後倉忙撤退，退至尋陽，共推桓玄爲盟主。

晉安帝隆安三年己亥（399 年） 三十五歲

本年晉朝益亂，民不聊生。

十月，會稽王司馬道子及其子元顯專政，毒害百姓，孫恩起義海上討之，陷會稽，浙東八郡紛起響應，推孫恩爲征東將軍，聲勢甚大。

十二月，孫恩爲劉琰、劉牢之所敗，復入海。

本年桓玄火拼殷仲堪、楊佺期，據有荊州上游。東晉以桓玄爲荊州、江州刺史，都督荊、江、襄、秦、梁、益、寧八州軍事。桓玄「樹用心腹，兵馬日盛」（《晉書·桓玄傳》），封鎖長江，不讓上游物資運往下游，奪權野心日益膨脹。

晉安帝隆安四年庚子（400 年） 三十六歲

本年陶淵明第二次出仕。他來到江陵，做了荊州和江州刺史桓玄的幕佐。剛一出仕，他便又想回家，在《庚子歲五月中從都還阻風於規林二首》中說：「行行尋歸路，即日望舊居。一欣侍溫顏，再喜見友於」。「久遊戀所生，如何淹在茲。靜念園林好，人間良可辭。當年詎有幾？縱心復何疑！」

十一月，孫恩爲劉牢之所敗，復入海。

晉安帝隆安五年辛丑（401 年） 三十七歲

《晉書・安帝紀》：「是歲，饑，禁酒。」

本年七月，陶淵明乘船夜經塗口（今湖北安陸），寫下了《辛丑歲七月赴假還江陵夜行塗口》一詩：「閒居三十載，遂與塵世冥。詩書敦夙好，林園無世情」，「商歌非吾事，依依在耦耕。投冠旋舊墟，不爲好爵縈。養眞衡茅下，庶以善自名」。關於詩題的含義，清人陶澍解釋爲：「意必以事駛江陵，路出潯陽，事畢，便道請假歸視。其辭簡，猶曰『赴假還自江陵』云爾」（《陶靖節年譜考異》）。近人對此有異議，認爲從詩中的「如何捨此去，遙遙至南荊」「懷役不遑寐，中宵尚孤征」句看，詩人是從潯陽的家鄉前往江陵。「赴假」，謂銷假赴職；「還」，指假還。詩題的準確意思是，辛丑歲七月假滿，由潯陽赴還江陵任職，夜行至塗口作此詩。由此可知詩人時在桓玄幕任職（見《陶淵明集校箋》，龔斌校箋，上海古籍出版社 1996 年版，第 172 頁）。

冬，生母孟氏卒，辭官奔喪回柴桑家。《祭程氏妹文》：「昔在江陵，重罹天罰，兄弟索居，乖隔楚越，伊我與爾，百哀是切。黯黯高雲，蕭蕭冬月，白雲掩晨，長風悲節。感惟崩號，興言泣血。」李公煥注：「晉安帝隆安五年秋七月赴駕還江陵，是冬，母孟氏卒」（見《箋注陶淵明集》卷八，四部叢刊初編集部）。

《晉故征西大將軍長史孟府君傳》：「淵明先親，君之第四女也。《凱風》寒泉之思，實鍾厥心。」「《凱風》寒泉之思」，指思念母親之情。《詩經・邶風・凱風》：「凱風自南，吹彼棘心。棘心夭夭，母氏劬勞」；「爰有寒泉，在浚之下。有子七人，母氏勞苦。」知《晉故征西大將軍孟府君傳》作於母喪後不久。

本年慧遠在廬山與慧永、慧持等結「白蓮社」（亦稱「蓮社」），專修念佛（《中國文學大辭典》，上海古籍出版社 1997 年版，第 1939 頁）。岡村繁《陶淵明年表》：慧遠在廬山建白蓮社是在晉孝武帝太元十五年庚寅（390）（見《岡村繁全集》第四卷《陶淵明與李白新論》，上海古籍出版社 2002 年版，第 130 頁）。

本年桓偉（桓玄之兄）任江州刺史。

晉安帝元興元年壬寅（402 年） 三十八歲

本年居喪在家。

正月，晉下詔討桓玄，桓玄自江陵進軍尋陽。

三月，桓玄入建康，廢會稽王司馬道子，殺其子元顯等，總攬朝政大權。孫恩（？～402）起義再次戰敗，投海而死，其妹夫盧循（？～411）繼之。

本年桓石生（桓玄之從兄）任江州刺史。

晉安帝元興二年癸卯（403 年） 三十九歲

三月，桓玄率軍東下，攻下建康，殺司馬元顯，「遷帝於潯陽」（《資治通鑒》卷一百十三），并逼迫安帝退位，桓玄自稱太尉，總攬朝政，聲勢煊赫，朝野震動。

十二月，桓玄稱帝，國號楚，改元永始，廢晉帝為平固王，遷之尋陽。

本年春，陶淵明在家鄉開始躬耕，實踐自己「依依在耦耕」的夙願，寫下了《癸卯歲始春懷古田舍二首》。詩人為「鳥弄歡新節，泠風送餘善」而歡欣不已，表達了「秉耒歡時務，解顏勸農人」的美好願望。

本年作有《癸卯歲十二月中作與從弟敬遠》。詩中有「寢跡衡門下，邈與世相絕。顧盼莫誰知，荊扉晝常閉」之句，亦可證明此時詩人正隱居於故鄉。

晉安帝元興三年甲辰（404 年） 四十歲

二月，北府舊將劉裕（即後來的宋武帝）、劉毅等以恢復晉室為號召，起兵征討桓玄，戰於溢口，大破之。

三月，桓玄西走，劉裕入建康。

四月，桓玄挾晉安帝敗退江陵，尋陽附近屢遭戰禍。

五月，桓玄捨江陵西遁，益州督護馮遷殺之。

本年陶淵明第三次出仕，入劉裕幕為鎮軍參軍，寫有《始作鎮軍參軍經曲阿作》一詩。「始作」，指初就軍職；「鎮軍」，鎮軍將軍，指劉裕；「參軍」，軍府之幕僚；「曲阿」，地名，在今江蘇丹陽。本年劉敬宣以建威將軍的身份為江州刺史，鎮尋陽。陶淵明因離家不遠，便轉入劉敬宣府，為建威參軍。

本年作《連雨獨飲》，詩中有：「自我抱茲獨，僶俛四十年」句，知此詩作於本年。

本年作《榮木并序》，詩中有：「四十無聞，斯不足畏」句，知此詩作於本年。

晉安帝義熙元年乙巳（405 年） 四十一歲

正月，劉毅等入江陵，改元義熙。

二月，晉安帝東還建康。

四月，劉裕都督荊、司等十六州諸軍事，領兗州刺史。以盧循爲廣州刺史。

五月，桓玄餘黨桓亮等分擾荊、湘、江、豫諸州，劉毅等次第平之。

本年詩人奉命赴建康，寫有《乙巳歲三月爲建威參軍使都經錢溪》。錢溪，今名梅根河，源出今安徽貴池東南太樸山，北流入長江，此處不遠就是九華山。尋陽去建康至此已行一半路程。

本年八月，陶淵明做了彭澤（今江西彭澤西南，西晉永嘉後屬尋陽郡）令。這是他第四次出仕，也是最後一次出仕。陶淵明說：「於時風波未靜，心憚遠役，彭澤去家百里，公田之利，故便求之」（《歸去來兮辭并序》）。十一月，「郡遣督郵至，縣吏曰：『應束帶見之。』潛歎曰：『我不能爲五斗米折腰向鄉里小人。』即日解印綬去職，賦《歸去來》」（《宋書·隱逸傳》）；《陶徵士誄并序》：「賦詩歸來，高蹈獨善。」

本年作《歸去來兮辭并序》，序中說時在「乙巳歲十一月」，知本文作於歸田之初。

本年程氏妹去世（368～405），年三十八歲。

晉安帝義熙二年丙午（406 年） 四十二歲

彭澤令辭歸。顏延之《陶徵士誄并序》：「初辭州府三命，後爲彭澤令。道不偶物，棄官從好」。

本年作《歸園田居五首》，標誌著仕宦生活的永遠結束，歸田生活的開始。宋人吳仁傑《陶靖節先生年譜》於本年之下云：「有《歸園田居》詩五首。味其詩，蓋自彭澤歸明年所作也」（見《陶淵明年譜》，許逸民校輯，中華書局 1986 年版，第 17 頁）。

本年顧愷之卒（約 345～406）。顧愷之爲著名畫家、畫論家。

本年何無忌任江州刺史。

晉安帝義熙三年丁未（407 年） 四十三歲

本年作《祭程氏妹文》，文中有「維晉安帝義熙三年五月甲辰」句。淵

明有妹比淵明小三歲，嫁與程氏，於晉安帝義熙元年（405 年）十一月死於武昌，年三十八歲。淵明曾辭去彭澤令前往奔喪：「尋，程氏妹喪於武昌，情在駿奔」（《歸去來兮辭并序》）。

本年劉毅殺桓玄殘黨殷仲文等，夷其族。

晉安帝義熙四年戊申（408 年）　四十四歲

本年陶淵明家遭大火，林室盡焚。《戊申歲六月中遇火》詩描述了遭受大火的情形：「正夏長風急，林室頓燒燔。一宅無遺宇，舫舟蔭門前」。

本年作《責子》。據王瑤《命子》詩注，長子儼生於晉孝武帝太元十八年（393）詩人二十九歲時，則本年長子已十六歲：「阿舒已二八，懶惰故無匹」（《陶淵明集》，王瑤編注，人民文學出版社 1956 年版，第 31 頁），阿舒是長子儼的小名。

晉安帝義熙五年己酉（409 年）　四十五歲

本年作《己酉歲九月九日》。從「萬化相尋繹，人生豈不勞？從古皆有沒，念之中心焦」看，詩人正深入思考著自然人生。

晉安帝義熙六年庚戌（410 年）　四十六歲

三月，盧循義軍攻下長沙等郡。

五月，盧循敗劉毅於桑落洲（今江西九江東北，安徽宿松縣西南長江中），進迫建康。

七月，盧循敗退尋陽。

十二月，盧循與官軍在大雷（今安徽望江）、左里（今鄱陽湖口）相繼展開死戰，損失慘重。

本年作《庚戌歲九月中於西田穫早稻》。詩中寫到：「人生歸有道，衣食固其端。孰是都不營，而以求自安？開春理常業，歲功聊可觀。晨出肆微勤，日入負耒還。山中饒霜露，風氣亦先寒。田家豈不苦，弗獲辭此難」。詩人看到農民生活的艱難，認識到勞動是人類生存的第一要義。

本年作《移居二首》。清人顧易《柳村譜陶》：本年「遷南村里。有《移居》詩。公與殷晉安別在來歲，詩云：『去歲家南里，薄作少時鄰』。故知今歲移居也」（見《陶淵明年譜》，許逸民校輯，中華書局 1986 年版，第 40 頁）。

本年庾悅任江州刺史。

晉安帝義熙七年辛亥（411 年） 四十七歲

本年從弟敬遠（381～411）去世，年三十一歲。作《祭從弟敬遠文》，文中有「歲在辛亥，月惟仲秋」之句，知此文作於本年。敬遠與陶淵明志趣相投，一同躬耕、讀書：「每憶有秋，我將其刈，與汝偕行，舫舟同濟」。文中還談到少時生活的艱難：「冬無縕褐，夏渴瓢簞」，「豈不多乏，忽忘飢寒」。

三月，盧循攻番禺（在今廣東廣州附近）不下，轉至交州。

四月，刺史杜慧度大破之，盧循兵敗赴水死。

本年作《與殷晉安別并序》。殷晉安被任命為太尉劉裕參軍，自尋陽南里移家東下，陶淵明作詩以贈之。

晉安帝義熙八年壬子（412 年） 四十八歲

九月，劉裕襲荊州，劉毅兵敗自殺。

本年作《還舊居》。詩中有「常恐大化盡，氣力不及衰」之句，「衰」，《禮記·王制》：「五十始衰」，知此詩必作於五十歲之前，故暫繫本年。

本年孟懷玉任江州刺史。

晉安帝義熙九年癸丑（413 年） 四十九歲

本年作《五月旦作和戴主簿》。詩中有「星紀奄將中」句，「星紀」，星次名，《左傳·襄公二十八年》：「雖在星紀」，杜預注：「星紀在丑」，知星紀在丑年。又，陶淵明生平值丑年者三：一為隆安五年辛丑（401），三十七歲；一為義熙九年癸丑（413），四十九歲；一為元嘉二年乙丑（425），六十一歲。從詩中反映內容看是歸田之後的思想感情，據此，則本詩作於義熙九年癸丑年。

本年鳩摩羅什卒（344～413）。鳩摩羅什為著名的譯經家，所譯佛經，質高量多，開創了中國譯經史上的新紀元。

晉安帝義熙十年甲寅（414 年） 五十歲

本年作《雜詩十二首》。《雜詩十二首》（其六）說：「昔聞長者言，掩耳每不喜。奈何五十年，忽已親此事」，可以論定這組詩作於詩人五十歲時。

《雜詩十二首》（其七）說：「寒風拂枯條，落葉掩長陌。弱質與運頹，玄鬢早已白。素標插人頭，前途漸就窄」。

晉安帝義熙十一年乙卯（415 年） 五十一歲

本年作《與子儼等疏》。文中有「吾年過五十」之句，知此文必作於淵明五十歲之後，故暫繫於此年。

晉安帝義熙十二年丙辰（416 年） 五十二歲

正月，加劉裕都督二十二州。

八月，劉裕督兵伐後秦。

本年作有《丙辰歲八月中於下潠田舍穫》。從中可見出詩人生活的艱難：「貧居依稼穡，戮力東林隈。不言春作苦，常恐負所懷」。詩人不吝惜力氣、不害怕辛勞，卻擔心勞非所得，白費辛苦。

本年劉柳後軍功曹顏延之在尋陽，與陶淵明「情款」。

本年慧遠卒（334～416）。

晉安帝義熙十三年丁巳（417 年） 五十三歲

八月，劉裕攻陷長安，滅後秦。

本年作有《飲酒二十首》《贈羊長史并序》。《飲酒二十首》（其十六）說：「竟抱固窮節，飢寒飽所更。弊廬交悲風，荒草沒前庭。披褐守長夜，晨雞不肯鳴」。可見淵明爲了「固窮節」，物質生活到了何等貧困的地步。王瑤先生認爲：《飲酒二十首》（其十九）中有「亭亭復一紀」語，「一紀」是十二年。「淵明辭彭澤令歸田在晉安帝義熙元年乙巳（405），因知《飲酒》詩當作於義熙十三年丁巳（417），時淵明五十三歲」（《陶淵明集》，王瑤編注，人民文學出版社 1956 年版，第 48 頁、第 50 頁）。

晉安帝義熙十四年戊午（418 年） 五十四歲

六月，劉裕爲相國，封宋公，加九錫。

十二月，劉裕殺晉安帝，以帝弟琅邪王德文嗣，是爲恭皇帝。

本年作有《歲暮和張常侍》，哀悼晉室將亡。《晉書·安帝紀》：義熙十

四年（418）「十二月戊寅，帝崩於東堂，時年三十七，葬休平陵。帝不惠，自少及長，口不能言，雖寒暑之變，無以辯也。凡所動止，皆非己出。故桓玄之篡，因此獲全……劉裕將爲禪代，故密使王韶之縊帝而立恭帝」。王瑤先生認爲，「本詩寫市朝變化，風雲嚴厲，最後撫己履運，不勝感慨；當爲戊午（418）歲暮所作」（《陶淵明集》，王瑤編注，人民文學出版社 1956 年版，第 66 頁）。李華先生認爲，「此詩的特別之處，是作者把哀晉祚之終的感情，深深融入對生命向死亡迫近的悲歡之中」（《曹植·陶淵明選集》，李華選注，人民文學出版社 1997 年出版，第 302 頁）。

《宋書·隱逸傳》：「義熙末，徵著作佐郎，不就。」顏延之《陶徵士誄并序》：「有詔徵爲著作郎，稱疾不到（『到』一作『赴』）」。陶淵明依然艱難度日，躬耕不輟。

本年作有《怨詩楚調示龐主簿鄧治中》。詩中這樣寫到：「炎火屢焚如，螟蜮恣中田。風雨縱橫至，收斂不盈廛。夏日長抱飢，寒夜無被眠。造夕思雞鳴，及晨願鳥遷。在己何怨天，離憂悽目前」。因詩中有「結髮念善事，僶俛六九年」，六九相乘等於五十四，故知此詩作於詩人五十四歲時。

本年王弘任撫軍將軍、江州刺史。

晉恭帝元熙元年己未（419 年）　五十五歲

七月，劉裕晉爵宋王。

本年江州刺史王弘臨州，欲識陶淵明，不能致也。《宋書·王弘傳》：王弘義熙「十四年，遷監江州、豫州之西陽、新蔡二州諸軍事、撫軍將軍、江州刺史」。

《晉書·陶潛傳》：「刺史王弘以元熙中臨州，甚欽遲之，後自造焉。潛稱疾不見，既而語人曰：『我性不狎世，因疾守閒，幸非潔志慕聲，豈敢以王公紆軫爲榮邪？夫謬以不賢，此劉公幹所以招謗君子，其罪不細也』。弘每令人候之，密知當往廬山，乃遣其故人龐通之等齎酒，先於半道要之。潛既遇酒，便飲酌野亭，欣然忘進。弘乃出與相見，遂歡宴窮日。」

宋武帝永初元年庚申（420 年）　五十六歲

劉裕於義熙十四年（418），幽禁晉安帝而立恭帝，至元熙二年（420），劉裕廢恭帝爲零陵王，而後自立，國號爲宋，改元永初。恭帝前後共歷三年，

而晉室終。對於東晉的滅亡，陶淵明是有自己的看法的，《擬古九首》（其九）說：「種桑長江邊，三年望當探。枝條始欲茂，忽值山河改。柯葉自摧折，根株浮滄海。春蠶既無食，寒衣欲誰待！本不植高原，今日復何悔。」桑本種於高原，現在卻種於長江邊上，以喻恭帝爲野心家劉裕所立，終必受其禍。詩的字裏行間，流露出詩人對東晉滅亡的惋惜之情。

本年作《詠貧士七首》。其二中有「淒厲歲云暮」之句，推知此詩當作於本年末（《陶淵明集》，王瑤編注，人民文學出版社 1956 年版，第 68 頁）。

宋武帝永初二年辛酉（421 年） 五十七歲

九月，宋武帝劉裕以毒酒使人鴆零陵王，王不肯飲。後劉裕使兵逾牆而入，以被掩殺之，諡曰恭皇帝，開「禪讓」退位者被殺之端。

本年或稍後作《述酒》一詩，以隱晦曲折的筆法，記述了劉裕廢晉恭帝爲零陵王、後又殺死零陵王的歷史事件。

本年作《遊斜川并序》《於王撫軍坐送客》（《陶淵明集》，王瑤編注，人民文學出版社 1956 年版，第 71 頁、第 81 頁）。

宋武帝永初三年壬戌（422 年） 五十八歲

四月，整頓國子學。

五月，宋武帝死，皇太子義符嗣，是爲少帝。

本年作《擬古九首》。因此組詩多抒發悼國傷時之情，推知應作於東晉覆亡之後。故暫繫於本年。

宋少帝景平元年癸亥（423 年） 五十九歲

本年作《答龐參軍并序》詩二首，一爲五言，一爲四言（《陶淵明集》，王瑤編注，人民文學出版社 1956 年版，第 89～90 頁；又，岡村繁《陶淵明年表》，《岡村繁全集》第四卷《陶淵明與李白新論》，上海古籍出版社 2002 年版，第 135 頁）。

宋文帝元嘉元年甲子（424 年） 六十歲

五月，司空徐羨之等廢少帝爲營陽王，旋殺之，迎立宜都王義隆（劉裕第三子）於江陵。

八月，劉義隆即皇帝位，改元元嘉，是爲宋文帝。

本年「與潛情款」的顏延之爲始安郡太守，來到尋陽，「經過，日日造潛，每往必酣飲致醉。臨去，留二萬錢與潛。潛悉送酒家，稍就取酒」（《宋書·隱逸傳》），這是陶淵明艱難生活中的一小段快樂插曲。《宋書·顏延之傳》：「少帝即位，以爲正員郎，兼中書，尋徙員外常侍，出爲始安太守」。

何法盛《晉中興書》說：「延之爲始安郡，道經尋陽，常飲淵明舍，自晨達昏。及淵明卒，延之爲誄，極其思致」（《文選·陶徵士誄并序》李善注）。顏延之與陶淵明可謂知己。顏延之《陶徵士誄并序》深情回憶他與陶淵明的親密交往：「自爾介居，及我多暇。伊好之洽，接閻鄰舍，宵盤晝憩，非舟非駕。念昔宴私，舉觴相誨」。

宋文帝元嘉二年乙丑（425年） 六十一歲

詩人生活日益貧困。《乞食》詩可能作於本年。

宋文帝元嘉三年丙寅（426年） 六十二歲

本年作有《有會而作并序》。詩前序說：「舊穀既沒，新穀未登，頗爲老農，而值年災，日月尚悠，爲患未已。登歲之功，既不可希，朝夕所資，煙火裁通。旬日以來，始念飢乏。歲云夕矣，慨然永懷。今我不述，後生何聞哉！」

蕭統《陶淵明傳》載：「江州刺史檀道濟往候之，（淵明）偃臥瘠餒有日矣。道濟謂曰：『賢者處世，天下無道則隱，有道則至。今子生文明之世，奈何自苦如此？』對曰：『潛也何敢望賢？志不及也。』道濟饋以粱肉，（淵明）麾而去之。」對於這段史實，宋人吳仁傑《陶靖節先生年譜》云：「本傳載此在爲鎮軍參軍之前，以《道濟傳》考其歲月，知史誤也」（《陶淵明年譜》，許逸民校輯，中華書局1986年版，第24頁）。證以《宋書·文帝紀》《資治通鑒》卷一百二十，知檀道濟爲征西大將軍、江州刺史的時間是在元嘉三年（426）五月，由此推斷《有會而作并序》當作於這一年的歲暮。

宋文帝元嘉四年丁卯（427年） 六十三歲

本年陶淵明去世。

顏延之撰《陶徵士誄并序》：「元嘉四年月日，卒於尋陽縣之某里（一作

『柴桑里』)」。

《宋書‧隱逸傳》:「潛元嘉四年卒,時年六十三。」

蕭統《陶淵明傳》:「元嘉四年,將復徵命,會卒,時年六十三。世號靖節先生。」

朱熹《通鑑綱目》:丁卯,宋文帝元嘉四年(427 年),「冬,十一月,晉徵士陶潛卒」。

本年五月間曾有瘟疫流行。《宋書‧文帝紀》:元嘉四年「五月壬午,中護軍王華卒。京師疾疫。甲午,遣使存問,給醫藥;死者若無家屬,賜以棺器。」元嘉「五年春正月乙亥,詔曰:『朕恭承洪業,臨饗四海,風化未弘,治道多昧,求之人事,鑒寐惟憂。加頃陰陽違序,旱疫成患,仰惟災戒,責深在予。』」

顏延之《陶徵士誄并序》說:「年在中身,痁維店疾,視死如歸,臨凶若吉」。「痁」(chèn),《說文‧疒部》:「痁,熱病也」,指一種冬天受寒、到夏季因時令之熱而發作的疾病。「店」(shān),是瘧疾的一種,多日一發。《說文‧疒部》:「店,有熱瘧」。《文選》李善注:「《左氏傳》曰:『齊侯疥,遂店。』杜預曰:『店,瘧疾也。』」據此推測,詩人死於惡性瘧疾。詩人本來體弱多病,加上生存條件惡劣,健康每況愈下。五十二歲時所作《示周續之祖企謝景夷三郎》說:「負痾頹簷下,終日無一欣。藥石有時閒,念我意中人」;五十九歲所作《答龐參軍并序》又說:「吾抱疾多年,不復為文,本既不豐,復老病繼之」。差不多與《答龐參軍并序》前後的《與子儼等疏》也說:「病患以來,漸就衰損。親舊不遺,每以藥石見救,自恐大分將有限也」。

去世前,陶淵明作《挽歌詩三首》《自祭文》,回憶了自己苦難而又快樂的一生。詩文中有「歲維丁卯,律中無射」,「嚴霜九月中,送我出遠郊」,是淵明對死期的預估。詩文應作於本年九月之前。

陶淵明反對厚葬,生前已交代家人處理後事要「省訃卻賻,輕哀薄斂」(顏延之《陶徵士誄并序》),不發訃告,不收贈禮,甚至「不封不樹」(《自祭文》),即不起墳壘,不種墳樹,以最簡樸的方式安葬自己。陶淵明去世後,「近識悲悼,遠士傷情」(《陶徵士誄并序》)。宋人吳仁傑《陶靖節先生年譜》說:「嗚呼!生死之變亦大矣,而先生病,不藥劑,不禱祀,至自為祭文、挽歌與夫遺占之言,從容閒暇如此,則先生平生所養,從可知矣」(見《陶淵明年譜》,許逸民校輯,中華書局 1986 年版,第 25 頁)。

　　本年宗炳五十三歲。謝靈運四十三歲。范曄三十九歲。劉義慶二十五歲。謝惠連二十一歲。鮑照十四歲。王微十三歲（《南北朝文學編年史》，曹道衡、劉躍進著，人民文學出版社 2000 年版，第 99 頁）。

參考書目

1. 箋注陶淵明集，〔元〕李公煥箋注，上海：上海商務印書館縮印宋刊巾箱本。

2. 陶詩析義，〔明〕黃文煥撰，《四庫全書存目叢書·集部》影印南京大學圖書館藏明末刻本，濟南：齊魯書社，1997 年版。

3. 東山草堂陶詩箋，〔清〕邱嘉穗撰，《四庫全書存目叢書·集部》影印湖北圖書館藏清康熙刻本，濟南：齊魯書社，1997 年版。

4. 陶詩彙注，〔清〕吳瞻泰輯，《四庫全書存目叢書·集部》影印北京大學圖書館藏清康熙四十四年程鋆刻本，濟南：齊魯書社，1997 年版。

5. 陶詩彙評，〔清〕溫汝能撰，掃葉山房，民國四年石印本。

6. 陶靖節集，〔清〕陶澍注，上海：商務印書館，1924 年版。

7. 陶淵淵明集，逯欽立校注，北京：中華書局，1979 年版。

8. 陶明集，王瑤編注，北京：人民文學出版社，1956 年版。

9. 陶淵明集，吳澤順編注，長沙：嶽麓出版社，1996 年版。

10. 陶淵明集校箋，龔斌校箋，上海：上海古籍出版社，1996 年版。

11. 陶淵明全集，曹明綱標點，上海：上海古籍出版社，1998 年版。

12. 陶淵明集箋注，袁行霈撰，北京：中華書局，2003 年版。

13. 陶淵明年譜，許逸民校輯，北京：中華書局，1986 年版。

14. 陶淵明集校箋，楊勇校箋，上海：上海古籍出版社，2007 年版。

15. 陶淵明詩箋證稿，王叔岷撰，北京：中華書局，2007 年版。

16. 陶淵明詩文彙評，北京大學中文系師生編，北京：中華書局，1961 年版。

17. 陶淵明研究資料彙編，北京大學、北京師範大學師生編，北京：中華書局，1962 年版。

18. 陶淵明研究資料新編，鍾優民編，長春：吉林教育出版社，2000 年版。

19. 陶淵明，梁啟超著，上海：上海商務印書館，1923 年版。

20. 陶學發展史，鍾優民著，長春：吉林教育出版社，2000 年版。

21. 陶淵明元前接受史，李劍鋒著，濟南：齊魯書社，2002 年版。

22. 自然之子：陶淵明，高建新著，呼和浩特：內蒙古大學出版社，2007 年新一版。

23. 唐代陶淵明接受史研究，劉中文著，北京：中國社會科學出版社，2006 年版。

24. 讀陶淵明箚記，胡不歸著，上海：華東師範大學出版社，2007 年版。

25. 金明館叢稿初編，陳寅恪著，上海：上海古籍出版社，1980 年版。

26. 管錐編，錢鍾書著，北京：中華書局，1979 年版。

27. 談藝錄（補訂本），錢鍾書著，北京：中華書局，1984 年版。

28. 中古文學史料叢考，曹道衡、沈玉成著，北京：中華書局，2003 年版。

29. 詩史釋證，鄧小軍著，北京：中華書局，2004 年版。

30. 諸子集成，上海：上海書店出版社，1986 年版。

31. 二十二子，上海：上海古籍出版社，1986 年版。

32. 全上古三代秦漢三國六朝文，〔清〕嚴可均編，北京：中華書局，1958 年版。

33. 先秦漢魏晉南北朝詩，逯欽立輯校，北京：中華書局，1983 年版。

34. 全唐文，〔清〕董誥等編，上海：上海古籍出版社，1990 年版。

35. 全唐詩（增訂本），中華書局編輯部點校，北京：中華書局，1999 年版。

36. 全宋詞，唐圭璋編纂，王仲聞參訂，孔凡禮補輯，北京：中華書局，1999 年新一版。

37. 全元散曲，隋樹森編，北京：中華書局，1964 年版。

38. 元詩選，〔清〕顧嗣立編，北京：中華書局，1987 年版。

39. 藝文類聚，〔唐〕歐陽詢撰，上海：上海古籍出版社，1999 年新二版。

40. 周易評注，唐明邦主編，北京：中華書局，1995 年版。

41. 禮記集說，〔宋〕陳澔注，上海：上海古籍出版社，1987 年版。

42. 詩集傳，〔宋〕朱熹集注，上海：上海古籍出版社，1980 年新一版。

43. 詩經原始，〔清〕方玉潤撰、李先耕校點，北京：中華書局，1986 年版。

44. 春秋經傳集解，〔晉〕杜預集解，上海：上海古籍出版社，1988 年新一版。

45. 老子解讀，蘭喜并注，北京：中華書局，2005 年版。

46. 莊子，〔晉〕郭象注，章行標校，上海：上海古籍出版社，1995 年版。

47. 莊子淺注，曹礎基著，北京：中華書局，2002 年第二版。

48. 楚辭集注，〔宋〕朱熹集注，上海：上海古籍出版社，1979 年版。

49. 列子集釋，楊伯峻撰，北京：中華書局，1979 年版。

50. 淮南鴻烈集解，劉文典撰，北京：中華書局，1989 年版。

51. 韓詩外傳集釋，許維遹校釋，北京：中華書局，1980 年版。

52. 說苑校證，向宗魯校證，北京：中華書局，1987 年版。

53. 全漢賦，費振剛、胡雙寶、宗明華輯校，北京：北京大學出版社，1993 年版。

54. 世說新語箋疏，余嘉錫撰，北京：中華書局，1983 年版。

55. 世說新語彙校集注，朱鑄禹彙校集注，上海：上海古籍出版社，2002 年版。

56. 水經注，陳橋驛點校，上海：上海古籍出版社，1990 年版。

57. 水經注校證，陳橋驛校證，北京：中華書局，2007 年版。

58. 文選，〔梁〕蕭統編，〔唐〕李善注，北京：中華書局，1977 年影印本。

59. 文選，〔梁〕蕭統編，〔唐〕李善注，李培南、李學穎等標點整理，上海：上海古籍出版社，1986 年版。

60. 采菽堂古詩選，〔清〕陳祚明評選，李金松點校，上海：上海古籍出版社，2008 年版。

61. 古詩源，〔清〕沈德潛選，北京：中華書局，1963 年版。

62. 古詩十九首集釋，隋樹森編著，北京：中華書局，1955 年版。

63. 張衡詩文集校注，張震澤校注，上海：上海古籍出版社，2009 年版。

64. 建安七子集，俞紹初輯校，北京：中華書局，2005 年新一版。

65. 曹植集校注，趙幼文校注，北京：人民文學出版社，1984 年版。

66. 廬山慧遠法師文鈔，九江：江西廬山東林寺，1989 年印。

67. 昭明太子集校注，俞紹初校注，鄭州：中州古籍出版社，2001 年版。

68. 江文通集校彙，〔明〕胡之驥注，李長路、趙威點校，北京：中華書局，1984 年版。

69. 何遜集校注（修訂本），李伯奇校註，北京：中華書局，2010 年版。

70. 王維集校注，陳鐵民校注，北京：中華書局，1997 年版。

71. 韓愈集（集部經典叢刊），嚴昌校點，長沙：嶽麓書社，2000 年版。

72. 柳宗元詩箋注，王國安箋釋，上海：上海古籍出版社，1993 年版。

73. 白居易集箋校，朱金城箋注，上海：上海古籍出版社，1988 年版。

74. 蘇軾詩集，〔清〕王文誥輯注，孔凡禮校點，北京：中華書局，1982 年版。

75. 蘇軾文集，孔凡禮校點，北京：中華書局，1986 年版。

76. 黃庭堅詩集注，劉尚榮校點，北京：中華書局，2003 年版。

77. 稼軒詞編年箋注，鄧廣銘箋注，北京：中華書局，1978 年新一版。

78. 朱子語類，〔宋〕黎靖德編，王星賢點校，北京：中華書局，1986 年版。

79. 陸九淵集，鍾哲點校，北京：中華書局，1980 年版。

80. 山海經校注，袁珂校注，上海：上海古籍出版社，1980 年版。

81. 穆天子傳，〔晉〕荀勗等整理，〔晉〕郭璞注，見《漢魏六朝筆記小說大觀》，上海：上海古籍出版社 1999 年版。

82. 琴操，〔漢〕蔡邕著，見《雅趣四書》，武漢：湖北辭書出版社，1998 年版。

83. 西京雜記，〔晉〕葛洪撰，程毅中點校，北京：中華書局，1985 年版。

84. 博物志校證，〔晉〕張華撰，范寧校證，北京：中華書局，1980 年版。

85. 搜神記，〔晉〕干寶撰，汪紹楹校注，北京：中華書局，1979 年版。

86. 初學記，〔唐〕徐堅等著，北京：中華書局，2004 年二版。

87. 太平御覽，夏劍欽、黃巽齋等點校，石家莊：河北教育出版社，1994 年版。

88. 太平寰宇記，〔宋〕樂史撰，王文楚等點校，北京：中華書局，2007 年版。

89. 文獻通考，〔元〕馬端臨撰，北京：中華書局，1986 年版。

90. 容齋隨筆，〔宋〕洪邁著，長沙：嶽麓書社，1994 年版。

91. 義門讀書記，〔清〕何焯撰，崔高維點校，北京：中華書局，1987 年版。

92. 漢書・藝文志，〔漢〕班固撰，〔唐〕顏師古注，上海：商務印書館，1955 年版。

93. 漢書・藝文志注釋彙編，陳國慶編，北京：中華書局，1983 年版。

94. 隋書・經籍志，〔唐〕長孫無忌等撰，上海：商務印書館，1955 年版。

95. 四庫全書總目，〔清〕永瑢等撰，北京：中華書局，1965 年版。

96. 天工開物，〔明〕宋應星著，鍾廣言注釋，廣州：廣東人民出版社，1976 年版。

97. 本草綱目（金陵版排印本），〔明〕李時珍著，王育傑整理，北京：人民衛生出版社，2005 年第二版。

98. 詩品集注，曹旭集注，上海：上海古籍出版社，1994 年版。

99. 鍾嶸詩品校釋，呂德申校釋，北京：北京大學出版社，1986 年版。

100. 文心雕龍注，范文瀾注，北京：人民文學出版社，1958 年版。

101. 文心雕龍箚記，黃侃著，上海：上海古籍出版社，2000 年版。

102. 詩話總龜，〔宋〕阮閱編，周貫淳校點，北京：人民文學出版社，1987 年版。

103. 苕溪漁隱叢話，〔宋〕胡仔纂集，廖德明校點，北京：人民文學出版社，1962 年版。

104. 後村詩話，〔宋〕劉克莊撰，王秀梅點校，北京：中華書局，1983 年版。

105. 詩人玉屑，〔宋〕魏慶之編，王仲聞校勘，上海：上海古籍出版社，1978 年新一版。

106. 宋詩話輯佚，郭紹虞輯，北京：中華書局，1980 年版。

107. 昭昧詹言，〔清〕方東樹著，汪紹楹點校，北京：人民文學出版社，1961 年版。

108. 歷代詩話，〔清〕何文煥輯，北京：中華書局，1983 年版。

109. 歷代詩話續編，丁福保輯，華文寶點校，北京：中華書局 1981 年版。

110. 清詩話，丁福保輯，上海：上海古籍出版社，1978 年新一版。

111. 清詩話續編，郭紹虞編選，富壽蓀點校，上海：上海古籍出版社，1983 年版。

112. 清詩話三編，張寅彭選輯，吳忱、楊焄點校，上海：上海古籍出版社，2014 年版。

113. 揚雄方言校釋彙證，華學誠撰，北京：中華書局，2006 年版。

114. 爾雅校箋，周祖謨撰，昆明：雲南人民出版社，2004 年版。

115. 爾雅譯注，胡奇光、方環海撰，上海：上海古籍出版社，2004 年版。

116. 小爾雅集釋，遲鐸集釋，北京：中華書局，2008 年版。

117. 釋名疏證補，〔東漢〕劉熙撰，〔清〕畢沅疏證，王先謙補，北京：中華書局，2008 年版。

118. 釋名語源疏證，〔東漢〕劉熙撰，王國珍疏證，上海：上海辭書出版社，2009 年版。

119. 說文解字，〔東漢〕許慎撰，北京：中華書局，1963 年版。

120. 說文解字注，〔東漢〕許慎撰，〔清〕段玉裁注，上海：上海古籍出版社，1988 年第二版。

121. 說文解字今釋，〔東漢〕許慎撰，湯可敬撰，長沙：嶽麓書社，1997 年版。

122. 大廣益會玉篇，〔梁〕顧野王著，北京：中華書局，1987 年版。

123. 史記，〔漢〕司馬遷撰，北京：中華書局，1959 年版。

124. 史記箋證，韓兆琦編著，南昌：江西人民出版社，2004 年版。
125. 漢書，〔漢〕班固撰，北京：中華書局，1962 年版。
126. 後漢書，〔南朝・宋〕范曄撰，北京：中華書局，1965 年版。
127. 三國志，〔晉〕陳壽撰，北京：中華書局，1959 年版。
128. 晉書，〔唐〕房玄齡等撰，北京：中華書局，1974 年版。
129. 宋書，〔梁〕沈約撰，北京：中華書局，1959 年版。
130. 南史，〔唐〕李延壽撰，北京：中華書局，1975 年版。

九江行緬懷陶公五百字並序（代跋）

高建新

　　二〇一四年七月七日，余赴九江參加全國陶淵明學術會議。九江，秦屬九江郡，漢爲柴桑、尋陽兩縣地，晉置江州，陶公家於此。九江歷史悠久，風土高曠，人情篤厚，深有感焉。十二日於九江長江之濱與諸師友痛飲，大雨驟至，燠熱盡去。晚霽，乘火車北上蘭州，全程兩千餘公里，時長三十餘小時。長路寂寞，夜起彷徨，遂思陶公，且行且歌，成詩五百字，以表達內心深處對陶公之敬仰與愛戴之情。七月十七日往「河西四郡」之古涼州，遊出土「馬踏飛燕」銅塑之雷臺漢墓博物院。歸來，於客棧校改詩稿。竊以爲，陶公凌空而起，聲震古今，其於中國文化、中國文學眞有「馬踏飛燕」之氣勢。詩曰：

心慕陶彭澤，重來九江頭。廬山青且秀，鄱陽水悠悠。
山水蘊英才，陶公罕有儔。陶公一生苦，貞志終未休。
少小即失怙，壯年又喪偶。膝下有五子，嗷嗷待親哺。
起身謀食去，無心再讀書。奔波爲小吏，愈見世道污。
求仕爲糊口，懼怕成奴僕。一去十三載，心爲生計枯。
官終彭澤令，從此絕仕途。五斗豈是米，要爲己作主。
自由高於天，哦吟歸來篇。歸來合家歡，情依墟里煙。
老親話語柔，子孫繞膝邊。一朝脫桎梏，日日見喜顏。
花藥分行列，彈琴閑且安。有酒東窗飲，夜夜展詩箋。
獨酌少知己，有時撫無弦。醉中得眞趣，陶然樂自天。
常慕上古世，眞璞少詐奸。躬耕東林隈，汲谷取清泉。
新苗沐時雨，旱潦心意關。所以愛吾廬，新燕來翩翩。

園蔬隨時摘，膾炙難比鮮。日用取所需，爲人最忌貪。
叢菊東籬栽，花時見南山。四季有欣歡，本根在園田。
樂交素心人，相與遊斜川。勸農理常業，勞動開其端。
勤耕無懈怠，獲收果腹難。饑寒交相至，不能自保全。
惡濁在眼前，故思桃花源。桃源開新天，朗朗我心寬。
男女古衣冠，晚起暮歸眠。老少皆有宜，寧靜無嘩喧。
人世得此境，孰懼風雨兼。歸返得自然，村居二十年。
憂道不憂貧，氣調堪比蘭。大音來天際，奇偉寓平凡。
歲月不我待，天道自循環。素鬢風霜染，步履始蹣跚。
大別在今晚，淒淒北風寒。自擬挽歌辭，死生處淡然。
人生原有懼，臨喪見達觀。行行歸本宅，存滅隨化遷。
就此明暗夜，爛若星光繁。後學拜高潔，陶公活水源。
我今來九江，山水洗塵愆。仰望匡廬高，深知愧前賢。